国家社科基金一般项目"国家治理体系视野下的中国共产党行政督察专员公署制研究(1937-1949)"(20BDJ016)和"近现代管县派出政府制度研究(1932-2002年)"(13BZS104)。

京师史学文库

虚与实的纠结

20世纪前半期管县派出政府制度的建立与演变

侯桂红 著

中国社会科学出版社

图书在版编目(CIP)数据

虚与实的纠结:20世纪前半期管县派出政府制度的建立与演变/侯桂红著.—北京：中国社会科学出版社，2024.3
(京师史学文库)
ISBN 978-7-5227-3221-3

Ⅰ.①虚… Ⅱ.①侯… Ⅲ.①地方政府—体制改革—研究—中国 Ⅳ.①D625

中国国家版本馆CIP数据核字(2024)第049757号

出 版 人	赵剑英
责任编辑	张 浩
责任校对	姜志菊
责任印制	李寡寡

出　　　版	中国社会科学出版社
社　　　址	北京鼓楼西大街甲158号
邮　　　编	100720
网　　　址	http://www.csspw.cn
发 行 部	010-84083685
门 市 部	010-84029450
经　　　销	新华书店及其他书店
印　　　刷	北京明恒达印务有限公司
装　　　订	廊坊市广阳区广增装订厂
版　　　次	2024年3月第1版
印　　　次	2024年3月第1次印刷
开　　　本	710×1000 1/16
印　　　张	19
字　　　数	280千字
定　　　价	108.00元

凡购买中国社会科学出版社图书，如有质量问题请与本社营销中心联系调换
电话：010-84083683
版权所有　侵权必究

北京师范大学历史学院"京师史学文库"
编委会

顾　问：刘家和　瞿林东　郑师渠　晁福林
主　任：张　皓　耿向东
副主任：刘林海
委　员：（按姓氏拼音排序）
　　　　安　然　董立河　杜水生　何立波
　　　　黄国辉　李　帆　李　兴　李　渊
　　　　罗新慧　毛瑞方　庞冠群　单月英
　　　　武家璧　吴　琼　叶锦花　湛晓白
　　　　张双智　张　升　赵云慧　赵　贞
　　　　郑　林　周文玖

总　序

　　北京师范大学历史学科是北京师范大学最早形成的系科之一，由1902年创立的京师大学堂"第二类"分科演变而来。1912年称北京高师史地部；1928年单独设系；1952年院系调整，辅仁大学历史系并入；1980年成立史学研究所；2006年历史系与史学研究所合并，组建北京师范大学历史学院；2018年古籍与传统文化研究院等部分师资并入历史学院。

　　北京师范大学历史学院是国内历史学人才培养和科学研究的重镇，学科门类齐全，体系完备，积淀厚重，特色显著，名家辈出，师资雄厚。现有考古学、中国史和世界史三个一级学科，是国内同类学科中最早获得一级学科博士学位授予权及博士后流动站资格的单位之一。其中，中国史为"双一流"建设学科，在全国第四轮、第五轮学科评估中位居A$^+$学科前列；拥有中国古代史、史学理论与史学史两个国家重点学科，教育部人文社科重点研究基地"史学理论与史学史研究中心"、教育部与国家文物局"国家革命文物协同研究中心"、教育部等四部委"铸牢中华民族共同体意识研究培育基地"等研究平台；中国古代史、史学理论与史学史、中国近代文化史、中西历史及文明比较等研究享誉学界。

　　在北京师范大学百廿年的历程中，经过以陈垣、白寿彝和刘家和等为代表的多代学人辛勤耕耘，历史学科在学术研究方面取得了突出成就。《中国通史》《何兹全文集》《古代中国与世界》《南明史》《清代理学史》《1927—1950年中英两国关于西藏问题的较量与争论》等一大批优秀成果获得国家级或省部级等奖励，产生了极大的学术和社会反响。

　　为推动文化繁荣，推进文化自信自强，推动中华优秀传统文化创造性转化、创新性发展，繁荣历史学研究，提升学科建设和研究水平，历史学院特组织"京师史学文库"学术文丛，集中展示北京师范大学历史学科的最新学术研究成果，以飨学林。"京师史学文库"分为考古学、中国史和世界史三个子系列。

本文丛取名"京师史学文库"。按：《尔雅》中注："京：大也"；"师，众也"。在先秦典籍中，"京师"又用来指周天子居住的都城。《春秋·桓公九年》："纪季姜归于京师。"《春秋公羊传》的解释是："京师者何？天子之居也……天子之居，必以众大之辞言之。"北京师范大学源于京师大学堂，位于中华人民共和国的首都，肩负着国家教育事业和学术研究之重任。取名京师，既是简称，也希望学科同人齐心协力，弘学术之大道，惠社会之大众，成京师之大者。

北京师范大学历史学院"京师史学文库"编委会
2023 年 8 月 8 日

目　录

绪　论 ……………………………………………………………（1）
　一　主要概念 ……………………………………………………（1）
　二　学术史述评 …………………………………………………（3）
　三　研究的框架、内容与方法 …………………………………（23）
　四　研究的突破与不足 …………………………………………（24）
　五　研究的资料 …………………………………………………（25）

第一章　1925—1931 年：几省自创管县派出政府制度 ……（27）
　一　广东省的行政委员制（1925.7—1926.11） ………………（29）
　二　广西省的行政督察委员制（1927.10—1929.2） …………（32）
　三　湖北省的行政委员制（1928.8—1929.4） …………………（36）
　四　江西省的党政委员分会制（1931.6—1931.12） …………（39）
　五　安徽省的首席县长制（1932.4—8） ………………………（43）
　六　江苏省的行政区监督制（1932.5—1933.3） ………………（46）
　七　浙江省的县政督察专员制（1932.5—1932.9） ……………（47）
　小结　几省自建管县政府制度的特点 …………………………（50）

第二章　1932 年：两个专员条例的推出 ……………………（55）
　一　殊异的两个专员条例 ………………………………………（55）
　二　一制两例表层矛盾下的理政观念冲突 ……………………（63）
　三　新政学系是"剿总条例"的设计者 …………………………（75）

第三章 1933—1935 年：两个专员条例的不同命运 ……………… （84）
  一　"剿总条例"影响的扩大 …………………………………… （84）
  二　"行政院条例"趋于沉寂 ………………………………… （101）

第四章 1936 年："两例"归一与近似"实级"行政 …………… （104）
  一　背景与缘起 ………………………………………………… （104）
  二　"3 月条例"的公布与遇阻 ……………………………… （110）
  三　5 月行政会议与行政院两组调研 ……………………… （117）
  四　10 月文件正式单边划一、几近实化专员制度 ……… （128）
  五　划一后的各省样态 ……………………………………… （135）

第五章 1937—1938 年：一强化一实化两个秘密改革草案的
     制定与取消 ……………………………………………… （140）
  一　专署"更形重要"与专员免兼县长 …………………… （140）
  二　"行政院谈话会三原则"前后的两个秘密草案 ……… （145）

第六章 1939—1941 年：又一个制后不宣的隐性实化草案 ……（171）
  一　"第二期战时行政计划"与"改进专员制度三原则" …（172）
  二　军政部增加专员军事职能与专员制改革搁浅 ……… （179）
  三　实化"条例草案"与最后一个专员组织法 ………… （194）

第七章 1942—1945 年：又一个胎死腹中的强化草案 ………… （213）
  一　改革舆论高涨与蒋介石再发弱化省府之声 ………… （213）
  二　1942 年秋行政院征询各省改进专员制意见 ………… （218）
  三　1943 年 4 月强化条例草案的草拟 …………………… （228）
  四　强化条例草案的收回 …………………………………… （235）

第八章 改与不改：战时演变分析 ………………………………… （242）
  一　顶层设计系统性缺失："人谋之不臧" ……………… （242）
  二　二级制的迷思："除非我们承认这是恢复三级制" ……（247）

三　执行不良:"人事不臧" ………………………………（250）
四　环境不宜:区划与行政体制"变更频繁" …………（251）
五　角色实绩:"战斗的机构" …………………………（259）

结语　法弊·人弊·时弊 ……………………………（269）

参考与征引文献 ………………………………………（277）

后　记 …………………………………………………（294）

绪　　论

一　主要概念

管县派出政府制度，顾名思义，是指管理县级（县、县级市、州）的派出政府或机构的制度，此类政府并非正式的一级政府，在行政层级中一般被视为是虚级或半级。我国自古以来的管县派出政府分为两类，一是由中央派出的，二是由省级派出的。管县派出政府或机构最初多承担监察、督导县政的职能；其工作方式有的是"行管"，即按时出来到各县巡察一番，有的是"坐管"，即在固定地点建立办事机构，有一套官僚组织；其首官的品级，大多不高；其辖区，"坐管"的均有固定辖区，"行管"的或有或无。如汉代的部州制，其长官刺史是由中央派出的，品秩六百石，无固定治所、无固定掾属，每年"八月巡行所部郡国，录囚徒，考殿最"[①]，按"六条问事"，事毕即归。再如，明代的守、巡道制是由省级派出的，分守道由布政使司派出参政、参议，以行政监察为主，分巡道由按察使司派出副使、佥事，以司法监察为主，分守道、分巡道的辖区或有重叠与交叉，且二者均属临时性质，无治所，无固定品级，视所代职衔而定，参政为从三品，则守道同，佥事为正五品，则巡道同。

由于管理幅度与管理层级的矛盾，及行政机构的自我膨胀定律，管县派出政府最终大多演变为正式的一级政府。如东汉末，刺史改为州牧，升

[①] 《后汉书·志·第二十八·百官（五）》，二十五史全文检索系统（网络版），http：//202.112.82.27/net25/readframe.htm，2020年10月22日。

为二千石①，有了典领郡兵等郡县"守令殆不可为"②的职权，有了别驾、治中、兵曹等固定僚属和治所，州即由中央派出的监察区变为郡县之上的正式行政区，即由虚变实，形成了州—郡—县三级行政体制。同样，道制经过元、明、清三代的发展，虽在每朝不完全一样，但最终在民初也实化为正式的一级政府，形成省—道—县三级体制。在历史上也存在少数没有实化的派出政府，如明代的守、巡道制和宋代的路制，二者有一个共同特征就是权力分散难集中。

在20世纪上半叶，管县派出政府制度主要是行政督察专员制度。行政督察专员制度是民国废除道制以后建立的。行政督察专员（简称"专员"）的办公机构称"专员公署"（简称"专署"），辅助省政府管理县，其辖区称"专区""专员区""行政督察区"。1924年孙中山在《建国大纲》中提出中国地方政制应实行"省—县二级制"，但省级政区辖县数量多，行政不便，也不利于后来"剿共"的推进，于是自1925年开始，一些省自创了临时管县制度。1932年8月，行政院与豫鄂皖三省"剿匪"总司令部分别颁布《行政督察专员暂行条例》和《剿匪区内各省行政督察专员公署组织条例》（简称"剿总条例""行政院条例"），要求停止各地自创的制度。此后，两个"专员条例"并存且一消一长。1936年3月，行政院颁布新的"专员条例"，划一两个条例，专员公署几近实化为一级正式政府。10月又新增专员职责九条，标志该制度定型。全面抗战期间，溃败或逃亡的省政府丧失正常管县能力，专署变得重要，因应事实和舆论，民国政府先后制定了4个强化或实化专员制度的草案，均因纠结于是否实化还是保持虚化而未公布，尘封于档案中。只在1941年10月颁布了一个退回到1936年状态的"暂行办法"，这也是国民政府行政督察专员制度的最后一个组织法。

1937年国共第二次合作开始后，中国共产党在根据地、解放区也建立行政督察专员制度。1949年中华人民共和国建立后，将该制先后改为

---

① 《汉书·卷十九（上）·百官公卿表·第七（上）》，二十五史全文检索系统（网络版），http://202.112.82.27/net25/readframe.htm，2020年10月22日。

② 顾炎武撰，张京华校释：《日知录校释》（上），岳麓书社2011年版，第403页。

专区专署制度（1950—1966 年）、地区行署制度（1978 年至今）①。因此，行政督察专员制度对于民国时期的国民党和共产党的地方行政、军事、财政运作，乃至后来中华人民共和国时期管县派出政府制度的建立和运作，均有不容忽视的影响。

本书聚焦的民国政府行政督察专员制度，在民国及当代还有很多其他叫法，如"专员制""行政专员制""行政督察专员制""专员区公署制""行政督察专员区公署制"。笔者在本书中使用全称"行政督察专员制度"，或简称"专员制度"。

二 学术史述评

（一）研究成果概况

据笔者目力所及，最早出现的研究是两个"专员条例"公布的三个月后，即 1932 年 11 月洁忱发表的《论地方制度与行政督察专员》②。此后至今（2024 年）的 92 年里，有 70 余名专家、学者贡献了 135 项专门研究成果（详见表 0-1）。

表 0-1　　1932—2023 年行政督察专员制度研究成果数量　　单位：篇、部

时间	报刊论文	本科毕业论文	硕博毕业论文	专著	合计
1932—1949 年	87	7		3	97
1987—2024 年	33		4	1	38

相较而言，民国时期"自从南昌行营先在皖赣等省推行以后，研究这个制度的人非常的多"③，先后有 40 多名政、学两界人士参与其中。他

---

① 专区专署制度的研究是笔者的博士论文；地区行署制度的研究参见笔者已经出版的《地区行署制度研究（1978—2002）》（社会科学文献出版社 2020 年版）；中国共产党的行政督察专员制度的研究专著，笔者计划至迟 5 年内付梓。

② 洁忱：《论地方制度与行政督察专员》，《大公报》（天津版）1932 年 11 月 15 日第 2 张第 8 版；洁忱：《论地方制度与行政督察专员（续）》，《大公报》（天津版）1932 年 11 月 17 日第 2 张第 8 版。

③ 陈柏心：《告今之言地方制度改革者：提出几件被人忽略的事实》，《国讯》第 194 期，1939 年。

们出于对国民政府革弊立新的期待，及对20世纪30年代自欧美引入的行政学和行政效率运动的学习实践，先后产出了97项相关行政督察专员制度的时政对策性研究，从1932—1948年基本年年有相关成果面世，出现了三个高峰。

第一个高峰是专员制度实施一年后的1933年（详见表0-2），出现10篇文章。1931年中华苏维埃临时中央政府成立后，中国共产党的根据地陆续壮大。孙中山所定的省县二级制表现出了鞭长莫及、统治难周的困境。一部分人把专员制度当作"推动地方政治的一颗救命丹"①，是"改进地方政治最有力量之一"②，因此"引起国内一般人士相当的注意"③。

第二个高峰是两个"专员条例"归一的1936—1937年，出现成果24项。1932年行政院和三省"剿总"各颁一个"专员条例"，随着各自的影响力和国内政治局势的变化，1936年3月两个条例由蒋介石单边划一，10月正式结束分立状态，并将专员制度由1932年初定的临时性质的派出政府制度改为常设、近似一级政府的制度。一些人在之前因为孙中山所定省县二级制的法理限制，对此变化并无心理预期，就此展开了热议。还有一些人关注两例归一过程中的事件和变化。

第三个高峰是1939—1940年，出现20篇论文。1937年底，国民政府开始一期战时改革，由于沦陷或逃亡的省府不能管县，专员起到了较大的作用，因此不少人呼吁实化或强化专员制度以利抗战。而1938年4月《国民党抗战建国纲领》只规定加强县，还要求"改善各级政治机构，使之简单化合理化；并增高行政效率以适合战时需要"④。为此，学界"一般的论调却已大大改变，有的主张应该提前取消，有的主张不必普遍设置"⑤。此后，由于重划省区论再次盛行，有人认为可以把实化专员制度

---

① 马元放：《现行之行政督察制度：对于苏省设置行政督察专员之意见》，《江苏月报》第1卷第2期，1933年。

② 杨适生：《专员制度之研究》，《行政研究》第1卷第1—3期，1936年。

③ 徐寒石：《中国地方政治制度之研究——从地方政制说到行政督察专员（续）》，《青年评论》第19期，1933年。

④ 《中国国民党抗战建国纲领》，《申报》（汉口版）1938年4月3日第4版。

⑤ 陈柏心：《告今之言地方制度改革者：提出几件被人忽略的事实》，《国讯》第194期，1939年。

作为缩省的预备，于是专员制度被裹挟进入新一轮缩省改革的热议中。同时，有9个专员受重庆《服务》月刊要求，介绍和总结个人的履职经过和经验，成为抗日战争时期专员制度研究的新流。

1949年以后有28名学者、专家参与探讨了专员制度，除3人专业不明外，1人为文学，4人为法学，2人为政治学，其余18人均为历史学，他们贡献了38项成果。从1987年第一篇论文《民国福建省行政督察专员制度初探》开始，即1982年实行地市合并改革的第五年，至2013年，随着地级行政体制改革的推进零星有成果出现。其间2002年开始推行省直管县体制，决定逐渐撤销当时全国仅剩的22个虚级地区行署，由此引发政学两界对地区行署制度和地级市制的再议，作为其前身的行政督察专员制度则被附带提及。

表0-2　　1949年前后历年行政督察专员制度研究成果数量　　单位：篇、部

1932—1949年		1987—2022年	
1932年	2	1987年	1
1933年	9	1988年	3
1934年	5	1990年	1
1935年	7	1993年	1
1936年	10	1997年	1
1937年	14	2003年	1
1938年	5	2004年	2
1939年	9	2005年	3
1940年	11	2006年	2
1941年	5	2008年	2
1942年	2	2009年	4
1943年	6	2010年	5
1944年	3	2011年	2
1945年	3	2012年	3
1946年	3	2013年	3
1947年	2	2014年	2
1948年	1	2017年	1
		2021年	1
小计	97	小计	38

值得注意的是，2012年河南大学翁有为教授等7人所著《行政督察专员区公署制研究》是90年来行政督察专员制度研究的集大成之作①，1949年后出现的38项成果中的19项（17篇期刊论文、1篇博士论文、1部专著）均可在此书中通览。其中，17篇期刊论文包括了翁有为教授7篇、张小稳1篇②、谢晓鹏1篇③、李刚1篇④、崔跃峰1篇⑤、柳岳武1篇⑥、赵文远2篇⑦、莫起升3篇⑧；翁有为教授的博士论文《从专员区公署制到地区行署制的法制考察》⑨和基于此出版的《专区与地区政府的法制研究》⑩中，相关行政督察专员制度的内容，同样收入该书。

除上述专论外，还有相当数量的相关研究，这也主要集中在1949年以前。行政督察专员制度是民国政府地方行政治理的重要组成部分，多数政制研究均有或多或涉及，如张富康的《省行政制度改革之趋势》、江禄煜的《我国地方行政制度改革刍议》、陈柏心的《中国的地方政治制度及其改革》（上下）等。一些政治制度通论性著作也会着墨，如钱端升等的《民国政制史》，程幸超的《中国地方政府》，杨鸿

---

① 翁有为等：《行政督察专员区公署制研究》，社会科学文献出版社2012年版。

② 张小稳：《明清时期道的分类及其功能演变——现代行政督察专员区公署制渊源的视角》，《云南社会科学》2010年第3期。

③ 谢晓鹏：《国民政府行政督察专员制的演变及特点》，《首都师范大学学报》（社会科学版）2009年第2期。

④ 李刚：《南京政府专区公署人员编制的行政法考察》，《前沿》2010年第4期。

⑤ 崔跃峰：《南京国民政府行政督察专员区公署制与县制的关系》，《史学月刊》2011年第7期。

⑥ 柳岳武：《民国时期专员区公署制的设置与缩小省区关系的讨论》，《石河子大学学报》（哲学社会科学版）2012年第4期。

⑦ 赵文远：《陕甘宁边区行政督察专员制度研究》，《中州学刊》2012年第1期；赵文远：《20世纪三四十年代国共行政督察专员制度之比较》，《河北大学学报》（哲学社会科学版）2012年第4期。

⑧ 莫起升：《国民政府行政督察专员任职资格与选任程序的法制考察》，《商丘师范学院学报》2010年第8期；莫起升：《行政法视野下的专区公署（1927—1949）》，《兰州学刊》2010年第5期；莫起升：《国民政府（1927—1949）专区公署的辖区设置与经费保障》，《山东社会科学》2010年第7期。

⑨ 翁有为：《从专员区公署制到地区行署制的法制考察》，博士学位论文，中国政法大学，2006年。

⑩ 翁有为：《专区与地区政府的法制研究》，人民出版社2007年版。

年、欧阳鑫的《中国政制史》等等。由于有"在场"亲历行政督察专员制度之优势，民国时期的相关研究不但多于中华人民共和国时期，而且大多对此制有1500字以上的叙述，在钱先生的著作中更用了近1.5万字进行专章介绍。中华人民共和国时期的此类通论性著作的相关书写则多寥寥为几百字的简介。

（二）关于制度的发端、起源与设立原因、意图的研究

90年来的行政督察专员制度研究，从不同的角度对其缘起、建立、发展与演变、利弊、发展趋势及改革建议进行了对策分析和学理考察。

1. 制度的发端、起源

既有研究对此制的发端、起源的观点有六种：

（1）1925年广东省的分区行政委员会制说，持此观点者为钟日兴[①]。

（2）1927年黄绍竑在广西推行的行政督察委员制说，持此观点的有谭肇毅[②]和黄绍竑本人2人[③]。

（3）1931年蒋介石在江西"剿匪"时推行的党政委员会分会制说，这种观点占多数。如1936年，陈立说："谁也知道行政督察专员制，是军事委员会委员长蒋先生剿匪的创作。"[④] 1937年，郑自明说："行政督察专员制实是由党政委员会分会演进而来的。……后来长江各省设的省政分区督察制实在都是导源于此，如安徽省的'首席县长'，江西的'区行政长官'，江苏的'行政区监督'，浙江的'县政督察专员'，无一不是见了党政分会有相当成效，才来设立的。因之，党政委员会可说是现行的行政督察专员制的滥觞。"[⑤] 1938年，楼正华也认为行政督察专员制度"滥觞于江西剿匪时期党政委员会分会"[⑥]。

---

① 钟日兴：《1932—1936年的行政督察专员制度研究——以湖北省为例》，硕士学位论文，华中师范大学，2004年。

② 谭肇毅：《新桂系的行政督察制度》，《广西师范大学学报》（哲学社会科学版）2009年第1期。

③ 黄绍竑：《黄绍竑回忆录》，东方出版社2010年版，第151页。

④ 陈立：《行政督察专员制之检讨》，《现代读物》第3卷第8期，1936年。

⑤ 郑自明：《行政督察专员制在战时的作用》，《国闻周报》第14卷第46期，1937年。

⑥ 楼正华：《行政督察专员制度之检讨及其在抗战时期之价值》，《闽政与公馀旬刊》第29、30、31期，1938年。

（4）1932年熊式辉在江西创行的分区行政长官制说，持此观点者仅有民国学者何仲英1人①。

（5）赣皖苏浙四省自创制度共同起源说。苏、浙、皖、赣四省的制度是指江苏省1932年5月创行的行政区监督制、浙江省1932年5月创行的县政督察专员制、安徽省1932年4月创行的首席县长制和蒋介石在江西创行的党政委员会分会制。这些制度均为各省在行政督察专员制度实行以前自创的管县派出政府制度。持此观点者有沈怀玉，他认为赣、皖、苏、浙四省的制度"均与此后之专员制度诸多相同，且实施行政督察专员制度时，即就此四种组织，加以改组"的②。1946年，钱端升说："行政督察专员制度之创设，直接导源于安徽首席县长制，江苏行政区监督制，浙江县政督察专员制及江西行政区长官制；而间接导源于江西党政委员会分会制。"③

（6）综合说。萧文哲说专员制度的"历史上的渊源，约有四种；一是历代郡国州府道制，尤其是民国的道制"；"二为民十四年广东省分区行政委员制"；"三为民二十年南昌行营党政委员分会"；"四为民二十一年江西为接办党政委员分会的工作而设立的行政区长官公署，安徽的首席县长，江苏的行政监督，浙江的县政督察专员"④。翁有为等基本同意萧氏观点，并提出"行政督察专员区公署制作为设在省县之间的省的派出机构，其最直接的制度来源还是明清时期的道制。"⑤

笔者认为，就事实论，第四种观点显然站不住脚。因为熊式辉是蒋在江西推行党政委员会分会制的参与者，而且他创行的分区行政长官制是在蒋撤销党政委员会分会后才建立的，何来发端之说呢？第二种观点黄绍竑发端说是因为1932年黄氏任内政部部长时提议建的行政督察专员制度，

---

① 何仲英：《行政督察专员制度的检讨》，《汗血月刊》第9卷第1期，1937年。

② 沈怀玉：《行政督察专员制度之创设、演变与功能》，台北《"中央研究院"近代史研究所集刊》第22期上，1993年。

③ 钱端升等：《民国政制史》（下），上海人民出版社2011年版，第494页。

④ 萧文哲：《行政督察专员制度改革问题》，《东方杂志》第37卷第16号，1940年；萧文哲：《改善行政督察专员制度之建议》，《训练月刊》第1卷第6期，1940年。

⑤ 翁有为等：《行政督察专员区公署制研究》，社会科学文献出版社2012年版，第57页。

并沿用其在广西所创制的名称。如一定要认其为开端的话，它只能算是"行政院专员条例"的起缘，而非"剿总专员条例"的发端。

蒋介石创制说持者众，此观点成立的最大理由是从1932—1949年的长时段来看，蒋介石这方的"剿总条例"的核心内容一直延续下来这一点。行政院方面的"专员条例"自1932年后再无声息；蒋方1933—1935年间陆续发布多个后续有关专员的补充政策；1936年10月蒋介石以行政院院长身份颁布新的"专员条例"，划一两条例，也是综合剿总、行营等曾发布的多个政策而成，丝毫没有采择"行政院条例"的内容。所以，探讨行政督察专员制度的创制起源应首先分清是指1932年的，还是指1936年划一以后的。如是指1932年的还要分清是哪一方的"专员条例"，是"剿总"颁布的，还是行政院颁布的。

2. 制度设立的原因、意图或目的

研究行政督察专员制度者大都会或详或略地谈及设制的原因、意图或目的。如民国学者陈之迈认为国民政府建制目的有四：一曰"办理剿匪清乡等特种事物"；二曰"行政监督及指导"；三曰"统筹"；四曰"领导"[①]。翁有为等的书中提出设制"背景"有三，首先是"南京国民政府出于加强地方行政管理的客观需要，而对民国以来各种缩省方案的借鉴和替代"；其次是"出于'围剿'南方诸省红军的现实需要，而对现有地方行政制度所作的适时调整"；其三是"受中国历史上地方行政管理三级制的影响，尤其是受北洋政府实行的省、道、县三级制的影响，而对地方行政管理体制进行的改革尝试"[②]。当然，民国学者由于人在"现场"，多具体还提到当时有防治贪污、整顿吏治、促进保甲与军事动员、防止军阀割据等细化的目的和意图。如何仲英说设制的目的包括解决省对县"指挥不灵""监督困难""公文迟滞""割据形成"四个方面[③]。张富康条分缕析地提出设制原因有"安内图存"和"攘外御侮"两端，前者又包括"刷新县政强化中央统治""整理团队增加自卫力量""发展交通""整理财政"；后者包括"厉行团管区制建立征兵制之基础""组织民众促进民

[①] 陈之迈：《研究行政督察专员制度报告》，《行政研究》第1卷第1—3期，1936年。
[②] 翁有为等：《行政督察专员区公署制研究》，社会科学文献出版社2012年版，第73—77页。
[③] 何仲英：《行政督察专员制度的检讨》，《汗血月刊》第9卷第1期，1937年。

族动员""战时完成后方任务"等①。

此外,行政督察专员制度的建立,还有一个时人前期不太强调的设制意图——缩省的替代、变通和权宜。为改变国土辽阔、省管县幅度过大的问题,从康有为开始陆续有人提出缩省改划之论。南京国民政府建立后按孙中山《建国大纲》规定的省县两级制,无法解决省区过大问题,缩省呼声不断,但囿于错综复杂的历史和现实原因,尤其地方实力派的割据抵制,难以实行。因此,一些学者把行政督察专员制度视为是缩省的替代或过渡方案。江禄煜②、何仲英、翁有为等均有此种表达。如何仲英说:"研究改革地方政制的人都主张缩小省区,但历史过久,障碍殊多,一时实现又极不易,只好实行这种过渡办法——行政督察专员制。"③ 翁有为等也说:"专员区公署制也是回应省制变革的一项补救性措施,是在省制不易改革的情况下做出的变通性改革。"④ 1937年以后,由于《抗战建国纲领》规定县为自治单位,1941年又撤销省级财政,时人认为省的地位降低,于是提出实化或强化专员制度以为缩省过渡和准备的人增多。但正如陈柏心所说:"改革行政督察专员制度和缩小省区,粗看起来似乎可以混为一谈,实际上完全是两件事情。"⑤

总体而言,90余年来,所有关于设制原因、目的等的探讨,不论所属时代,也不论所属学科领域,多以1932年8月6日豫鄂皖三省"剿匪"总部和行政院同时颁布的《剿匪区内各省行政督察专员公署组织条例》《行政督察专员暂行条例》,及1936年10月行政院修正颁布的《行政督察专员公署组织条例》、1941年10月行政院颁布的《战时各省行政督察专员公署及区保安司令部合并组织暂行办法》等文件为核心资料,进行字面上的条文分析。包括上述民国时期清华大学教授陈之迈所提四点建制目的也是前三个条例中的文字内容,难见我们期待的更多历史流变过程及其内幕。

---

① 张富康:《行政督察专员制之兴起》,《前途》第5卷第4期,1937年。
② 江禄煜:《行政督察专员制的检讨》,《之江期刊》第5期,1936年。
③ 何仲英:《行政督察专员制度的检讨》,《汗血月刊》第9卷第1期,1937年。
④ 翁有为等:《行政督察专员区公署制研究》,社会科学文献出版社2012年版,第309页。
⑤ 陈柏心:《行政督察专员制度改进问题》,《建设研究》第8卷第1期,1942年。

(三) 关于制度的发展演变分期与专员公署的组织、职权的研究

1. 制度的发展演变分期

90余年来论及此问题的属少数（表0-3）。民国论及专员制度发展分期者有张富康、钱端升、江天策①三人，但此时尚处于制度执行中，因此其划分均非从"全程"、整体去论。如上述几人均未将1941年国民政府颁布的最后一个专员制度的"暂行办法"纳入探讨，因为他们的研究都是在此时间前完成的。如钱端升的《民国政制史》脱稿于1937年，出版于1939年春，只介绍了1911—1936年民国政制的设置与沿革。

能看到"全程"的当代学者则有多样化的分期。刘莉莉和谭肇毅均是以某一省为坐标划分阶段，不具有全国观照。而广西省直到1940年才开始实行专员制度，此前均是实行本省自创的管县制度。江西省虽在1934年1月以前实行了专员制度，但没有按照"剿总条例"规定专员兼任区保安司令。为此蒋在1934年1月要求熊式辉改组，所以该作者将1934年2月作为江西省专员制度的节点，划分为一个新阶段②。陆建洪的分期最多，他将"1927年底在少数地区自发施行到1948年5月废除为止"的21年，分为五个阶段。值得一提的是，他将1939年作为一个划分节点，其理由是"1939年1月国民党五届五中全会以后，国民党的政策日益沿着投降、反共、独裁的方向倒退，专员制度的职能，也发生了相应的改变"。而他将1948年5月作为结束时间，是因为此年"国民党蒋介石为继续顽抗革命，开始采用更残酷、规模更大的统治机器——'绥靖公署'来取代已失去效用的专员制度"③。赵小平没有明确划分阶段，而是说1936年行政督察专员制统一后，又经历了两次演变，第一次是1937年10月行政院训令专员"以不兼任驻在县县长为原则"，第二次是1941年10月行政院公布《战时各省行政督察专员公署及区保安司令部合并组织暂行办法》，把专员公署与区保安司令部合并④，至于此后如何分期划段，不在其视野中。

---

① 江天策：《行政督察专员制定研究》，国立武汉大学法学院政治系毕业论文，1940年。
② 刘莉莉：《江西行政督察专员制度考察》，硕士学位论文，江西师范大学，2001年。
③ 陆建洪：《试论南京国民政府专员制度的演变及其特点》，《史学月刊》1988年第4期。
④ 赵小平：《国民党行政督察专员制度简述》，《档案史料与研究》1990年第3期。

表 0-3　　　　　　　1932—2023 年行政督察专员制度分期研究

作者	分期方式	研究发表时间
张富康	(1)"发展时期"（1932—1936.3），(2)"改进时期"（1936.3—）	1937 年
钱端升	(1)"第一期"（1932.8—1936.10），(2)"第二期"（1936.10—）	1939 年
江天策	(1)"发蒙期"（1930.11—），(2)为苏浙皖赣四省试办期（1932.4—），(3)"正式成立时期"（1936.3—）	1939 年
师连舫	1936 年 3 月 25 日以前为"专员制度的纷乱时期"，此后为"专员制度统一时期"	1939 年
刘莉莉	(1)"党政委员分会制"阶段（1931.7—1931.12），(2)"行政区长官制的创设与维持"阶段（1932.6—1934.1），(3)"与'三省总部'之体制划一"阶段（1934.2—1936.2），(4)"与全国体制统一"阶段（1936.3—1949.4）	2001 年
谭肇毅	(1)创设阶段（1927—1929），(2)成型全面推行阶段（30 年代初—1936.11），(3)与中央行政督察制度统一阶段（1940.3—1949）	2009 年
翁有为等	(1)初步确立阶段（1932—1936），(2)全面推广阶段（1936.3—1949）	2012 年
陆建洪	(1)"自发施行阶段"（1928—1930 年初），(2)"由自发到正式推行专员制度的过渡阶段"（1930.3—1932 年夏），(3)"南京政府正式推行专员制度的第一阶段"（1932.6—1936.10），(4)"正式推行专员制度的第二阶段"（1936.10—1939.3），(5)"正式推行专员制度的第三阶段，也是专员制度彻底崩溃的阶段"（1939.3—1948.5）	1988 年

上述诸多分期，其特点有二：一是民国时期学者因制度没有告终，此时盖棺论定分期尚早。相较而言，新中国时期学者有总观全局的优势，繁与简、地方与全局均有涉及。二是除谭肇毅所关注的广西省直至 1940 年 3 月才"与中央行政督察制度相统一"这一特例外①，其余作者具体划分阶段的时间点和阶段名称虽有较大差异，但共同之处在于基本不离两个关键时间节点——1932 年和 1936 年。1932 年 8 月行政院和三省"剿总"同时各颁一个"专员条例"，标志国民政府正式建立专员制度。把 1936 年作为一个节点，还有以 3 月或以 10 月为分水岭的不同。3 月 25 日，行政院通过《行政督察专员公署组织暂行条例》是初步划一了两个"专员条例"，10 月 15 日，行政院又颁布修正的《行政督察专员公署组织暂行条

---

① 谭肇毅：《新桂系的行政督察制度》，《广西师范大学学报》（哲学社会科学版）2009 年第 1 期。

例》，正式完成划一。其余节点的选择具有合理性，但也有个别需要商榷的，如陆建洪以1939年为界点。三是分期大多不以专员公署的组织与职权的变化为核心进行阶段划分。这与下面将要说到的行政督察专员制度的组织与职权的实相考察难度大，有内在关系。四是1937—1949年的再分期无人关注，这主要是缘于抗日战争期间的地方政制纷乱复杂，难以把握基本面，尤其国民党、共产党、汪伪三方均建立专员制度，在县乡频繁易手的情况下，行政区划无常相，而人为的虚报、瞒报，以及当前的资料诘繁问题，更使全面呈现实况的研究难比登天。

2. 专员公署的组织与职权

不论民国，还是当代研究，多注重专署组织员额与职权的探讨，而他们的最大共同点也不外乎对4个"专员条例""办法"进行逐条分析。如翁有为等分析了1932年的两个"专员条例"，认为"行政院条例"规定专员办事处设6人，"法定人数较少，不可能作为一级行政机构来开展工作"；"剿总条例"规定专署设21—25人，也使"不少'剿匪'区为完成其政治任务，不得不对该法令人员编制进行变通、调整"；相较之下，他们认为1936年10月的法令规定除专员外"共计19—31人"，"更符合客观实际，同时，亦标志着作为新的行政组织在现实的运作中逐渐发展成熟，逐渐走向完备"。对1941年专员公署与保安司令部合并后编制"23—31人"，他们认为"这次调整增加了技术类人员的数量。这种小调整，正说明专员公署制度趋向稳定"[1]。钱端升也认为，1932年的两个"专员条例"规定的员额"数目究属不多"[2]。

关于专员公署的职权，90年来的研究也多基于组织法文本进行分析，涉及地方各省建制实况的（详见表0-4），大致可分为三类：第一类是蜻蜓点水型，偶尔枚举某省作为例证，这种情况在民国占多数；第二类是全文个案分析型，如于鹤年、马元放、赵如珩、潘守正、刘莉莉等是全文针对某省的实施状况进行的个案研究；第三类是全覆盖型，如杨斌[3]、克和[4]、

---

[1] 翁有为等：《行政督察专员区公署制研究》，社会科学文献出版社2012年版，第155—156页。
[2] 钱端升等：《民国政制史》（下），上海人民出版社2011年版，第500页。
[3] 杨斌：《南京国民政府时期行政督察专员制度的创设》，《民国档案》2009年第1期。
[4] 克和：《行政督察专员制度之史的演进》，《汗血月刊》第9卷第1期，1937年。

表0-4　　　　1932—2023年行政督察专员制度分地域研究

河北	河南	安徽	江苏	福建	湖北	江西	广西	陕西	四川
于鹤年①	翁有为	傅骓昌②	马元放、赵如珩③	潘守正④、李少泳⑤	钟日兴	刘莉莉	谭肇毅	赵文远	沈鹏⑥、王建国⑦、闫厚国、叶艳辉⑧、张红芳⑨

翁有为等分别列举了1937年前后国统区16省和11省或当时各省的专员设置情况，包括专员或专员公署的建立时间、辖县和治所。凡论及职权，则诉诸规制文本解读。如朱程指出，专员或专署的职权包括"本身职权和兼有职权"两个方面，"本身职权"包括"督察指导权""呈报请示权""惩恶奖善权""召集会议权""定期巡视权"五项；"兼有职权"包括"兼任县长""兼任保安司令""兼任行营军法官"三项⑩。赵文远是唯一进行国共对比研究者，他提出双方的职权的共同之处有"巡视权""争议处置权""召集会议权""兼任县长""推行法令权""遴选委任专

---

① 于鹤年：《河北省行政督察专员之设置及其区域之划分》，《禹贡》第7卷第5期，1937年。

② 傅骓昌：《行政督察专员制度之研究（上）》，《安徽政治》第9卷第1期，1946年；傅骓昌：《行政督察专员制度之研究（下）》，《安徽政治》第9卷第4、5期，1946年。

③ 赵如珩：《江苏地方行政制度之商榷：行政督察专员之职权》，《江苏月报》第1卷第2期，1933年。

④ 潘守正：《本省战时专员制度之透视》，《闽政月刊》第4卷第1期，1939年。

⑤ 李少泳：《民国福建省行政督察专员制度初探》，《福建史志》1987年第6期。

⑥ 沈鹏：《四川省现行专员制度之检讨》，《现代读物》第8期，1939年。

⑦ 王建国：《刘湘时期（1935—1938）川省行政督察专员制度探析》，《乐山师范学院学报》2008年第9期。

⑧ 闫厚国、叶艳辉：《浅析四川省政府的行政督察专员制度》，《大视野》2008年第12期。

⑨ 张红芳：《国民政府行政督察制度：以四川省为个案的考察》，硕士学位论文，四川师范大学，2005年；张红芳：《略论南京国民政府行政督察专员制》，《成都教育学院学报》2004年第12期；张红芳：《对南京国民政府行政督察专员制法律地位与历史价值的思考》，《社科纵横》（新理论版）2013年第2期；张红芳：《从草创到成熟：一个行政督察专员不同时期出巡日记的制度体现》，《乐山师范学院学报》2013年第3期；张红芳、陈浩：《简析南京国民政府行政督查专员制度存续的原因》，《宜宾学院学报》2005年第1期。

⑩ 朱程：《行政督察专员制度的检讨》，《政衡》第2卷第5期，1935年。

署内职员权"六项;稍有区别之处有"督察、指导权",预决算审核权,"对辖区内县、市长的行政命令处分权"三项①。陈之迈1936年夏受国民政府行政院委托,撰写的《研究行政督察专员制度报告》对1936年前各省专员职权的动态实况及差异所谈相对略多,参考价值更大。对1936年后各省专员实况介绍较多的是师连舫。

至1937年后,由于战乱导致的政区变动频繁,各地难有正常的行政工作;且国民党、共产党、日寇、日伪之间和国民党内派系斗争交缠在一起。此种混乱环境下,职权不似起源、发展演变、组织机构等问题比较简单,较易厘清,而是很难抓住规律。同样,对于涉及财政管理体制、预决算、税收、薪俸饷与经费等,诸多复杂问题的专员公署的财务,更成为90余年研究的"贫瘠之地"。这也是为何前述关于专员制发展演变分期的研究,不以组织与职权的演变为划分标准的原因。

(四) 关于制度的利弊与发展趋势、存废建议的研究

1. 制度的利弊

对行政督察专员制度利弊得失的评价研究,自1932年国民政府建制即已开始,且利弊、存废之争聚讼不断,莫衷一是。

言其利者,主要理由有三:(1)补救省辖区过大的缺陷,"解决鞭长莫及呼应不灵之苦"和管县不利等问题;(2)整顿吏治;(3)绥靖地方与"剿匪"。其中第一点是不论中华人民共和国还是民国时期,凡言利者必首先述及之点。如储家昌指出:"本来我国土地广阔,一省往往大过欧洲的普通国家,以一个省政府管辖一省之六十县至一百余县以上,欲能指挥如意,监督周密、统筹妥当,不特为理论所不能,而且事实上亦行不通"②,行政督察专员的设立能解决这一问题。

言其弊者,主要理由有四:(1)违背"总理遗教"确定的省县二级制,多增了一级。这是论者认为最有权威的理由,"拿捏"了专员制度一世。1924年孙中山《建国大纲》及1931年国民政府公布的《训政时期约法》都规定,地方采用省—县两级制。因此,违反二级制成为最大反

---

① 赵文远:《20世纪三四十年代国共行政督察专员制度之比较》,《河北大学学报》(哲学社会科学版)2012年第4期。

② 储家昌:《行政督察专员制的存废问题》,《政治评论》第148期,1935年。

对理由。如周联合认为,行政督察专员制度"在省县间增设行政机构的做法既违背孙中山《国民政府建国大纲》之规定,又不符合当时法律"①。在民国时期这一理由动辄既被提出,也有少数学者认为此不足为据。持此观点较早的是储家昌,他于1935年指出专员制并未违背《建国大纲》,原因在于《建国大纲》所说的县不是当时的县,而是"自治县"。他提出所谓"自治县"必须符合5个条件:"全县人口调查清楚;全县土地测量完竣;全县警卫办理妥善;四境纵横之道路修筑成功;人民又曾受四权使用之训练,而完毕其国民之义务,誓行革命之主义者"。"试问全国1900余县中,称得上这些条件的有几个?"就"连所谓模范县,自治实验县,距上面的要求还远呢,其他的县更不必说了"。所以,他认为,"这种主张似乎极有权威,令人无从反对",而实际"现在的县既无建国大纲中理想的条件",为什么还要"徒执迷于其形式上的组织"呢?② 全面抗战期间,楼正华、周必璋也曾质疑省县二级制的适宜性。

(2) 徒增经费、浪费公帑。持此论者较多,尤其主废者。马元放1933年撰文为江苏省算了一笔账:苏省规定一等专员公署月支1990元,二等专员公署月支1750元,三等专员公署月支1500元。全省13个行政督察专员公署所支经费,每月共需22750元,每年共计273000元,"这一项陡然增加的行政费,他的数目亦不能算小了"③。萧文哲1940年算了一笔全国"总账":各地甲乙丙三等专署"平均各专署经费以一〔乙〕等计算,全国153区,合计每月靡费622700元"。所以在萧文哲看来,专署普设造成了"靡费","专署辖区除少数管辖十余至二十县外,多在十县以下且辖三四县的专署亦不在少数,在交通便利省份,殊不经济"④。

(3) 降低了行政效率。如杨斌认为,设置专员公署后,"公文传递颇

---

① 周联合:《论行政督察区制度的不合法与不合理问题》,《学术研究》2006年第8期。
② 储家昌:《行政督察专员制的存废问题》,《政治评论》第148期,1935年。
③ 马元放:《现行之行政督察制度:对于苏省设置行政督察专员之意见》,《江苏月报》第1卷第2期,1933年。
④ 萧文哲:《行政督察专员制度改革问题》,《东方杂志》第37卷第16号,1940年;萧文哲:《改善行政督察专员制度之建议》,《训练月刊》第1卷第6期,1940年。

费周章，浪费时间不少"①。储家昌提出："近来设专员制的各省，公文的周转上反多出一个机关，这样更足使'公文旅行'要多绕专员这个码头，这显然影响行政效能。"② 高铿从行政理论和实践两个方面也分析指出："行政督察专员制度所形成的地方三级制，就行政效率观之，实为违背行政原则。盖行政系统之简单，为发挥行政效率之必要条件，机关层次愈多，则政令推行的力量愈益薄弱。一个政令的发动，在发动者纵有一百分的力量，每经过一个转折，则力量减低几分，多经过几个转折，其力量必等于零，在原则上如是，在事实上亦复如是，只要看每次中央的命令经过几次'等因奉此'的转折，等到县政府便已束之高阁了之，就可明白。不但如此，讲行政效力最贵乎上级机关与下级机关互相了解，彼此联络，才能运用灵活，要做到这一点，自然以上级机关与下级机关愈近愈好，行政督察专员制度在这一方，不行又徒足以增加省与县之距离。在县一方面，则下情难于上达；在省一方面，则不易使县了解。"③ 钟竟成更是以一个县长的身份"现身说法"，用事实证明专署呈转公文导致延误的问题。他说江苏省东台县"（民国）廿五年十一月份，收省府各厅之文件，每日平均十余件。如皆由专员承转，收一天、发一天、办稿缮印又一天，寄到东台又是一天。一件文由专署转交就误四天，十件就是四十天；县府呈复之公文又是四十天，每日合计就是八十天。一年所误者，则大有可观矣！"④ 为此，萧文哲评价"专署成为省县间仅仅承转公文的赘疣"⑤。

（4）"功效殊鲜，流弊滋生"。与前述言利者相反，一些学者认为："各省政治的进步，由于省政当局之图治多，由于专员制度之实施少。"如杨适生认为，因为"多数专员，概属军人，本身兼县已感焦头烂额，察吏更非其力所及"⑥。即专员不可能对县的管理起什么实效，反倒衍生

---

① 杨斌：《南京国民政府时期行政督察专员制度的创设》，《民国档案》2009年第1期。
② 储家昌：《行政督察专员制的存废问题》，《政治评论》第148期，1935年。
③ 高铿：《地方行政改革中之行政督察专员制度》，《东方杂志》第33卷第19号，1936年。
④ 钟竟成：《我对于行政督察专员制度的意见》，《行政研究》第2卷第6期，1937年。
⑤ 萧文哲：《行政督察专员制度改革问题》，《东方杂志》第37卷第16号，1940年；萧文哲：《改善行政督察专员制度之建议》，《训练月刊》第1卷第6期，1940年。
⑥ 杨适生：《专员制度之研究》，《行政研究》第1卷第1—3期，1936年。

出上述种种弊端。钟竟成也提出，专员制"影响于政治进步甚微"，说有"极甚著的进步"不是设置专员的结果，而是迫于九·一八事变所带来的压力，使各省"励精图治"和"各县长之学识能力及操行"提高的结果。同时，他认为，即使专员所兼的县有较大进步，也"与专员制度并无多大关系"，因为"政治有进步是一个问题，行政督察专员制度之优劣又是一个问题，不能混为一谈"。笔者认为他的观点明显前后矛盾，因为他紧接着又说："评论一种新创制度之优劣，应以其能否达到其所预期之目的为准。"① 既然那些结果不能视为是预期目的的结果，那又该依何评论此制，又何来此制效用"甚微"的结论呢？

以上利弊之谈，有三点值得总结：一是由于学科背景的差异和现实关切不同，利弊分析多见于民国阶段。二是大多数作者站在各自的地域内得出结论。换言之，有的作者是基于"剿匪"区的实行情况，有的是基于非"剿匪"区的实行情况，如储家昌所谈的江西省等就是属于"剿匪"区的。而仅就专员的权力而言，"剿匪"区明显大于非"剿匪"区，包括任免县长等实际管的事很多，公文承转更不在话下。非"剿匪"区的专员则没有任免县长之权，甚至提出的奖惩建议都可能不被省府和县府认可，所以出现有些学者所言的"不督不察"现象，从而沦为只承转公文的"赘疣"。恰如朱程曾指出："专署成为专门承转公文的机关的似以非剿匪区较为普遍。"② 因此，此制在各省各阶段实行的结果殊异，利或弊不能一概而论。三是结论多为依条例"坐而论道"的产物，既缺少实地考证，又缺乏全面分析。众所周知，"研究国民党时期的历史，最感棘手的莫过于厘清其制度结构与事实结构之间的差距，否则结论与实际情形很可能南辕北辙"③。正如当代专家说："中国的政治史叙事基本是'制度史'研究的一种翻版，人们在政治史的表述中除了了解到堆积出的一系列事件序列和机械的制度描述外，根本无法感受到中国政治运作奇诡多变的态势和与人们日常生活的关联意义。"④

---

① 钟竟成：《我对于行政督察专员制度的意见》，《行政研究》第 2 卷第 6 期，1937 年。
② 朱程：《行政督察专员制度的检讨》，《政衡》第 2 卷第 5 期，1935 年。
③ 王奇生：《民国时期县长的群体结构与人事嬗变——以 1927 年至 1949 年长江流域省份为中心》，《历史研究》1999 年第 2 期。
④ 杨念群：《为什么要重提"政治史"研究》，《历史研究》2004 年第 4 期。

2. 制度的改革、发展趋势与存废建议

在制度的改革、发展趋势和存废建议上，主要有撤销、实化、虚化、强化四种观点。

（1）撤销论，持此论者包括周联合、何仲英、赵和介①及一无名氏②等。他们多历数前述种种弊端，主张废除行政督察专员制度。笔者认为，一则政制的建设要随着形势的发展与时俱进，不能僵化地死守旧观念，可以做适当的灵活调整。正如中国共产党的行政督察专员制乃至后来的专区专署制，都是在根据地和解放区及中华人民共和国建立之初严峻的形势下跳出了派出政府的局限，实际执行了一级政府的职权才有了政权建立和稳定；二则客观地说，影响制度效用的因素很多，应全面考虑产生问题的原因，做出客观、科学判断与决策。正如民国学者陈伯心所说："流弊的发生，未必全是制度的罪过，而由于制度未完密与运用不当者居多，这个制度在各省或一省各区实施的利弊并不一致，有的地方未始没有相当效果，有些地方则弊多利少，可知运用的当否是一个重要的关键。"③因此，关键还在于找到行政督察专员制度之弊所产生的根源，而不是因局部或片面的弊而偏激地废制，否则可能因噎废食。

（2）实化论，主张专署成为省县间正式的一级政府，即行政体制由二级制改为三级制。有此意者包括江禄煜、张富康、杨适生、王洁卿、周必璋④等。他们之所以如此主张，原因在于他们多是分省、缩省论的倡导者。在他们看来，既然分省、缩省一时很难实现，不如将专署真的改为一级政府，扩大专署的权力，"扩大专署组织与辖区以为缩小省区之张本"，以解决当初缩省方案所要解决的问题。萧文哲还首先提出四条原则：第一，大致应"扩并为二区至四区"；第二，"提高专署职权，务期能够发挥专署为省府横面扩张的效能"；第三，"充实专署组织，务期能够适合专区扩大提高后的需要"；第四，"划清专署与省府县府之权责系统，以

---

① 赵和介：《行政督察专员制度述评》，国立武汉大学毕业论文，1944年。
② 《行政督察员制度，流弊甚多似将无形废除》，《益世报》（天津版）1933年3月10日第1张。
③ 陈柏心：《行政督察专员制度改进问题》，《建设研究》第8卷第1期，1942年。
④ 周必璋：《改进行政督察专员制度刍议》，中央政治学校研究部出版1941年版。

增进行政效率"①。杨适生强调扩大专署财权的必要性,他说:"专员所兼的县虽是一等县,但仍有地方贫瘠或田赋未经整理者,地方财政与属县同陷困难;甚至行政经费也由属县分担,区教经费则任其折扣拖欠。各项要政维持且感困难,遑论领导属县?"所以,"今后要专员完成其任务","最低亦须给专员以整理田赋之全权与便利"②。同时,针对当时一些人反对专员兼任县长一事,江禄煜则提出不但要兼县,而且要兼中心县③。王洁卿也主张对专署要"隆其体制",并详细列出中心县必须具备的5个条件:"(1)该县情形可代表四周临近县份一般情形者,(2)该县之地位应处于该区之中心,(3)地方财力比较宽裕者,(4)地方人民智识比较高者,(5)交通便利地为冲要者"④。至于实化的专署应改为何名,萧文哲提出恢复民初的"道尹"称呼"恐于时代精神,殊有未合",不如改为"行政长官"或"行政长"⑤。

(3)虚化论,这一主张包括回归"行政院条例"和废署存职,即专员成为真正的派出机构。持此论者包括李廷樑、敞、周宏涛⑥、钟竞成、傅骅昌、陈柏心、何键、翁有为等。他们认为,"专员职权提高,辖区扩大,无异于省县间增加一级,显有破坏建国大纲二级制之基本原则;如仍其旧,则又不免成为赘疣,二者于目前政制均有所不取。虽然专员制度有其功用,特以其设置公署,徒具一有名无实之机关,反使行政增加烦累。是以不如索性废署存职,去其弊而全其用"⑦。他们大多主张专员不兼县长、不负责承转公文和全国不普设、撤销专署改为办事处等。如李廷樑说,"主张专员应兼县长的,把专员看得太万能了,专员既然负有数县乃至十余县之统筹、监督、指挥的行政责任,同时还负有保安军事责任。自己又要办理比人家好的县政,这是多么困难的事?"但为提高威权,专员

---

① 萧文哲:《行政督察专员制度改革问题》,《东方杂志》第37卷第16号,1940年。
② 杨适生:《专员制度之研究》,《行政研究》第1卷第1—3期,1936年。
③ 江禄煜:《行政督察专员制的检讨》,《之江期刊》第5期,1936年。
④ 王洁卿:《行政督察专员制度之研究》,《汗血月刊》第9卷第1期,1937年。
⑤ 张耀枢:《行政督察专员制度之检讨与改进》,《服务》第10期,1943年。
⑥ 周宏涛:《吾国行政督察专员制度之研究》,国立武汉大学政治系毕业论文,1939年。
⑦ 赵和介:《行政督察专员制度述评》,国立武汉大学毕业论文,1944年。

可仍兼保安司令。在是否普设问题上，李廷樑主张近省会各县不设专员制①。陈柏心也认为"依据条文的意义，并非必须普遍设置"，因为两个专员条例只规定在"剿匪"区和"离省会过远地方"设制，而且"专员制度既不是行政上的一级，当然不必求其划一"，"交通便利距省较近的督察区域，专员公署应予以撤销"；"距离省府较远、交通困难、匪乱频仍，或与敌人过于接近〔的地区〕，有设置专员公署必要的地区，设置专员公署"，但要"酌量扩大各区的面积"②。内政部部长何键提出"行政督察专员，不必于固定地点设置公署"，"必要时得设置临时办事处"；但非战区专署辖区要扩大至20—35个县③。傅骍昌则相反，他主张缩小专员辖区为5—8个县，"在交通不便、及边远区域，设置专员公署，辖县不宜过五，交通便利距省会稍远县区，设置专员公署，辖县不宜过八"④。

（4）强化论，这一论点主要出现在抗日战争时期。抗日战争时期省府沦陷、溃逃丧失管理全区的能力，专署承担了省府的大量工作，因此主张充实专署组织、扩大职权的舆论增多。由于指挥作战，需要统一调度人财物，因此强化论中主要主张扩大人事权、财务权和武装力量领导权。在人事权上，强调给予专员对县长的考核权和撤惩权的居多。如傅骍昌提出"应该予以县长撤惩权"，即"专员有权报请省政府撤换县长或予以惩处，同时省政府对于县各级行政人员的考核奖惩黜涉〔陟——引者注〕迁调，均应尊重专员的考核意见，并且要以专员的考核意见为重要根据"。张耀枢主张专署"用人之权应加重"的同时，"用钱之权应加重，预决算及预备费之动支，专署应有审核权，即各县临时动支预备费"⑤。至于组织员额，傅骍昌基于"合理化科学化"的原则，主张"科室无须设置"，其人员应由30余人缩减为9—14人⑥。但也有极少数反其道行之，主张充实专署组织以更好完成督察任务。如张耀枢提倡比照县府增设，"现制县府

---

① 李廷樑：《行政督察专员制度的改善问题》，《政问周刊》第43号，1937年。
② 陈柏心：《行政督察专员制度改进问题》，《建设研究》第8卷第1期，1942年。
③ 何键：《调整省以下行政机构管见》，《中华评论》第1卷第9、10期合刊，1938年。
④ 傅骍昌：《行政督察专员制度之研究（下）》，《安徽政治》第9卷第4、5期，1946年。
⑤ 张耀枢：《行政督察专员制度之检讨与改进》，《服务》第10期，1943年。
⑥ 傅骍昌：《行政督察专员制度之研究（下）》，《安徽政治》第9卷第4、5期，1946年。

已增设至七八科",而专署"仅有两三科,如兵役粮政之类,皆属当前要政,在县府各设专科办理,在专署则仅为主管人员,以言督察,自难胜任"①,因此专署的机构必须充实。此外,此派中还有部分人认为现有的专员职权规定不够明确,导致专员无法发挥作用,强烈要求用具体的制度文本加以规范。如李廷樑认为"专员的职权应明确规定,尤其与省府职权的界限必须明白的划清,究竟那〔哪——引者注〕些事情,专员可以自己做主;那〔哪——引者注〕些事情须请示省府应该有一个明确的界限才好"②。

除上述四种外,实际还有部分无主张者。如鹏九③、宋明炘④、朱程、高经,可能由于发表文章的时间大多较早,行政督察专员制度的发展形势还不太明朗,所以他们只分析制度的弊或利,最后并未提出明确的作何处理的观点。如1933年发表文章的鹏九和宋明炘仅指出此制的弊而已。

综上所述,90年来行政督察专员制度的研究历经两个时代、多个领域学人的努力,在制度的发端与起源、设制的原因与意图、发展分期、组织与职能、利与弊、发展趋势与建议等方面,已有相当的成果,但也有如下缺憾:

其一,纵的制度本身的发展演变史还需大量补充基本史实,1937年以后行政督察专员制度演变情况过于简略。既有研究只寥寥提到了1941年最后一个组织法的内容,其来龙去脉如何,未见详情。

其二,制度的在地实践状况的个案不能代表全局,下一步研究还需综合各地的不同情况,呈现制度的全貌,即跳出究明制度的范畴,呈现出"活"的制度面相。

其三,行政督察专员制度的理论建构还需深入。由于制度具体史实细节的缺失,提炼相关理论就显得吃力,难免限于表面化,只有在前两点做好的基础上,此步才能水到渠成。

其四,从长时段的历史视域下,系统、整体研究包括行政督察专员制

---

① 张耀枢:《行政督察专员制度之检讨与改进》,《服务》第10期,1943年。
② 李廷樑:《行政督察专员制度的改善问题》,《政问周刊》第43号,1937年。
③ 鹏九:《论行政督察专员制之得失》,《不忘》第1卷第9期,1933年。
④ 宋明炘:《现行行政督察制度之商榷》,《政治评论》第34号,1933年。

度、专区专署制度、地区行署制度在内的近现代管县派出政府制度体系更值得关注。总之，短程的研究如何突破平面化，增加反映历史复杂性、本质性的内容还有较大空间；长程的研究如何突破碎片化，完成反映大视野、大规律的研究成果更应注重。

三 研究的框架、内容与方法

对于民国史，相关研究的解释逻辑与框架多为"权力—利益""军绅政权—地盘主义"逻辑，从派系角力角度展开[1]。2022年，美国德克萨斯大学奥斯汀分校历史系教授、东亚研究中心主任李怀印在研究1600—1949年中国的大历史时，提出地缘战略、财政构造和政治认同三个关键变项互动框架[2]。山东师范大学历史学院教授徐进提出地盘与财政—观念与心理结构，即在地盘和财政等超时空的结构性因素外，还要注意观察相关政治人物的内心世界，关注观念、心理等因素对其言行的影响，各地方实力派的政治考量受制于民国政治特有的思想观念和心理定式，历史当事人行为背后的深层理念与逻辑[3]。

本书的研究对象行政督察专员制度，是中央实行于地方的中层行政制度，既不能脱离宏观历史的大背景，又离不开具体的人与事，尤其是行政理念、行政技能与行政环境。对治国理政有什么样的追求决定着行政的大方向和基本原则。观念的是人头脑中根深蒂固的东西，其更新换代需要长时间才能完成，在此过程中会持续影响人对制度的设计与实施。行政技术与方法既是行政理念的体现，也是行政能力的表征。行政理念与行政技能不能同步发展是常态。有现代行政理念，却不掌握现代行政技能，就会出现理论与实践"两层皮"，或者"纸上行政""制度繁华"等过渡期现象。而行政理念和行政技能的发展都离不开稳定良好的行政环境与生态。民国是新旧观念激荡的时代，是各种新制度的"试验场"，行政督察专员制度生于斯长于斯，体现了传统向近代政制转型、国家与社会关系转型等

---

[1] 李君山：《1935年"华北自治运动"与中国派系之争——由〈蒋中正总统档案〉探讨战前中日关系之复杂性》，《台大历史学报》2004年第34期。
[2] 李怀印：《现代中国的形成：1600—1949》，广西师范大学出版社2022年版，前言第4页。
[3] 徐进：《华北事变前后地方实力派政治行为再考察》，《中共党史研究》2022年第2期。

过程中现代国家治理的构建尝试，是历史的进步，但创制者、行制者及制度本身也不能逃脱大变局以来客观的时代局限。

本书的主要追求在于拓展、深化行政督察专员制度的研究，以历史学视角还原制度的原貌，呈现"活"的制度。罗敏老师曾呼吁："为了理解中国在21世纪所经历的伟大转型及其在世界上的意义，我们历史学工作有必要在统合传统的革命及现代化表述的基础上，以'中华民族的伟大复兴'为视角，重新审视民国时期国家政权建设与国家治理的经验教训。"[①] 本书大致以治理能力现代化与治理体系构建为论述框架，力争体现制度的"活"性。邓小南老师说："所谓'活'的制度史，不仅是指生动活泼的写作方式，更重要的是指从现实出发，注重发展变迁、注重相互关系的研究方式。"[②] 笔者无能实现前者，力争靠向后者。

本书采用叙事的方法。黄道炫老师曾说，每一代人都有他们自己的思考，面对他们自己的问题，别人很难越俎代庖，一个研究承担不起总结经验教训的责任，更多的只是想呈现一种面对历史的方式，即尽可能不在预设前提的背景下，去面对原初的过程。尽管，原初的历史是如此复杂，复杂得也许会让人感觉混乱，但光怪陆离既然提供了世界，应该也就预备给了历史[③]。笔者附庸风雅，援引此话以遮智识匮乏之丑，想表达的是：本书勉力逼近历史本真，力争体现真正历史研究的学术活力，但也无奈地坦言，自己文笔太差，阅读起来难免枯燥乏味。

四 研究的突破与不足

如果说本书在国民政府行政督察专员制度研究方面尚有某些建树与突破的话，那么笔者认为主要表现在以下几个方面：

第一，对有些前人没有进行揭示和阐述或阐述比较粗略的问题进行了研究。这类问题包括：（1）行政督察专员制度的建立、划一和抗战时期

---

① 罗敏：《民国史研究七十年：成就与新趋势》，《南京大学学报》（哲学·人文科学·社会科学）2019年第4期。

② 邓小南：《再谈走向"活"的制度史》，《史学月刊》2022年第1期。

③ 黄道炫：《张力与限界：中央苏区的革命：1933—1934》，社会科学文献出版社2011年版，引子第5页。

的发展演变。(2) 行政督察专员制度的时序性"流变"的原委始末、前因后果。(3) 专署权责及治理结构的演变。(4) 国民政府官僚群体的治政理念与技能。

第二，在前人相关研究的基础上，进一步发掘资料，拓展和深化了对专署不同阶段的各省情况研究。

第三，较为深入揭示了国民政府行政督察专员制度的深层历史内涵与矛盾，以此来透视现代转型时期省县治理体系建构的特征与缺陷。

本书也存在不足之处，这主要表现在：

第一，国民政府行政督察专员制度从1932年实行至1949年，而本书对1946年后的内容仅有简略提及。

第二，本书只完成了"纵"的研究。限于学力、精力，国民政府行政督察专员制度"横"的问题，如专署的日常运作机制、专署的财务与人事、专员群体结构等。相关资料，笔者已经整理完成，但如不拿出二三年时间沉下来进一步深入思考与打磨，难见真章。所以，笔者打算在五年内做出弥补。

第三，理论分析仍然相对薄弱。作者在研究中，搜集了不少资料，可以用来透视国民政府政制的核心与实质问题，在这方面本书做了一些工作，但还是有欠深入，争取以后能做出进一步完善。

五 研究的资料

本书所使用的文献资料主要为以下五类：

（1）档案。本书发掘使用了大量未刊档案原始资料，改变了现有研究成果中原始档案资料少的状况。这些档案来源于中国第二历史档案馆国民政府内政部、财政部、军政部全宗相关档案和江苏省档案馆、重庆市档案馆等馆藏相关历史档案。

还需交代的是，因全国各省市档案馆索引方式不同，本书中档案资料来源的注引形式不同。根据可追溯这一关键原则，本书所引档案资料脚注呈现形式大致有两种：第一种，×××档案馆藏，×××全宗，资料号：××—××—××，或×××档案馆藏：××—××，如"江苏省档案馆藏：1001—1—47—209"，其中"1001"为全宗号，"1"为目录号，"47"为案卷号，"209"为卷内页号。第二种，中国第二历史档案馆的档案资料脚注形式不同。如"中国第二历史档案馆藏，×××全宗，资料号：一二（6）—8303—27"，其中"一二（6）"为全宗号，"8303"为案卷号，"27"为卷内页码。或因卷内档案历经多次重整，有的存于页眉或页脚的卷内页码不止一个，为免混乱，笔者所注来源，中国第二历史档案馆的档案因电子化且支持关键字检索，所以大多为两个字段，其他省份档案大多为三个字段或四个字段。

（2）政报。本书使用了近20种中央政府公报和地方政府公报，如《国民政府公报（南京1927）》《内政公报》《行政院公报》《安徽省政府公报》《浙江省政府公报》《福建省政府公报》等。此外，民国时期还有一些官方举办的刊物，其性质类似政报，如《浙江兵役》《浙江财政月刊》《闽政导报》等。这些政府官报多为中央和各省传达包括规章制度在内的公文，对各省在地实践研究有相当价值，与档案具有同等价值。

（3）报刊。本书使用了大量民国报纸与刊物，其载体基本都是电子版，主要来自"全国报刊索引"（https：//www.cnbksy.cn/）、"中国历史文献总库·近代报纸数据库"（http：//bz.nlcpress.com/library/publish/default/IndexPaper2.jsp）、"瀚堂近代报刊数据库"（https：//www.neohytung.com/）、"抗日战争与近代中日关系文献数据平台"（https：//www.modernhistory.org.cn/#/）等。

（4）文件汇编。本书使用的官方文件汇编的最大一部分为中国第二历史档案馆所编的《中华民国史档案资料汇编》第四编、第五编，这对梳理相关规制演变的作用甚大。

（5）地方志。本书使用了部分省、地区、市的地方志。地方志在反映各个时期行政督察专员制度的实况方面一般较为真实可靠，但其编纂质量高下有别，亦存有鲁鱼亥豕、失真和简单抄录其他文献等问题，利用时须进行分析考辨。同时，须交代清楚：本书中所用此部分资料多来自地方志专题网站，因此他日可能出现因网站改版、免费使用权限到期、国家档案政策调整等原因，不能按本书标注网址再现原文。

第一章 1925—1931年：几省自创管县派出政府制度[①]

自古以来，我国就有在省级和县级之间设立派出政府制度的惯例，辅助省级政府执行督导任务。清代实行省—（道）—府（直隶州、厅）—县虚四级制。辛亥革命后受冲击较小的北方地区继续实行这一体制，南方则由于革命势力的冲击，清代的旧行政机构瓦解，由军政府掌管军政和民政，大多数实行省县两级制。

为加强中央集权，袁世凯采纳章太炎的"废省存道、废府存县，县隶于道、道隶于部"的建议[②]，于1913年1月8日公布《划一现行各省地方行政官厅组织令》《划一现行各道地方行政官厅组织令》《划一现行各县地方行政官厅组织令》，改行省—道—县实三级制，各级的官长和衙署分别称：民政长和行政公署、观察使和观察使公署、县知事和县知事公署[③]。由此，将道从清代以监察职能为主的机构，转变为完全的行政机构，成为介于省、县间的二级政区；将有直辖地的府、直隶州、直隶厅和

[①] 此部分内容的既有研究成果有三：（1）钱端升等：《民国政制史》（下），上海人民出版社2011年版，第487—494页；（2）沈怀玉：《行政督察专员制度之创设、演变与功能》，台北《"中央研究院"近代史研究所集刊》1993年第22期上；（3）翁有为等：《行政督察专员区公署制研究》，社会科学文献出版社2012年版，第83—92页。翁有为教授等人的专著有关此部分的内容基本吸纳了前两项研究成果中的相关内容。因此，笔者在此部分无意赘述，仅欲结合前两项成果，择其要者，并补充必要的一手资料进行简单、必要的介绍。

[②] 《与袁世凯》（1912年2月），马勇编：《章太炎书信集》，河北人民出版社2003年版，第440页。

[③] 《申报》1913年1月15日第7、8版。

州、厅改置为县。

1914年5月23日，袁世凯再颁《省官制》《道官制》《县官制》，改为省置巡按使和巡按使公署、道置道尹和道尹公署、县置县知事和知事公署①。由于北京政府时期各省的政权多由军阀掌握，道的设立，无疑削弱了各地军阀的权力。因此，民初的道并未真正起到行政区划的作用，始终只是省县之间的公文承转机关。同时，每省只划三四道或四五道而已，每道辖区过大，辖县数量较多，因此也不具实际的区划意义②。而1923年10月10日，曹锟颁布近代中国第一部成文宪法《中华民国宪法》③，明确省在宪法中的地位和权限同时④，规定实行省—县二级制。

1924年12月，主张地方与中央"均权"的孙中山在《建国大纲》中也提出中国地方政制应实行"省—县二级制"⑤。1927年南京国民政府建立后，遵奉"总理遗教"将"省—县二级制"写入1931年6月颁行的《中华民国训政时期约法》⑥。

然而，"省—县二级制"在运作中很快就出现了传统性难题，即省级政区辖县数量多，行政不便，也不利于"剿共"的推进。同时，民元以来，源自清末传统自治地方社会的解体和对强权国家的需求，扩大对社会的控制需要更多的改善和强化政治体制，改变原来头重脚轻、皇权不下县的政府模式。为应对此种情况，当时有缩省方案、有设省县间组织方案。缩省之论因过于复杂和变动太多，始终停留于口头。所以，地方几省为解现实燃眉问题，自行在省县之间草创了名目各色、权责不一的临时管县制度。

这些制度具体包括广东省的行政委员制、广西省的行政督察委员制、湖北省的行政委员制、江西省的党政委员分会制、安徽省的首席县长制、

---

① 《内务公报》第9期，1914年。
② 傅林祥、郑宝恒：《中国行政区划通史·中华民国卷》，复旦大学出版社2007年版，第36页。
③ 《中华民国宪法》，《政府公报》第2728期，1923年。
④ 郑金鹏：《1923年中华民国宪法制定中的省制之争》，《人民论坛·学术前沿》2018年第22期。
⑤ 《国民政府建国大纲》，《益世报》（天津版）1924年11月9日第2张第7版。
⑥ 《中央日报》1931年6月1日第2张第3版。

江苏省的行政区监督制、江西省的行政区长官公署制、浙江省的县政督察专员制。尽管它们与1932年"剿总"令行的、也即后来实行至1949年的行政督察专员制度并非嫡系,甚至大多没有关系,但相对中国历史的长时段看,可视为是民国时期行政督察专员制度的前身。

一 广东省的行政委员制(1925.7—1926.11)

广东省是民国时期最早在省与县之间自创临时政府制度的省份。这发生在第一次国共合作初期,经过东征和平定刘杨叛乱,1925年7月1日,广州国民政府成立,7月3日,新的广东省政府成立,实行委员合议制,许崇智任省务委员会主席。随即,广东省政府对行政体制和官制进行改革,按总理遗教将省、道、县三级制改为省、县两级制,但因粤省政府管九十余个县,原有的道尹形同虚设,县的治理亟需加强。11月23日,邓本殷战败后率残部退守雷琼,广东省政府收复广南八属[①]中的六属,因"六属经兵燹之后百政废弛善后诸端皆待举办,月前特任甘乃光为南路各属行政委员,南路行政公署暂设阳江,甘氏接任后即派出各县视察员,分赴各县考察政情"[②]。据《申报》载,创立此制是粤省民政厅长古应芬的建议。古应芬为同盟会会员,长期追随孙中山,原与胡汉民、汪精卫、陈融齐名[③]。11月25日,国民政府先"任命周恩来为广东东江各属行政委员",东江管辖区域为惠州、潮州、梅州;"甘乃光为广东南路各属行政委员",南路管辖区域为"恩开、两阳、三罗、新兴暨高雷、钦廉"[④]。据悉,东、南二路行政委员权限是"督率县长整理地方行政,有任免权"[⑤]。

[①] 1923年7月,邓本殷与驻钦州广东讨贼军南路总指挥申葆藩协商组织高(州)、雷(州)、钦(州)、廉(州)、琼(州)、崖(州)、阳(阳江、阳春)、罗(定)八属联军,并出任八属联军总指挥兼第一军军长,于8月宣布八属自治。表面上,八属既不支持孙中山,也不帮助陈炯明,实际上与陈炯明互相通气。

[②] 《国内要闻二·广南战后之行政状况》,《申报》1926年1月1日第3张第5版。

[③] 《粤省民政改制后之要讯》,《申报》1925年12月19日第2张第6版。

[④] 《国民政府任命周恩来甘乃光充任东江南路各属行政委员及其职权等令稿》(1925年11月),中国第二历史档案馆编:《中华民国史档案资料汇编·第四辑·(一)》,凤凰出版社1991年版,第48页。

[⑤] 《行政委员权限》,《民国日报》1925年11月27日第1张第3版。

由于任免县长权转归行政委员，意味着"从前民政最高机关之民政厅，已无形中取销"。后来国民政府委员会议决设立六个区行政委员，又任命财政部长宋子文兼任广州区各属行政委员，古应芬则被任命为兼任西江区行政委员（由此，钱端升说广东"行政委员多由其他官员兼任，其专一设置者，颇属不多"[①]）。古实际"已不啻降为六行政委员之一"，益觉难堪。加之，此前古的民政建议被驳回，于是愤然辞职，并未走任行政委员[②]。12月2日，古宋燉被任命为"西江广州各属行政委员"[③]。

此后设立的几个行政委员已不止前述的组织结构及职权，但"各区行政委员公署之组织法，大略相同"，从12月11日公布的"南路行政委员公署组织"的内容可见一斑。

《南路行政委员公署组织》

（一）行政委员承国民政府命，督率南路各县县长，处理属内地方行政事宜；

（二）行政委员对于所属各县县长，得先行任免，再呈报于国民政府；

（三）本处暂设各科处，（甲）行政科，（乙）交通科，（丙）调查统计科，（丁）宣传科，（戊）秘书处；

（四）各科处之职长如下：（甲）行政科掌理关于所属官吏之任免考成，及民政实业教育公安之行政事项；（乙）交通科掌理关于交通行政事项；（丙）调查统计科掌理关于民政实业交通教育公安，及一般人民状况之调查统计事项；（丁）宣传科掌理关于政治宣传事项；（戊）秘书处掌理关于文书会计庶务监印收发，及一切不属各科之事项；

（五）本署设秘书长1人，协助行政委员，处理一切事务，秘书若干人，秉承行政委员，主理各科处事务，科员若干人，任文书缮写及校对等事务，特务委员若干人，承行政委员之命，分赴各属县办理各种要务，遇工作繁忙，特务委员不敷分配时，委员于各科处职员中

---

① 钱端升等：《民国政制史》（下），上海人民出版社2010年版，第487页。
② 《古应芬辞职与粤政局之关系》，《申报》1925年12月16日第3张第9版。
③ 《添派行政委员》，《民国日报》1925年12月2日第1张第2版。

指派之；

（六）秘书长秘书，由行政委员呈荐国民政府任用之，科员由行政委员委任之，雇员由行政委员雇任之。

（七）本组织法自奉国民政府核准日施行①。

1926年6月国民政府兴师北伐后，"注重军事方面，于是各属警备司令制，代各属行政委员制而兴"②。8月19日广东省"民政厅拟仿道制，将全省划分为若干行政监督区"③。11月8日，省务会议议决取消各属行政委员④。11月10日，广州"国民政府明令裁撤各路行政委员，因之该制遂告消灭"⑤。因此，陈之迈说："这个行政委员制度完全是临时的，一切组织均无定制，不久亦即随事势之推移而取消。"⑥

此后，因应形势的发展需要，粤省又设置了多个名目不同的管县临时制度，直到1936年两广事变失败。据《广东省志·政权志》载，广东省在省县间还曾设立过行政视察员公署（1926.12—1927.3）；民政视察员公署（1927.3—1928.3）；东、南、西、北区善后委员公署（1928.3—1929.7）。有学者说，这些管县临时制度与行政委员公署，不但在性质和职权上基本相同，在组织机构设置上也类似⑦。

在1932年南京国民政府正式建立行政督察专员制度以前，广东省基本未间断尝试省县间的行政制度。当代学者沈怀玉认为，广东省的行政委员制是国民政府"行政督察专员制度之滥觞"⑧。同论者还有陈明，他提

---

① 《粤省民政改制后之要讯》，《申报》1925年12月19日第2张第6版。
② 《桂省划分行政督察区域》，《申报》1927年10月24日第3张第9版。
③ 《香港电民政厅拟仿道制、将全省划分为若干行政监督区》，《时报》1926年8月19日第1张。
④ 《本馆专电，八日省务会议议决》，《申报》1926年11月10日第2张第5版。
⑤ 钱端升等：《民国政制史》（下），上海人民出版社2011年版，第487页。
⑥ 陈之迈：《中国政府》，上海人民出版社2015年版，第581页。
⑦ 《广东省志·政权志》，广东省情信息网，http://www.gd-info.gov.cn/books/dtree/showbook.jsp?stype=v&paths=10707&siteid=guangdong&sitename，2013年10月21日阅。
⑧ 沈怀玉：《行政督察专员制度之创设、演变与功能》，台北《"中央研究院"近代史研究所集刊》1993年第22期上。

出："广东行政委员制不仅是 1927 年 10 月广西分区设置行政督察员、1928 年湖北增设鄂西及鄂北行政委员等仿效的对象，更成为 1932 年南京国民政府创设行政督察专员制的滥觞。"①

笔者认为，就形式而言，南京国民政府时期在省县间建立一个机构这种办法或形式是广东省开创的；但就内容而言，1932 年中央设立的行政督察专员制度全非脱胎于此，因为该制是行政权与军事权合一的，而且 1936 年以前名义上并存着两个截然不同的"专员条例"，实际各有其源。

二 广西省的行政督察委员制（1927.10—1929.2）

广西省是继广东省之后，第二个建立省县间政府制度的省份，同时也是实行自定管县政府制度时间最长的一个省份。

广西民政厅长粟威因为民政最高机关远在南宁，桂林柳州等处属重镇，但距首府辽远，民政厅对于各该重镇军民两政，颇感鞭长莫及。故变通广东各属行政委员办法，分全桂为若干区，每区设行政督察员一人，以便督促指导各该区内一切行政进行事宜，拟具《广西各区行政督察委员条例》，呈广州政治分会请核议施行。政治分会第六十二次会议议决交分会委员黄绍竑审查。1927 年 10 月 14 日下午广州政治分会第六十五次会议时，黄绍竑报告审查经过，大会旋即议决通过②。

黄绍竑在回忆录中也叙述了建立该制的原因是："广西地面辽阔，人烟稀少，加以那时除了几条勉强通行的河道之外，陆路交通，十分艰困。省会南宁，地位备处南隅，省政府对于全省九十余个县单位的指挥监督，自感困难，尤以桂林、柳江、田南（即百色）、镇南（即龙州）各区为甚。陆谭时代的道尹制度，于民国十年的时候取消了，要把它恢复过来，固有困难，而且距离省府较近，及交通便利的地方，也无须乎要加多这个中间的行政组织。所以，我那时为暂时权宜计，特于距离省会辽远而交通困难之区，设置行政督察委员。因为我觉得前清的府道及民初的道尹，都是固定的官制，未免呆板了些，既经撤废，自不必再行回复。而广西若干

---

① 陈明：《广东行政委员制的创设与裁撤》，《学术研究》2020 年第 9 期。
② 《桂省划分行政督察区域》，《申报》1927 年 10 月 24 日第 3 张第 9 版。

地区，在那个时候，有确属需要一个中间组织，以补省政府耳目所不及。经再三研究的结果，乃改用行政督察委员的名义，为监督考察边远地区各县行政的负责者。这实在为现时（1945年——引者注）各省行政督察专员制度的嚆矢。不过那时的组织很简单，只是一个在特定区域设有机构的视察员而已。"于是，省政府委任张任民为桂林行政督察委员，辖桂林、平乐各县；黄勉为柳州行政督察委员，辖柳州、庆远各县；郑承典为镇南行政督察委员，辖龙州、太平各县；冯冠伦为田南行政督察委员，辖百色、思恩各县[①]。11月2日，省政府委员会第四十四次会议议决公布《广西各区行政督察委员暂行条例》，正式建立行政督察委员制。

《广西各区行政督察委员暂行条例》

第一条　省政府因辖境辽阔，为便于督促指导一些行政之进行，得于旧定桂林、柳江、田南、镇南各边远道区，暂设行政督察委员。

第二条　行政督察委员，直隶于省政府，督促及指导所辖区内一切行政事宜，并考核其成绩，呈报省政府核办之。

第三条　行政督察委员，对于省行政之命令规定事件，有所献替得陈述意见，咨商各主管官厅，或呈请省政府核办。

第四条　行政督察委员，于所辖区域内各管理之命令或处分，认为违背法令、妨害公益，或侵越权限时，得咨商各主管官厅停止撤销其命令或处分。

第五条　行政督察委员，于所辖区域内各官吏，认为应付惩戒或奖励者，得咨商主管官厅，或省政府核办。

第六条　行政督察委员，于所辖区域内行政事宜，认为应会商及指导者，得召集县长及其他官吏之全部或一部会议。

第七条　行政督察委员，须随时出巡考核所辖区域内官吏成绩，并切实指导，随时将考核情形，列报省政府。

第八条　行政督察委员，对于特别官署之督察方法各依其官制定之。

第九条　行政督察委员，于非常事变之际，需用兵力或为防卫起

[①] 黄绍竑：《黄绍竑回忆录》，东方出版社2010年版，第150—151页。

见需用兵备时，得呈由省政府请驻扎邻近之军队长官，派兵处理，但因特别情形不及呈请时，得径向各该军队长官请其出兵。

第十条　行政督察委员，应每月一次将其职务经过呈报省政府查核。

第十一条　行政督察委员，于区内适宜地点设办公处，设督察委员1人，秘书1人，办事员若干人，雇员若干人。

第十二条　行政督察委员，由民政厅提出省政府委员会议决任免之，秘书由督察员呈请省政府任免职，办事员由督察委员委任之。

第十三条　行政督察员办公处之编制及经费另定之。

第十四条　行政督察委员办公处办事细则，由行政督察委员拟具，呈由省政府核定之。

第十五条　本条例有未尽事宜，得随时修改之。

第十六条　本条例自公布日施行①。

广西省政府将"广西各区行政督察委员暂行条例及经费表办事细则等"上交国民政府备案。1927年12月13日，国民政府批示："以与法令抵触即批饬撤销在案"，"遵照本府第二八三号批示办理""无庸议"②。实际行政督察委员制实行至1929年2月，因"全省的交通网大致完成"和新桂系在蒋桂战争中失败"始行撤销"。而制度的主导者黄绍竑脱离新桂系，1932年由汪精卫延请出任内政部部长，以其在桂经验，拟制并推行"行政院专员条例"。

黄走后，李宗仁、白崇禧执掌桂省，与中央分庭抗礼。在管县的制度问题上，一直自行其是，在1940年以前没有实行中央的行政督察专员制度，而是自创设置了民团区指挥部制（1930.4—1934.3）、行政监督区制（1934.3—1940.3）。这些后来的制度就职权而言，与行政督察委员制有

---

①　《法规：广西各区行政督察委员暂行条例》，《中央政治会议广州分会月刊》1928年第2期。此外，1927年11月5日的《益世报》（天津版）和1927年10月24日的《申报》两份报纸均在同名标题《桂省划分行政察区域》下公布了该条例内容，但均将第二条与第三条合并了。

②　《中华民国国民政府批：第三九二号（中华民国十六年十二月十三日）：呈报该省已先设桂林柳江田南镇南等四区行政督察委员并录呈广西各区行政督察委员暂行条例及经费表办事细则等件情察核备案由》，《国民政府公报》第15期，1927年。

一定的差别。

行政监督区制是桂省归顺中央前实行的最后一个自创管县政府制度。设立于1934年省政府合署办公后，3月10日省政府委员会第一二二次会议议决公布《广西省行政监督督察章程》，将全省划为8区，派各区民团指挥部指挥官兼任，并有省政府委派秘书及助理员各1人，协助办理，不另设公署。其职掌包括：（1）督饬各县政府依照省政府所颁之施政准则分期进行；（2）督率各县政府办理县与县之间关联事项；（3）省政府特别委任事项，并负考核各县长工作成绩之责任。由于"行政监督组织既属简单，故每年所需经费不多"，规定每区月均经费800元左右[①]。但1935—1937年的实际经费数额为2547元至8435元不等（表1-1），多地经费超出当时豫鄂皖三省"剿总"规定的行政督察专员公署经费5250元。

表1-1　　　　1935—1937年广西省"行政监督"经费

区名	1935年 管县数（个）	1935年 合计（元）	1936年 管县数（个）	1936年 合计（元）	1937年 管县数（个）	1937年 合计（元）
桂林区	11	5716	10	6742	10	5492
平乐区	11	5932	11	5972	11	5613
梧州区	14	5058	5	4645	5	5001
柳州区	16	6114	9	6624	9	4699
浔州区			6	5043	6	4843
玉林区			5	2547	5	3526
庆远区			8	3727	8	5703
南宁区	17	5726	16	6121	16	6606
百色区	10	5306	11	5431	11	5404
天保区	8	6277	6	5348	6	4288
龙洲区	12	5577	12	8435	12	4945

资料来源：广西省政府十年建设编纂委员会编印：《桂政纪实（民国二十一年至三十年）》，1946年4月，第48页。（空格处无资料）

---

① 广西省政府十年建设编纂委员会编印：《桂政纪实（民国二十一年至三十年）》，1946年4月。

三 湖北省的行政委员制（1928.8—1929.4）

湖北省的行政委员制在既有研究中被关注程度较低，其原因，一是时间短；二是只设了两个。

与广西省相同，湖北省也是取经自广东省行政委员制，但执行范围更小，仅划设鄂西、鄂北两个行政委员区。鄂西辖14县，鄂北辖13县。其中，鄂西行政委员区所辖的鹤峰、恩施、建始等县是1928年中国共产党开辟的湘鄂边根据地所在，4月"湘南、湘东、湘西共匪，现已次第剿灭"，"贺龙已窜走鄂西"①。

当时设制的理由，除了剿共，"军队复杂、统系不明"，县长"不肖者因缘为奸，贤者亦无法匡救"等问题，还包括认为广东"行政委员，成绩卓著，前事可师"。省政府宣布两个地区所辖的县"去省窎远，统治维艰，前此为杂色军队所盘踞，共匪土匪所出没，几成化外。最近南路军岳维峻部、建国军樊钟秀部，退出襄樊随枣一带，由清乡军接防，从事训政，自为急务"。因此，1928年8月，省政府主席张知本在第二十九次政务会议提出拟在鄂西鄂北各设行政委员的暂行条例，经省府第三十四次政务会议决议修正通过，呈由武汉政治分会二十三次常会议决备案②。

根据同时公布的《湖北省政府鄂西鄂北行政委员会公署组织表》《行政委员公署预算表》，环比其他省所设立的管县临时政府或机构，湖北省行政委员会公署毫无疑问具有一级政府的员额与经费。行政委员会公署设行政委员1人、秘书1人、科长3人、科员8人、巡视员4人、办事员8人、录事6人、卫士20人、公役26人，总计77人（职员31人，卫士公役46人），办公费1000元，经费合计5682元（表1—2）③。

《湖北省政府鄂西鄂北行政委员暂行条例》

第一条　本省政府为监察鄂西鄂北各县吏治，督促庶政进行，特

---

① 《湘省共匪已次第剿平　被陷各县完全克复贺龙已窜走鄂西》，《申报》1928年4月28日第3张第9版。

② 《鄂西鄂北将设行政委员》，《申报》1928年8月26日第3张第12版。

③ 《湖北民政月刊》第1期，1928年。

设鄂西鄂北行政委员。

第二条 鄂西设行政委员1人，其管辖区域为左列各县，宜昌、五峰、长阳、远安、巴东、秭归、兴山、鹤峰、恩施、宣恩、利川、咸丰、建始、来凤。鄂北设行政委员一人，其管辖区域为左列各县。郧阳、郧西、房县、竹溪、竹山、保康、襄阳、南漳、宜城、枣阳、谷城、均县、光化。

第三条 行政委员由湖北省政府政务会议任用，呈报武汉政治分会备案。

第四条 行政委员，各应于所辖适中之地，设署办公。

第五条 行政委员受湖北省政府及各厅之监督指挥，依据法令，督率该管区域各县官吏，执行行政事务。行政委员对于前项所列以外之官吏，如受该主管官厅之合法委托时，亦得督率之。

第六条 行政委员于不抵触中央及省政府之法令范围以内，得发布单行法规或命令，但须呈报各该主管官厅核转省政府备案。

第七条 行政委员于所辖官吏之命令或处分，认为违法越权时，得停止或撤销之，仍报省政府及主管官厅备案。

第八条 行政委员于所辖官吏，认为应予奖励或惩戒时，须摘叙事实，呈报各该主管官厅，转呈省政府核办。

第九条 行政委员遇所辖官吏有犯罪实据，应受刑事处分者，得径行撤任看管，呈请各该主管官厅转呈省政府核办。

第十条 行政委员遇所辖官吏因临时事故出缺时，其所遗之缺，得先行委员代理，同时呈请各该主管官厅遴员接任。

第十一条 行政委员于所辖各县之水陆公安局署人员，及省防队之驻在该管区域内者，得指挥调遣之。

第十二条 行政委员遇大股匪众或非常事变，须用兵力时，得就近径请该管区域内军事长官酌派，并报明该管最高军事长官，或呈请省政府核办。

第十三条 行政委员得置秘书科长科员，及巡视员若干人，其组织如另表，前项职员以外，因缮写文件，及助理事务，得雇办事员录事各若干人。

第十四条　本条例由湖北省政府政务会议议决施行，并呈报武汉政治分会备案①。

表1-2　　　　　　　　1928年湖北省行政委员公署预算表

职别	员额（人）	月薪（元）	月支总数（元）
行政委员	1	500	500
秘书	1	240	240
科长	3	240	720
科员	8	一等科员160、二等科员130、三等科员100	1070
巡视员	4	200	800
办事员	8	一等办事员70、二等办事员60、三等办事员50	500
录事	6	30	180
卫士	20	卫士长24、一等卫士18、二等卫士15、三等卫士12	294
公役	26	一等公役18、二等公役15、三等公役12	378
办公费			1000
合计	77	5682	

资料来源：《鄂北民政月刊》第1期，1928年。

10月25日，鄂北行政委员公署的专刊《鄂北民政月刊》又刊登了6个运作规则：《鄂北行政委员公署办事细则》《鄂北行政委员公署署务会议规则》《鄂北行政委员公署巡视员出巡规则》《湖北鄂北行政委员公署组织大纲》《鄂北行政委员公署值日规则》《鄂北行政委员公署职员请假规则》②，使湖北省行政委员制成为配套规制最为完备的管县派出政府制度。

1930年12月中旬至1931年12月下旬，蒋介石亲自坐镇指挥对鄂豫皖根据地进行"围剿"。第二年8月，湖北省改行鄂豫皖三省"剿匪"总司令部公布的《剿匪区内各省行政督察专员公署组织条例》（简称"剿总"案例），建立行政督察专员制度。

---

① 《湖北民政月刊》第1期，1928年。
② 《湖北民政月刊》第1期，1928年。

四 江西省的党政委员分会制（1931.6—1931.12）

江西省的党政委员分会制是 1932 年"剿总条例"的直接来源。

前三次"围剿"失败后，蒋开始重视中国共产党，改变过去将"剿共"视为是地方事件的态度；而且日益认识到仅靠军事不能战胜中国共产党，要多方兼顾，于是，将"剿匪"定位为军事、政治、社会的总体战。中原大战和湘粤桂边战争结束后，蒋介石立即调集重兵，准备围剿红军。在"剿匪区内特许设置临时之总指挥机关，以收党政军三方统筹并办之效果"，由"陆海军总司令南昌行营""指挥一切部队"[1]，江西省主席鲁涤平任南昌行营主任。11 月 17 日，国民党三届四中全会推举蒋介石兼任行政院院长，"确定剿共剿匪与军事善后施政急务"的决议，计划"三个月内肃清共匪"。1930 年 12 月 19 日至 1931 年 1 月 3 日国民党军约 14 万人第一次围剿江西省红军[2]。

1931 年 6 月下旬，国民党向赣南、闽西为中心的中央革命根据地发动第三次"围剿"前的一个月，为便于统合力量"剿匪"，蒋在江西设立党政委员会分会，将江西 43 个县的"剿共"区域划为 9 个区，每区辖县 3、5 个，每区设党政委员会分会，"综理本区各县之党务政务"。6 月 29 日，《中央日报》刊登了《陆海空军总司令行营党政委员会分会组织条例》。7 月 20 日，国民政府准予备案[3]。

《陆海空军总司令行营党政委员会分会组织条例》

第一条 本条例依陆海空军总司令行营党政委员会组织条例，第十四条制定之。

第二条 剿匪区域内党政委员会分会之管区，及各该管区所辖之

---

[1] 陈之迈：《研究行政督察专员制度报告》，《行政研究》第 1 卷第 1—3 期，1936 年。

[2] 中共江西省委党史研究室等编：《中央苏区第一次反"围剿"史料选编 纪念中央苏区第一次反"围剿"胜利 80 周年》（内部资料），2010 年 9 月，第 426 页。

[3] 《国民政府指令：第二〇四八号（二十年七月二十日）：令总司令部：呈报江西剿匪区域划为九区各设党政委员会分会以处理所辖各县党政事务缮具党政委员会分会辖区表呈请鉴核备案由》，《国民政府公报》第 829 号，1931 年。

县份，应如何划分暨设立分会之所在地，另以命令定之。

第三条　各区党政委员会分会，各以所在地之县名冠之，以资区别。

第四条　各区党政委员会分会，设委员长1人，秉承党政委员会之命令，综理本区各县之党务政务，设委员2人，襄助委员长处理本会一切事务。

第五条　各分会委员长，兼领分会所在地之县长，分会职员，得兼充所领县政府之职员。

第六条　各分会经费，以所领县政府之经费充之，如有不足，应编造预算，呈候党政委员会核定，另行省库加拨，或暂由行营辅助。

第七条　各分会委员长，除依法令执行所领县政府之一般职务外，凡关于党政委员会组织条例第九条至第十一条中特定之事项（党务指导、地方自治、地方赈济），应遵照党政委员会指导之办法，在所领县内，提先举办，以为本区内各县之倡，并督促其实施。

第八条　执行前条所定各职务，如分会认为本区各县，或本区与他区有通力合作之必要时，应由分会商同有关系之县区，联合举办。

第九条　各分区秉承党政委员会之命令，督察本区内各县政府各级党部及其所属职员党员，就其服务施政，及一切活动之实况，以严加考核，随时呈报党政委员会，分别查明奖惩，或为其他必要之处分。

第十条　各分会管区内各县之保安队及保卫团，概归分会委员长节制指挥。

第十一条　各分会得设参事若干人，就本区内选派负时望而能办地方事务党务者充之，概不给薪，但得津贴以必要之夫马费。参事赞襄分会会务，陈述意见，或受分会委员长之委托，分赴各县各乡实行调查，或指导之事务。

第十二条　各分会就其职务有关之事项，得随时建议党政委员会，或请求列席党政委员会中之各种会议，陈述意见。

第十三条　各分会呈报或建议于党政委员会之事件，应同时分报当地之省政府或省党部备查。

第一章 1925—1931年:几省自创管县派出政府制度　41

第十四条　各县政府呈报省党部及各厅之事件,或各级党部呈报省党部之事件,应同时分呈本区党政委员会分会查核。

第十五条　各分会之分职,及处务规程另定之。

第十六条　本条例自陆海空军总司令核准之日施行①。

1931年12月15日,蒋因前三次"围剿"失败和九一八事变后对日交涉不利,被迫第二次下野,28日,江西党政委员会及其分会撤销。

江西党政委员分会取消后,熊式辉主持赣政。此前熊任三省"剿匪"总指挥兼陆海军总司令参谋长,认为党政委员分会制行之有效,而省县远隔秉承督办两俱难周的事实仍在,遂改头换面在省县之间建立行政区长官公署制。陈贻琛后来回忆也说:"行营党政委员会撤销,熊式辉以参谋长调任江西省主席,将以前划归党政委员会管的41个县收回。党政委员会的人马绝大多数是杨永泰熊式辉政学系的,一切设施也都是杨、熊一伙所精心炮制,所以基本上继承了党政委员会原来搞的一套办法。……有的只是名称作了更改,如区党政分会政为区行政官,地方自卫处改为保安处,而且处长袁良照旧。……可以概见,熊式辉由行营参谋长调任江西省政府主席兼江西省党部整理委员会的常委以后,江西省的统治是没有党政委员会名称的党政委员会。"②

1932年6月2日,江西省第四七一次省务会议通过《江西省各行政区长官公署暂行规程》14条,将全省划为13个行政区:南昌、萍乡、武宁、九江、鄱阳、上饶、临川、宜黄、吉安、永新、赣县、宁都、龙南。每区置长官1人,为简任职,"定名为江西省第几行政区长官"。区长官公署内设秘书主任及保安主任、署员、事务员、雇员等共33人(表1-3),经费2279.5元。区长官的总体职权为"综理辖区行政及保安事宜,并提高长官职权,以便指挥、监督一切"。

---

① 《陆海空军总司令行营党政委员会分会组织条例(附表)》,《江西省政府公报》第12期,1931年。

② 陈贻琛:《五次"围剿"中的"七分政治三分军事"见闻》,载中国人民政治协商会议江西省委员会文史资料研究委员会编《江西文史资料选辑》(总第14辑),1984年,第121页。

《江西省各行政区长官公署暂行规程》

第一条　本省为增进政效率起见，划全省为十三行政区，每区设一长官，定名为江西省第几行政区长官。

第二条　区长官兼领驻在地县长，各区所辖各县份另表规定之。

第三条　区长官为简任职。

第四条　区设长官公署于省政府指挥监督之下，综理辖区内行政及保安事宜。

第五条　区长官公署设秘书主任及保安主任各1人，荐任，署员8人，委任，事务员雇员各若干人，其详细编制及经费另表规定之。秘书主任及保安主任由区长官呈请省政府委任。署员由区长官委任，报请省政府备案。

第六条　区长官对于其辖区内各县及保安部队、水陆公安警察队、保卫团队等有指挥、监督之权。

第七条　区长官得考核辖区各县县长之成绩，一年分为四期，以三个月为一期，年终为总结，胪列事实，呈报省政府分别惩奖。但遇所辖县长有渎职行为时，得随时呈请省政府撤惩。

第八条　区长官对于辖区各县长之命令或处分，认为有违法或失当时，得停止或撤销之，仍呈报省政府备查暨知照主管厅、处。

第九条　区长官每年至少二次亲赴辖区各县巡视一周，将所得情形呈报省政府考核；

第十条　区长官因推行政治，对于辖区各县长，得召集行政会议。

第十一条　区长官公署办事细则另定之。

第十二条　本规程经省政府省务会议通过后咨报内政部转呈行政院备案。

第十三条　本规程如有未尽事宜，由省政府随时修正之。

第十四条　本规程自公布日施行①。

---

①　《江西省各行政区长官公署暂行规程（廿一年六月二日第四七一次省务会议通过）》，《江西省政府公报》第17期，1932年。

表1-3　　　　1932年江西省行政区长官公署编制及月支经费表

项别	员额（人）	月支（元）	合计（元）
区长官	1	525	367.5（七折实支）
秘书主任	1	250	200（八折实支）
保安主任	1	250	200（八折实支）
署员	2	140	224（八折实支）
	2	120	192（八折实支）
	4	100	360（九折实支）
事务员	4	60	216（九折实支）
雇员	4	20	80
勤事	10	10	100
杂役	4	10	40
办公费		300	
总计	33		2279.5

资料来源：《江西省各行政区长官公署暂行规程（廿一年六月二日第四七一次省务会议通过）》，《江西省政府公报》第17期，1932年。

此制不及铺开，1932年8月，豫鄂皖"剿匪"总司令部颁布《剿匪区行政督察专员公署组织条例》。9月，江西省转而跟进①，但仍是改头换面。江西省政府的命令是："所有各区行政长官应改为行政督察专员，即以现任各该区长官继续充任专员，从前颁行之江西省各区行政区长官公署暂行规程改称为江西省各区行政督察专员公署暂行规程，其余一切悉仍旧惯"②。

五　安徽省的首席县长制（1932.4—8）

为协同剿共，1932年4月12—14日，蒋召集江苏省主席顾祝同、浙江省主席鲁涤平、安徽省主席吴忠信在南京开会，讨论改进县政方案，一致通过《改革县政大纲》③，会后三省各自筹划。4月29日，安徽省政府

---

① 沈怀玉：《行政督察专员制度之创设、演变与功能》，台北《"中央研究院"近代史研究所集刊》1993年第22期上。
② 《行政长官奉令改为行政督察专员》，《江西财政月刊》第9期，1932年。
③ 参见陈明《南京国民政府行政督察专员制度的创设》，《史学月刊》2017年第11期。

参照旧府属区域，考虑河流、山脉、语言、风俗、交通特性，将全省划为10个区，每区辖5、6个县不等，于每区内择一县治，令其县长为"首席县长"。首席县长的职权为"考查区内各县行政成绩，视察地方状况，促进自治及指挥调遣区内各县团防，并负监督清乡之责"①。《大公报》认为首席县长制"类似满清八府九州制"②。钱端升认为"首席县长之职权，几与一般县长相同而无何特异"③。

《首席县长暂行规程》

第一条　本省为便利行政之指挥及厉行清乡起见，划分全省为十区，于每区内冲要之县设置首席县长。

第二条　区域之划分如左：

	首县	辖县
第一区	怀宁	桐城、潜山、太湖、望江、宿松
第二区	芜湖	当涂、繁昌、和县、含山、无为
第三区	合肥	舒城、庐江、巢县、全椒
第四区	凤阳	怀远、定远、寿县、凤台、滁县、来安
第五区	六安	英山、霍山、霍邱
第六区	阜阳	颍上、太和、涡阳、蒙城、亳县
第七区	泗阳	五河、盱眙、天长、灵璧、宿县
第八区	贵池	青阳、铜陵、石埭、秋浦、东流
第九区	宣城	南陵、宁国、泾县、旌德、太平、广德、郎溪
第十区	歙县	休宁、婺源、黟县、祁门、绩溪

第三条　首席县长之职权为考查区内各县行政成绩，视察地方状况，促进自治及指挥调遣区内各县团防，并负监督清乡之责。

第四条　首席县长应将考查县政状况及清乡情形，随时密报，并于每月之终造具月报，年终造具年报。

---

① 《首席县长暂行规程》，《福建省政府公报》第254期，1932年。
② 《行政院令皖省府撤销首席县长制　改设督察行政专员　专员应设公署县长不得兼任》，《大公报》（天津版）1932年9月1日第2张第5版。
③ 钱端升等：《民国政制史》（下），上海人民出版社2011年版，第489页。

第五条　首席县长得召集区内各县开联防会议讨论清乡计划。

第六条　首席县长于不抵触省法令范围内得定区清乡规则。

第七条　首席县长县政府之经费由省库支出，其数目另以预算定之。

第八条　本规程施行期暂定为六月，但得延长之。

第九条　本规程经省府会议议决咨内政部备案后公布施行①。

安徽省原定首席县长制暂行6个月，但实行3个多月后的8月7日，内政部令各省实行"行政院专员条例"，要求"凡在省会附近有设首席县长者，着即日取消，其地区偏僻，省府不能指挥者，得设行政督察专员"②。省府委员讨论后本想简单行事，"仍以十区首席县长，改兼督察行政专员，并审核区域之广狭，得酌量增减，以免另起炉灶，虚耗公款"③。正打算提出在8月26日的常会上讨论之时，军事委员长蒋介石要求："即按十区，改为督察行政区，专员一职，由总部遴选"④，并电谕三点：（1）督察行政专员区应设立者若干，查明呈报；（2）督察行政专员应由汉总部委任之；（3）督察行政专员应各设公署，不得由县长兼任。27日，安徽省政府奉电后，"已饬交民政厅，妥拟办法，分呈核夺。"⑤皖省府复呈，"谓十区首席县，系属试办，尚著成效，请缓更张，以维现状。蒋氏复电不准"，并先下手为强，于10月15日"派来罗经猷，充任第六区行政督察专员，兼领阜阳县事"⑥。12月26日，安徽省登报将10个区首席县长改为10个区行政督察专员，宣布"业经汉总部分别委任，来皖就

---

① 《首席县长暂行规程》，《福建省政府公报》第254期，1932年。

② 《行政督察专员设立标准》，《民报》1932年8月8日第1张第4版。

③ 《行政院令皖省府撤销首席县长制。改设督察行政专员专员应设公署县长不得兼任》，《大公报》（天津版）1932年9月1日第2张第5版。

④ 《皖省首席县长制·蒋令改督察行政制·各区首席县长均将改委》，《大公报》（天津版）1932年10月22日第2张第5版。

⑤ 《行政院令皖省府撤销首席县长制·改设督察行政专员·专员应设公署县长不得兼任》，《大公报》（天津版）1932年9月1日第2张第5版。

⑥ 《皖省首席县长制。蒋令改督察行政制。各区首席县长均将改委》，《大公报》（天津版）1932年10月22日第2张第5版。

职，先后呈报到省，惟专员驻在地略有变更"①。

六　江苏省的行政区监督制（1932.5—1933.3）

前述蒋召集苏、浙、皖三省主席1932年4月会议后一个月，江苏省也创立了一个由省派出的管县政府制度。5月17日，苏省政府委员会召开第四九六次会议，民政厅长赵启騄提出，苏省辖61个县，"地面辽阔，考察难周，往返需时，指挥不便"，"各方意见，全认为省府民厅之下，应增设一种佐治机关，分任指挥监督，藉以增进行政效率"。于是，"斟酌交通状况，事务需要，参以历史沿革"设置行政监督制，将全省划为15个行政区，每区设置行政监督1员，简任待遇。在每区中指定一县为该区首县，由行政监督兼领。由于是县长兼领，苏省府计划"暂以六个月为试办期，在试办期内，行政监督不支俸给"。此提议及草拟的《行政监督署暂行组织规程》得到省府委员会决议通过②。

江苏省所设15个区为镇江区、江宁区、武进区、吴县区、上海区、松江区、嘉定区、南通区、江都区、泰县区、盐城区、淮阴区、东海区、铜山区、宿迁区，区名即为首县名，每区各辖3—5个县不等。行政监督署内设秘书1人，署员4人，事务员、录事各若干人。有研究判定，行政监督的职权"较安徽首席县长为大"，且因"行政区监督对于区内各县行文用令，因之俨为县上之机关"③。

《行政监督署暂行组织规程》

第一条　本省为增进行政效率起见，将全省各县划为十五行政区，每区设置行政监督一员，定名为江苏省某某区行政监督。

第二条　行政监督为简任待遇职，支简任官最低级俸。

第三条　行政监督兼领该管区之首县，各区所辖县名表及各区首

---

①　《皖行政督察区重新划分·各县行政人员一览》，《大公报》（天津版）1932年12月26日第2张第5版。

②　《苏省设立区行政监督　划全省为十五区》，《新闻报》1932年5月27日第3张第6版。

③　沈怀玉：《行政督察专员制度之创设、演变与功能》，台北《"中央研究院"近代史研究所集刊》1993年第22期上。

县表另定之。

第四条　行政监督承省政府及各主管厅之命令，对于本区各县有指挥之权。

第五条　行政监督署设秘书1人，署员4人，事务员、录事各若干人，其经费概算表另定之。

第六条　行政监督对于所辖各县行使职权以命令行之。

第七条　行政监督对于所辖各县县长之命令或处分，认为违法或失当时，得停止或撤销之，仍分报省政府及主管厅。

第八条　行政监督有考核所辖各县县长之成绩，以每三月为一结，一年为一总结，呈请省政府民政厅分别奖惩。各县县长奖惩条例另定之。

第九条　行政监督因治安之需要，对于所辖各县之警察保卫团，得节制调遣之。

第十条　行政监督因推行政治，对于所辖各县县长得召集行政会议。

第十一条　本规程由省政府委员会议决施行，并呈报行政院备案①。

与安徽省不同，江苏省的行政区监督制至1933年3月才取消，然后开始实行行政督察专员制度。

七　浙江省的县政督察专员制（1932.5—1932.9）

浙皖苏三省会议后，浙江省同样自创了管县临时政府制度。1932年5月31日，浙江省"拟仿旧日之府属及直隶州制度，设置一种首席县长，其职权与旧日之知府及知州相若"。经省府数度磋商，决定其名称为"县政督察专员"，并制定《浙江省县政督察专员章程》。据该《章程》，全省划为12个区：杭县、海宁、吴兴、鄞县、绍兴、临海、兰溪、衢县、建德、永嘉、丽水、龙泉；每区设"县督察专员"1人，"由民政厅择声望才干兼备之县长兼任之"；其待遇"约与江苏之行政监督相仿，亦为简任

---

① 《苏省设立区行政监督　划全省为十五区》，《新闻报》1932年5月27日第3张第6版。

职，对于各县行文亦可用令"①。县政督察专员的职责总体是承省政府及各厅处之命，考察区内县政，督促检查，具体包括19条章程中的11条。但县政督察专员办事处仅9人，经费1086元（见表1-4），在几省自创的省县间政府的经费中，是最少的。此种状况延续到后来浙江省改行政督察专员制度后，仍然是千元左右，直到1938年以后才有加增。

《浙江省县政督察专员章程》

第一条　浙江省政府为促进县政起见，划全省各县为若干区，每区设置督察专员1人，定名为浙江省第几区县政督察专员。

第二条　县政督察专员由省政府任命，承省政府及各厅处之命，考察区内各县政治状况，督促辅导推进之。

第三条　县政督察专员办事处，置秘书1人，助理秘书1人，事务员1人，书记2人。

第四条　县政督察专员至少每三个月巡视区内各县一周。

第五条　县政督察专员务于区内各县应行督促辅导之事项如左：

一、区内各县之行政计划及其实施程序。

二、区内各县正在进行事项。

三、省政府及各厅处特交事项。

第六条　关于区内各县之行政计划及其实施程序，县政督察专员应按县考查其地方行政，及原有施政计划，参照国家及省行政方针，邀集县长局长，及其他关系机关团体，暨有学识或经验之士绅，共同讨论，拟定纲要，呈请省府核定。

第七条　关于区内各县正在进行事项，县政督察专员应分别考查其进行情况，督促与指导之。

第八条　关于省政府及各厅处特交事项，县政督察专员应照交办意旨，就当地情形，督促指导办理之。

第九条　县政督察专员应每四个月召集区内县长开行政会议，但遇

---

① 忍庐：《粤设行政督察专员及其制度之史的研究（未完）》，《常谈月刊》第1卷第7期，1936年。

必要时，得召集临时会议。前项行政会议议决案，应呈报省政府核定。

第十条　县政督察专员关于剿匪及治安事宜，经省政府之特委，得调遣指挥区内各县之军警团队。

第十一条　县政督察专员对于所属区内各行政机关，认为有应行奖励或惩办之人员，得随时详叙事实，密呈主管厅处核办。

第十二条　县政督察专员每巡视一县完竣，应将该县政治实况，及督促指导情形，造具报告书，分呈省政府及各厅处查核；但遇有重要事项，应时专呈或专电，报请查核。

第十三条　县政督察专员巡视各县时，不得受地方供应。

第十四条　县政督察专员对于区内所属行政机关行文时，得以命令行之。

第十五条　县政督察专员关防，由省政府刊发之。

第十六条　县政督察专员巡视川旅费之支给，依国内出差旅费规则之规定。

第十七条　县政督察区之划分，及督察专员办事处设置地点，另表定之。

第十八条　县政督察专员办事处办事细则，另定之。

第十九条　本章程自浙江省政府公布日施行①。

表1-4　　　　浙江省县政督察专员办事处经费概算表

项别	督察专员	秘书	助理	事务员	书记	工役	公费	办公费	川旅费	总计
员额（人）	1	1	1	1	2	3				
月俸（元）	400	160	80	40	25	12	100	100	120	1086
月支小计（元）	400	160	80	40	50	36				

资料来源：《浙江省县政督察专员章程：附、县政督察专员办事处经费概算表》，《浙江教育行政周刊》第3卷第43期，1932年。

此章程就如何督导、协管县政的规定是最为周详的，除季度巡视、考

---

① 《浙江省县政督察专员章程：附、县政督察专员办事处经费概算表》，《浙江教育行政周刊》第3卷第43期，1932年。

核与建议奖惩县长外,还写明了具体督促、辅导的事项及结果的处理方法。3个月后的9月2日,浙江省政府第一〇三号令废止《浙江省县政督察专员章程》①,10月开始改行行政督察专员制度。但原来省府委定的姜绍谟、黄人望两专员"不再轻予更换",所以前期"十二区县政督察专员条例,其名虽已废止,而其实质,虽因中央颁发之条例所限止,但尚有些须存在"②。

小结　几省自建管县政府制度的特点

以上粤、桂、赣、皖、苏、浙7省自创的临时管县政府制度,均是因时应势对现有政制的调整,有一些各自的背景(表1-5),也有共同的特点。

表1-5　　　　　　　7省自建临时管县派出政府制度

制度名称	存在时长	长官名	设立地区	政府(机构)名	员额编制	职权
广东省行政委员制	23个月	行政委员	6个	行政委员公署	秘书长1人、秘书若干人、科员若干人、特务委员若干人	督率县长,处理属内地方行政,任免县长
广西省行政督察委员制	4个月	行政督察委员	4个	行政督察办公处	督察委员1人、秘书1人、办事员若干人、雇员若干人	督促及指导所辖区内一切行政事宜,并考核其成绩,非常事变之际呈请省政府派驻扎邻近之军队长官处理
湖北省行政委员制	8个月	行政委员	2个	行政委员公署	行政委员1人、秘书1人、科长3人、科员8人、巡视员4人、办事员8人、录事6人、卫士20人、公役26人,总计77人	督率该管区域各县官吏,执行行政事务,发布单行法规或命令,先行委员代理所辖官吏,指挥调遣所辖各县之水陆公安局署人员,及驻在该管区域内之省防队

---

① 《浙江省政府令第一〇三号(中华民国二十一年九月二日):为废止浙江省县政督察专员章程由》,《浙江省政府公报》第1607期,1932年。

② 《浙省行政督察专员划分六大特区》,《大公报》(天津版)1932年9月8日第2张第5版。

第一章 1925—1931年：几省自创管县派出政府制度　51

续表

制度名称	存在时长	长官名	设立地区	政府（机构）名	员额编制	职权
江西省党政委员分会制	6个月	委员长	9个		委员长1人、委员2人、职员、参事若干人	综理本区各县之党务政务，节制、指挥各县之保安队及保卫团
江西行政区长官公署制	2个月	区长官	13个	区长官公署	秘书主任、保安主任、署员、事务员、雇员等共33人	综理辖区内行政及保安事宜，指挥、监督各县及保安部队、水陆公安警察队、保卫团队等，兼领驻在地县长
安徽首席县长制	4个月	首席县长	10个	县政府		考查区内各县行政成绩，视察地方状况，促进自治及指挥调遣区内各县团防，并负监督清乡
江苏省行政区监督制	10个月	行政监督	15个	行政监督署	秘书1人，署员4人，事务员、录事各若干人	指挥本区各县，停止撤销县长违法失当命令，节制调遣各县警察保卫团，兼领该管区之首县
浙江省县政督察专员制	4个月	县政督察专员	12个	县政督察专员办事处	秘书1人，助理秘书1人，事务员1人，书记2人等共9人	考察区内各县政治状况，督促辅导推进

资料来源：(1)《粤省民政改制后之要讯》，《申报》1925年12月19日第2张第6版。(2)《法规：广西各区行政督察委员暂行条例》，《中央政治会议广州分会月刊》第2期，1928年。(3)《湖北省政府鄂西鄂北行政委员暂行条例》，《湖北民政月刊》第2期，1928年。(4)《陆海空军总司令行营党政委员会分会组织条例（附表）》，《江西省政府公报》第12期，1931年。(5)《江西省各行政区长官公署暂行规程（廿一年六月二日第四七一次省务会议通过）（附图表）》，《江西省政府公报》第17期，1932年。(6)《苏省设立区行政监督　划全省为十五区》，《新闻报》1932年5月27日第3张第6版。(7)《浙江省县政督察专员章程：附、县政督察专员办事处经费概算表》，《浙江教育行政周刊》第3卷第43期，1932年。(空格处无资料)

第一，存在时间大多较短。自北京政府1923年10月《中华民国宪法》开始二级制，迄至1932年8月南京政府颁布两个行政督察专员条例的9年里，这些省为应对"剿匪"、"剿共"及善后工作而自创管县临时政府制度。除长期与中央分庭抗礼的两广（广西行政督察委员制之后继续实行本省制定的管县制度直到1940年结束），其他6省的制度大多在1932年8月后停止，所以实行时长大多不及一年。当然，地方即使改行中央的行政督察专员制度，仍会延续本省的历史经验与传统，不会做实质性的变动。所以，1932年以后各省的专员制度大多是改头换面而来，带有本省原制的"影子"，体现政制发展在不同时期的延续性和变通性。

第二，设制范围绝大部分为全省内普遍设立。除湖北是局部设置外，其余均为普设。广东、广西两省最初的管县派出政府机构是择省内一些边远地方局部建立，后来也改为全省性的。实际，距离省府近便的、交通通讯较好的地方并无普设的必要。正如内政部部长黄绍竑所言："在各该省政府增设此种特殊组织之初意，本谓省政府及民政厅指挥不便，为增加行政效率起见"，"而考其实际，则如江苏省之江南各县，交通便利，秩序安定；江西之南昌等县，即为省政府附郭之区，省政府指挥本无不便，乃亦叠床架屋，多设此承转机关，实无必要"[1]。后来行政督察专员制度的发展就充分证明了这个问题。

第三，专员职权和地位分殊较大。职权的分殊体现在两个方面：一是管理范围；二是实际权责。从管理范围看，"除浙江省区数尚未划定外，安徽、江西两省均有以七、八县为一区，江苏省则多以两县、三县为一区"。从权力看，时人认为，"安徽省则以清乡为注重，浙江省则以督察为范围，而苏、赣两省则几与省政府之职权相埒"；"苏、皖、赣三省均兼领县长职务，而浙江省则否"[2]；江西省党政分会委员长则集中党政军权于一身。

笔者认为，广东、江西、湖北的管县派出政府机构基本是一级政府的

---

[1] 《内政部为抄送设置行政督察专员提案及行政督察专员暂行条例草案提交国务会议讨论事致行政院秘书处函》（1932年6月26日），中国第二历史档案馆编：《中华民国史档案资料汇编·第五辑·第一编·政治·（一）》，凤凰出版社1994年版，第99页。

[2] 《内政部为抄送设置行政督察专员提案及行政督察专员暂行条例草案提交国务会议讨论事致行政院秘书处函》（1932年6月26日），中国第二历史档案馆编：《中华民国史档案资料汇编·第五辑第一编政治·（一）》，凤凰出版社1994年版，第97—98页。

配置。广东省行政委员掌有直接任免县长之权是绝无仅有的，江西党政委员会委员长兼管党政军，且兼县长。权力大，相应的机构员额和经费就多。湖北省的行政委员公署设3科、员额77人、经费达5682元。广西的行政督察委员虽然员额少、职权小，但黄绍竑离桂后的管县派出政府机构却有所变化，行政监督署1935—1937年的实际经费数额为2547元—8435元，说明其机构员额应有较大增加。在各省的制度中，浙江省的县政督察专员职权是最小的，其次是安徽的首席县长。前者的专员是由县长兼职，只起"督促辅导推进"作用，"专员办事处"只有9人、千余元经费。安徽的首席县长也是由县长兼，除考察外，还可"指挥调遣区内各县团防"，比浙江的专员稍有实权。而内政部认为"除安徽省之'首席县长'制，无背法令，且系临时试办性质，曾经准予设置外，其余均有关于变更现行地方行政制度，虽经内政部呈由行政院转咨立法院核议，未获通过"[1]。基于此，有研究认为1932年以前的这些专员制度的前身都是非法的，1932年才开启了专员制度的合法化阶段[2]。

中央通过与否，实际关涉的核心是二级制，即上述政府机构是否为一级政府，从而突破了二级制。而一级政府的标准在民国有不同的认识。内政部的标准应是地域方面的普设与时间方面的临时。如广西省行政督察委员制原计划1927年10月18日实行，但呈至中央后，国府以该制既与建国大纲之规定不符，亦复与当时之省政府组织法抵触，未予照准。后经广西省政府再三澄清，说是"特于边远各区各设委员一人，专司调查特殊案件，及督促各县进行要政，并非永久制度"，才得以于12月经国府核准备案[3]。清华大学教授陈之迈的标准是有无"特殊职权"和"别设公署"。1936年，他撰文说："除皖制只指定一县县长为数县之'首席县长'并不赋予特殊职权故无背于当时之地方法制外，其苏浙赣三省之制度，于省府及县府之外，别设公署，并赋予特殊之职权，实与当时之地方

---

[1] 陈之迈：《研究行政督察专员制度报告》，《行政研究》第1卷第1—3期，1936年。

[2] 傅荣校：《南京国民政府前期（1928—1937年）行政机制与行政能力研究》，博士学位论文，浙江大学，2004年，第87页。

[3] 钱端升等：《民国政制史》（下），上海人民出版社2011年版，第488页。

法制不无抵触之处。是以在此四省创设此项制度之初，颇有变更法令之必要。"① 徐矛的判定标准是有无县长指挥权，"对县长有指挥监督职权"的就是一级，包括广东的行政委员制、江西的党政委员会分会制和行政区长官制；如"仅为协调而无权指挥"县长，就不是县以上一级，如苏、浙、皖②。在当时实际还有一个判断因素，就是官等官俸表，纳入其中即被视为是一级政府机构，反之则否。如黄绍竑说："行政督察专员只是临时派遣的职务，而非正式列入国家官制的官员。"③

无论分歧如何，实际说明时人注意到了省县之间另设政府机构的必要性，以及该政府机构的实与虚的定位问题，这背后实际已经显露出时人抱持的治政理念和面对近代政制转型的踌躇。而人们对这些制度虚与实的纠结，一直深刻影响着接下来的行政督察专员制度，甚至延伸至20世纪后半叶。

---

① 陈之迈：《研究行政督察专员制度报告》，《行政研究》第1卷第1—3期，1936年。
② 徐矛：《中华民国政治制度史》，上海人民出版社1992年版，第389页。（徐著中的这一说法与1932年6月26日《内政部为抄送设置行政督察专员提案及行政督察专员暂行条例草案提交国务会议讨论事致行政院秘书处函》不一致。徐著认为江苏的行政区监督制、浙江的县政政督察专员制、安徽的首席县长制三制均不是县以上的一级，而内政部文件则认为"苏浙赣三省之制度，于省府与县府之外，别设公署，并赋予特殊之职权"，即江苏的行政区监督制、浙江的县政政督察专员制和江西的党政委员会制是县以上一级。换言之，内政部认为只有安徽的首席县长制不是县以上一级，其余皆是。
③ 黄绍竑：《黄绍竑回忆录》，东方出版社2010年版，第297—298页。

第二章 1932年：两个专员条例的推出

1932年，行政院和三省"剿总"同日各公布一个专员条例，管县派出政府制度由此进入民国中央政府的正式规划，揭开了行政督察专员制度的篇章。但因为并存两个完全不同的专员条例，形成了历史上唯一的一制两例的奇葩现象。

一 殊异的两个专员条例

1932年8月6日，国民政府行政院公布了《行政督察专员暂行条例》（以下简称"行政院条例"），豫鄂皖三省"剿匪"总司令部公布了《剿匪区内各省行政督察专员公署组织条例》（以下简称"剿总条例"），规定在各省设行政督察专员以辅助省政府行政。这两个条例有一个重要的共同点，即全都强调这一制度的"临时""暂行"性质，使用的印信为木质关防①，规定行政督察专员的任用方式与常设行政主官不同，前者为"遴派""委派"，后者称"任用"②。然而，这两个条例在设立的时空范围、专员的派任机关、组织员额、职权和督察方式等方面却"出入甚大"③"完全不同"④。

---

① 《国民政府颁发印信条例》，《中央日报》1929年4月17日第1张第4版。清代常设性"额缺官"使用正方形印信，临时性"差委官"使用长方形关防，民国政府沿用了这一制度。

② 《剿匪区内各省行政督察专员公署组织条例》，《湖北地方政务研究周刊》第1卷第7期，1933年。《行政院公布行政督察专员暂行条例令》（1932年8月6日），中国第二历史档案馆编：《中华民国史档案资料汇编·第五辑·第一编·政治·（一）》，凤凰出版社1994年版，第101—102页。本目关于这两个条例的引文除特别注明外，均出自这两处，不再赘注。

③ 师连舫：《行政督察制之研究》，《政治建设》第1卷第4、5期合刊，1939年。

④ 梁禹九：《行政督察专员制度之检讨及改进办法》，《政治评论》第1卷第6期，1947年。

(一) 时空范围、委派机关与地位待遇

关于行政督察专员设置的时空范围，两个条例的规定有明显不同。据"行政院条例"，行政督察专员的设立具有时间方面的临时性和地域方面的特殊性。它规定："省政府在离省会过远地方，因有特种事件发生（如剿匪、清乡等等），得指定某某等县为特种区域，临时设置督察专员……辅助省政府督察该特种区域地方行政"，其名称也与这些特定县份挂钩，称"某某省某某等县行政督察专员"；行政督察专员"于某项特种事件办理完竣时，即撤废之"。反观"剿总条例"则没有这种关于时空限制的规定，蒋介石在有关呈文中且特别强调，行政督察专员必须普遍设立，"酌划一省为若干区，各设行政督察专员公署"，"不能谓有匪之区或边远之区可设专员，无匪之区或近省之区则可置而不顾"。因为就"吏治腐败、民生凋敝之亟须整饬"而言，所有的地方都"无二致"。

其次，关于行政督察专员的委派机关和地位、待遇，两个条例的规定也明显不同。"行政院条例"规定行政督察专员由省政府在"各县县长中指定一人兼任"；而"剿总条例"则规定，行政督察专员由"剿总"委派，简任待遇。对于"剿总条例"的这一制度设计，蒋介石解释其出发点说："对于行政督察专员必须隆重其体制，予以简任之待遇，授以监督区内各县县长之大权，故其人决不能就区内现任县长择其一提升加委，致为原与同官同职之县长所轻。"两个条例都有行政督察专员与辖区内县长互兼的规定，但究其实却大不一样。"行政院条例"规定以县长兼专员，县长是其本职；"剿总条例"规定专员由"剿总"委派而兼住在地县长，专员是其本职。这种不同在薪俸上得到了体现。国民政府时期的县长属于荐任官，行政督察专员以县长兼任，"仍支县长原俸"，官俸从220元起叙，最高可叙至370元；而由"剿总"自上委派的专员享受简任官待遇，职阶与省政府厅长相同，官俸从400元起叙，最高叙至520元[①]。即使"行政院专员"顺利地一年一叙也需要2个实授期6年，还须具备"已支荐任最高级俸而成绩特别优异者"[②] 两个条件，才能与剿总专员的最低俸追平。

---

① 《文官俸给暂行条例》（1929年8月16日），《考试院月报》第9期，1930年。
② 《县长任用法》（1933年6月2日），中国第二历史档案馆编：《国民党政府政治制度档案史料选编》（下册），安徽教育出版社1994年版，第20页。

（二）总体定位与人事、财政、军事职权

两个条例对于行政督察专员制度的设计，其更重要的不同在于专员的职权，有当时人指出，"暂行条例，规定专员权限较小，军事区条例则甚大"[1]。

对于行政督察专员职权的总体定位，两个条例一为"督察"，一为"综理"，这具有"纲"的意义。上文已经述及，按照"行政院条例"的规定，行政督察专员的设置具有临时性和非普遍性，只是在某些"特种事件"发生时"辅助省政府督察该特种区域地方行政"，也就是说，它没有常设行政官员那种直接的行政权，而只是对地方行政履行"督察"职能。而"剿总条例"的规定却不同，它规定须在各省划分区域普设、常设"行政督察专员公署"，在"三省剿总"和各省政府的"指挥监督"下"综理辖区内各县市行政及剿匪清乡事宜"。在当时国民政府的制度话语系统中，"综理"一词总是用于对各"实级"政府常设行政机构（或行政主官）职权的整体定位，如省府职权是"综理全省政务"，县府职权是"综理全县政务"[2]。因此，规定以行政督察专员"综理辖区内各县市行政"，无形之中赋予了它直接行政（而不是在一旁"督察"）的职权。对于"督察"与"综理"之间的这种实质性差异，当时已经有人谈出了自己的感觉："'行政院的'专员之职责，恰如行政督察专员的督察省份……'行营的'专员之职责，因为用了'综理'二字是已冲破了'督察'的警戒，似觉'实过其名'"[3]。

由于总体定位不同，两个条例对于行政督察专员人事、军事、财政等各项具体职权的规定也就不同。

在"省—县二级制"的基本制度下，县长由省府任用[4]，对此，两个条例均没有做正面改变。不过在县长考核方面专员仍可发挥某种重要的影

---

[1] 师连舫：《行政督察制之研究》，《政治建设》第1卷第4、5期合刊，1939年。

[2] 《修正省政府组织法》（1931年3月23日），《县组织法》（1930年7月7日），中国第二历史档案馆编：《国民党政府政治制度档案史料选编》（下册），安徽教育出版社1994年版，第325、525页。

[3] 陈立：《行政督察专员制之检讨》，《现代读物》第3卷第8期，1936年。

[4] 《县组织法》（1930年7月7日），中国第二历史档案馆编：《国民党政府政治制度档案史料选编》（下册），安徽教育出版社1994年版，第525—527页。

响，它可以将督导、巡视辖县行政事务的结果上报，使之成为对于县长的一种考核，并可以开具事由提出奖惩建议（表2-1）。而除此之外，"剿总专员"还被赋予更进一步的权力，它可以"停止或撤销"县长的"违法或失当"命令，这意味着县长职务的部分终止；它甚至有权在紧急情况下"先行派员代理"县长，也就是取得了对县长的临时任免权。

表2-1　　1932年"剿总条例"与"行政院条例"专员职权

豫鄂皖三省"剿总"《剿匪区内各省行政督察专员公署组织条例》	行政院《行政督察专员暂行条例》
第三条　行政督察专员公署直隶本部并受省政府之指挥监督，综理辖区内各县市行政及剿匪清乡事宜。 第九条　行政督察专员兼任该区保安司令，承全省保安处长之命，管辖、指挥该区各县之保安队、保卫团、水陆公安警察队及一切武装自卫之民众组织，但此项队伍依该省现行章制，如尚未划归保安处而仍属民政厅主管者，应秉承民政厅长之命令办理。大军清剿区内之匪共时，行政督察专员应督同管区内各县长共受剿匪高级将领指挥，尽力协助，匪共败退或小股潜伏区内实行清乡时，现驻在区之军队应受行政督察专员之指导或由高级将领就近指拨兵力一部迳由专员指挥，区内各县清乡共需之兵力亦得由专员统筹汇请本部拨定，暂受专员之指导或指挥。 第十条　行政督察专员公署设区保安副司令一人，承专员之命襄助处理团队之管辖指挥，及一切保安事务。 第十二条　行政督察专员应遵照现行法令，首先举办各项急应推行之要政，以为辖区所属各县市之倡并督促各县之实施。执行前项职务，如认为辖区各县或辖区与他区有通力合作之必要时，应商同有关系之县区联合举办。 第十三条　行政督察专员有随时考核辖区各县市长及其所属员兵成绩之权，每三个月一次、半年总核一次，胪列事实呈报本部及省政府，知照主管厅处分别惩奖或为其他必要之处分，所属县长如有渎职行为尤应随时密呈本部及省政府知照民政处撤惩，如遇有紧急处分之必要时，并得先行派员代理。 第十四条　行政督察专员对于区内各县长之命令或处分认为违法或失当时，得命令停止或撤销。前项情形应呈报本部及省政府知照主管厅处查核。 第十五条　行政督察专员每三个月内应轮流亲赴辖区及县市巡视一周，并将巡视情形呈报本部及省政府备查。	第六条　行政督察专员对于本督察区域内各县市政府地方行政有随时考察及督促指导之权。 第七条　行政督察专员对于本督察区域内各县市认为有必须改革或创办之事，得随时呈报省政府及主管厅核办。 第八条　行政督察专员对于本督察区域内各县市政府行政人员认为有应行奖惩之必要时，得随时开明事由，密报省政府及主管厅核办。 第九条　行政督察专员得随时召集本督察区域各县长、市长及各局长举行行政会议，讨论本区域内应兴应革事宜，遇必要时，办理地方自治人员及地方团体代表经行政督察专员之邀请亦得列席。前项行政会议决案，应呈报省政府及主管厅核定施行。 第十条　行政督察专员应定期轮流巡视本督察区域内各县、市政府之工作状况。 第十一条　行政督察专员因维持治安之需要，对于本督察区域内各县市之警察保卫团得节制调遣之。

资料来源：《剿匪区内各省行政督察专员公署组织条例》，《湖北地方政务研究周刊》第1卷第7期，1933年。《行政院公布行政督察专员暂行条例令》（1932年8月6日），中国第二历史档案馆编：《中华民国史档案资料汇编·第五辑·第一编·政治·（一）》，凤凰出版社1994年版，第101—102页。

在军事权方面，"行政院条例"只是规定行政督察专员在因维持治安需要时，可以节制调遣本区域内各县市的警察保卫团；而"剿总条例"则规定，行政督察专员兼任该区的保安司令，"管辖、指挥该区各县之保安队、保卫团、水陆公安警察队及一切武装自卫之民众组织"，此外还可在大军"剿匪"清乡时，统一指挥正规军"就近指拨兵力一部"。蒋介石说，行政督察专员兼任保安司令后，"全区军民两政统归主持，体制之重，有似前清之兵备道，事权已一，实力亦厚，而后措施运用胥可自如，清匪安民，自然顺利"。在秦以后的历史中，以督察监察性派出机构（官员）兼领军事，一般会导致它们在行政层级体系中由"虚"转"实"，正式成为一级行政，如汉末部州"刺史知军事"、典领郡兵转为州牧，唐代安史之乱后"道"与方镇合一，等等。

在财权方面，由于行政督察专员公署只是上级政府的派出机构，而不是一级行政，因此"没有本身的财政"[①]，仅由上级政府拨给经费。但两个条例所规定的经费数额却相差极大。"剿总专员"兼驻在地县长和本区保安司令，其公署编制为21—25人（表2-2），经费"除就兼领所在地县府额定开支外"，还有"省库加拨或另行补助"，总额月支5250元。"行政院专员"由现有某县县长兼任，在"县政府内附设办事处"，"于本督察区域流动设置"，定员仅6人，其办公费由本省开支。"行政院条例"中没有关于行政督察专员办事处经费数额的具体规定，但其数额远少于"剿总专员"是可以肯定的。以最初不执行"剿总条例"的苏、浙、赣、冀省为例，1933年苏省专署经费分三等：1990元、1750元、1500元[②]，浙省专员办事处经费为1068元[③]，赣省专署经费为2070元[④]，冀省专署经费为1200元[⑤]，虽多于县府，但与"剿总专员"相较，大概只相当于

[①] 楼正华：《行政督察专员制度之检讨及其在抗战时期之价值》，《闽政与公馀旬刊》第29、30、31期，1938年。

[②] 马元放：《现行之行政督察制度：对于苏省设置行政督察专员之意见》，《江苏月报》第1卷第2期，1933年。

[③] 《浙江省县政督察专员章程》，《浙江教育行政周刊》第3卷第43期，1932年。

[④] 杨永泰：《各省厅长专员南昌集会报告建议之总评及应行改进之管见》，《中央周报》第315期，1934年。

[⑤] 《河北两专员公署下月一日同时成立》，《新天津》1933年10月29日第1张第2版。

后者的三分之一至二分之一。

综上所述，"行政院条例"对于行政督察专员制度的规定，尚基本符合它作为省政府监察性派出机构的定位，而"剿总条例"则否。后者在颁行时特别声明它与法定的"省—县二级"地方政制并不相悖，说"专员所管之职务实如一省中之民政分厅，只系横面之扩张而非纵体之层迭"，且"属暂行政制，然按之省、县自治二级制，固根本不变，即与总理建国大纲之规定，亦依然契合"①。然而当时人已经看到，"剿总条例"所规定的"军事区内的专员制度，有普遍性质，有固定组织，有广大权力，有仅仅次于厅处的地位"，尽管"理论上"被认为"是民政分厅一类的东西"②，但实际情况却并非如此；更有人直接指出："剿总专员"制度无论"如何声明非三级制，非府制的恢复，虽然印信是一颗关防，但事实上行政督察专员公署却俨然为地方行政机关，不过非三级制之中级耳"③。

表2-2　1932年行政院专员办事处与"剿总"专员公署机构员额

类别	专员	秘书	署员	事务员	书记	参事	区保安副司令	参谋	副官	侦探	雇员	录事	合计
行政院专员办事处（人）	1	1		2	2								6
"剿总"专员公署（人）	1	1	4	6		5—9	1	1	2				21—25

资料来源：《剿匪区内各省行政督察专员公署组织条例》，《湖北地方政务研究周刊》第1卷第7期，1933年。《行政院公布行政督察专员暂行条例令》（1932年8月6日），中国第二历史档案馆编：《中华民国史档案资料汇编·第五辑·第一编·政治·（一）》，凤凰出版社1994年版，第101—102页。（空格处无资料）

在此，有一存疑问题待考：既有研究不曾展示"剿总条例"专署机构及具体员额配置。笔者认为1932年"剿总"颁布的《剿匪区内行政督

---

① 《剿匪区内各县区公所组织条例　汉总部令豫鄂皖三省遵行》，《中央日报》1932年8月30日第2张第2版。

② 师连舫：《行政督察制之研究》，《政治建设》第1卷第4、5期合刊，1939年。

③ 楼正华：《行政督察专员制度之检讨及其在抗战时期之价值》，《闽政与公馀旬刊》第29、30、31期，1938年。

第二章 1932年：两个专员条例的推出 61

察专员公署办事通则》中，或曾包含编制及经费表，证据有四：

证据之一，1933年第76期《江西省政府公报》内《奉发剿匪区内各省行政督察专员公署组织条例等件改善本省专员制度并规定公署经费及行政区域》一公文，文末载："抄发剿匪区内各省行政督察专员公署组织条例（见法规栏）及训令（附后）各一件行政督察专员公署办事通则附经费预算表一份（见法规栏）"。说明事实上应该有此预算表。

证据之二，1934年第412期《福建省政府公报》载：1934年7月28日，福建省政府第三二二○号文——《奉发剿匪区内各省行政督察专员公署组织条例办事通则及经费预算表并三省剿匪总司令部令文》内载：南昌行营训令湖北省"案查该省各专员公署组织及办事手续，均应援照豫鄂皖三省剿匪总司令部，所颁条例及通则办理，经于治字第三七九○号训令第二项饬遵在卷。惟该部原订之行政督察专员公署经费预算表，系规定设事务员八人，支一等俸者二人，支二三等俸者各三人，兹为适应实际需要起见，各专员公署，应增设技士二人，月各支薪一百二十元……同时并减少支一等俸之事务员二人，其原有经费即移为技士俸薪，不另增加预算"。即事务员由8人改为6人。此文后注明"附条例，通则，经费预算表及豫鄂皖三省剿匪总司令部令文（条例通则暨表登本期特载栏）"[①]。

证据之三，1937年何仲英撰文道："依照前总部所颁专员公署办事通则及经费预算表，连区保安司令部在内，共计每月额定经费为5250元，公署公费每月4000元，县行政经费每月1250元。"[②] 1937年张富康撰文说："二十一年九月，剿匪总部制颁剿匪区内行政督察专员公署办事通则，凡十五条，并附经费预算表，每月共支5525元，内专员公署月支4000元，县行政经费月支1250元。"他的注释显示资料来源是程懋型所编《剿匪地方行政制度》（第53、58—60页）[③]。

---

① 《奉发剿匪区内各省行政督察专员公署组织条例办事通则及经费预算表并三省剿匪总司令部令文（福建省政府训令第三二二零号）》（1934年7月28日），《福建省政府公报》第412期，1934年。

② 何仲英：《行政督察专员制度的检讨》，《汗血月刊》第9卷第1期，1937年。

③ 张富康：《行政督察专员制之兴起》，《前途》第5卷第4期，1937年。

证据之四，1934年《河南省政府公报》第983期载：此年，河南省财政厅接到"豫鄂皖三省剿匪总部令发改订各专员公署经费预算表饬即遵照"，3月22日，河南省政府第一六六八号文"抄录原表"训令各专署"查照"①。

上述四个证据均提到"剿总"颁发过通则及经费预算表，但前三个证据笔者未见原经费表文献，且四个证据既有合乎逻辑的地方，也有不合逻辑的地方。第四个证据中有一表格，表中有"原订经费数"和"改订经费数"，"原订经费数"中"事务员"是8人，与福建省的说法是一致的，而"改订经费数"中"事务员"是7人。由此推测：如果1932年"剿总"颁发的通则订8人，第四个证据说明1934年初改为了7人，后福建省的证据显示又改为6人，这倒与4月十省高级行政人员会议后行营颁布的甲乙丙等专署编制一致。这一链条是合理的。同时，第四个证据中"原订经费数"和"改订经费数"所显示的"名额"合计均为79人。如果此属史实，1932年"剿总"的通则所附的经费预算表中"剿匪"区专员公署的规定编制是79人，1934年初并未调整编制，4月十省会议后的甲等专署编制也是79人，这也有暗合之处。

不合逻辑的地方是，第四个证据"原订经费数"中"事务员"8人，与"剿总条例"规定设事务员6人不符。同时"剿总条例"中规定"聘任参事五人至九人"，第四个证据"原订经费数"中并无"参事"名额，而且"原订经费数"中的"卫士""传令兵""公役""马夫""伙夫""马乾"也是"剿总条例"中不曾提及的②。另外，第四个证据中"原订经费数"是5250元与第三个证据张富康所言5525元不符。当然，这抑或是张的笔误。而第四个证据中"原订经费数"又无相关证据显示就是1932年"剿总"公布的通则规定的经费预算表数。

总之，笔者无法确定1932年"剿总"在通则中曾附发一经费预算表。目下置于此，仅供读者参酌，容他日充实史料再论。

---

① 《财政：财厅转发专员公署经费表》（1934年3月22日），《河南省政府公报》第983期，1934年。

② 《剿匪区内各省行政督察专员公署组织条例》，《湖北地方政务研究周刊》第1卷第7期，1933年。

二 一制两例表层矛盾下的理政观念冲突

行政督察专员是国民政府1932年创行的一个重要行政制度，而其创行方式，竟然是由两个机构同时颁布内容有着重要差异的条例，且允许它们并行四年之久。对于这种"一制两例"的政治现象，谓之"历史奇葩"也不为过。那么，它的历史背景是什么？对此，当时人和后来的一些研究者都曾给出过自己的解释。

多数研究从政争视角立论。有学者认为，国民政府内部的权力斗争是一制两例的重要背景，"剿总条例"的颁布机关是鄂豫皖三省"剿总"，其"背后是蒋介石担任委员长的国民政府军事委员会，其意在利用该制的推行，力图将以蒋介石为首的军事委员会的权力扩充至更多的省份"；"行政院条例"的"颁布机关则是以汪精卫为院长的行政院"，其立意除了避免"使该制不能从根本上破坏孙中山关于地方行政制度实行省、县两级制的遗训"外，还在于要"借此约束和限制蒋介石及其军事委员会在各省扩充权力的势头"[1]。有学者认为，两个条例是分别为因应不同区域的政治需要而制定。如民国时期的学者梁禹九就说，"行政院条例"适用于非"剿匪"区的"普通省份"，而"剿总条例"是"就普通省份现行制度斟酌损益，补偏救弊"[2]；甚至蒋介石本人在创制"剿总条例"时也说："行政院条例""创制之精神，系就普通各省情形为因应，对于剿匪省区……似尚未能完全顾到"，因此，必须"专就剿匪省份内"的特别情况另外颁行有关行政督察专员公署的"组织条例"[3]。

笔者认为，上述观点都从一定角度反映了历史事实，但却存在缺陷，即忽略两个"条例"表层矛盾背后更为深层的东西。为了便于理解，我们不妨先赘述一下当时双方颁制的公开的目的与意图。

---

[1] 翁有为等：《行政督察专员区公署制研究》，社会科学文献出版社2014年版，第99页。
[2] 梁禹九：《行政督察专员制度之检讨及改进办法》，《政治评论》第1卷第6期，1947年。
[3] 《国民政府关于批准"剿匪区内各省行政督察专员公署组织条例"备案的训令》（1932年10月10日），中国第二历史档案馆编：《中华民国史档案资料汇编·第五辑·第一编·政治·（一）》，凤凰出版社1994年版，第106页。

（一）官宣目的是提高行政效能、整顿吏治、剿共

两个专员条例在第一条均开宗明义交代了设制的目的。"行政院条例"第一条规定："省政府在离省会过远地方因有特种事件发生（如剿匪清乡等等），得指定某某等县为特种区域，临时设置督察专员"①；"剿总条例"第一条规定："豫鄂皖三省剿匪总司令部为整饬吏治、增进行政效率，以便彻底剿匪清乡及办理善后起见，特颁剿匪区内各省行政督察专员公署组织条例。"即官宣设立专员制度的目的是"剿匪清乡""整顿吏治、增进行政效率"。

1. 提高行政效率

就提高行政效率言，1927 年南京国民政府成立后，"省区大都地域辽阔，交通不便，所辖县治，多者逾百，少亦六十以上，遂使省与县之间上下远隔、秉承督察，两俱难周，以故省政府动有鞭长莫及、呼应不灵之苦"②。即据孙中山《建国大纲》建立的"行政体制只有省县两级，诸多扞格，尤其对于剿共事宜，难收指臂相依为用的功效"③。

而此时西方的"行政效率运动"被引介入中国。美国从 20 世纪初开始，设立各种行政研究机关，研究具体行政问题，推动行政改革，谋求增进行政效率。国人称之为"美国之行政效率运动"④。"行政效率"一词成为 20 世纪 30 年代西方行政学最盛行的概念，特别是从组织机构的优化上促进效率的提高⑤。民国一些留学欧美的知识分子将此引介至中国，以"行政效率"相倡的期刊和文章蔚然成风。南京国民政府在推行一些行政改革措施时，也屡屡以提高行政效率为倡。各方对提高行政效率的关注，形成了一场颇有声势的"行政效率运动"⑥。1934 年，行政院组建了行政

---

① 《行政院公布行政督察专员暂行条例令》（1932 年 8 月 6 日），中国第二历史档案馆编：《中华民国史档案资料汇编·第五辑·第一编·政治·（一）》，凤凰出版社 1994 年版，第 101—103 页。

② 《剿匪区内各省行政督察专员公署组织条例》，《湖北地方政务研究周刊》第 1 卷第 7 期，1933 年。

③ 雷啸岑：《忧患余生之自述》，传记文学出版社 1982 年版，第 86 页。

④ 萧文哲：《行政效率研究》，商务印书馆 1942 年版，第 8 页。

⑤ 傅荣校：《三十年代国民政府行政效率运动与行政效率研究会》，《浙江档案》2005 年第 1 期。

⑥ 孙宏云：《行政效率研究会与抗战前的行政效率运动》，《史学月刊》2005 年第 2 期。

效率研究会①，是当时"政府中最高和较有规模的行政研究机关"，并创办中国首个行政研究刊物《行政效率》（后改为《行政研究》），被称为"全国公务员之唯一读物"②。

2. 整顿县治、"鼓舞"县长"上进之心"

1932年《申报》就曾指出："今日政治家贪污充斥，殆为无容掩饰之事实"，"全国从政者流，除贪污奸猾而外，究遂无洁身有为之士"③。而"训政时期，重在进行地方自治之工作"④，很多人呼吁，"欲革新全国的政治，必须自革新县政始"⑤。然而"出任县长者亦辄存阳奉阴违、蒙蔽取巧之心"⑥，"狡黠者专事敷衍，尤不肖者，则借甲指乙，任意张弛操纵，以自便其私图，而贤能自爱之士，则深苦政令纷歧、疲于奔命，而不安于厥职！吏治之坏，此种畸形制度，实为厉阶！"⑦ 当时人感叹："要得到'爱惜羽毛'的县长，已经很不容易，若是要得到真正能够牺牲精神而切实努力于革命建设的县长，那就更加困难了。"⑧ 甚至，有识之士多不齿为县长，"尤其是一般立身清高较有学问的人，视从政为腐化，以县长皆贪污而不屑为"⑨。为此，蒋介石提出："以每一省内欲物色数十或百余之贤良县长，实属不易，而访求十余人或数人之精干行政专员尚有可能，然后藉专员之躬行振导，使所属县长贤者愈奋而加勉，庸者望风而有为，庶几砥砺事功、转移风气，得以形成澄清吏治、铲除匪患之重要枢

---

① 1934年12月至1937年8月称行政效率研究会，由内政部次长甘乃光、内政部参事张锐分任主任、副主任。国民政府迁渝后复建，改称行政效率促进委员会。
② 吕学海：《我国行政研究之过去与将来》，《行政评论》第1卷第3期，1941年。
③ 都良：《二次内政会议之展望》，《申报》1932年12月12日第2张第7版。
④ 《三届三中全会通过〈注重县长人选案〉决议》（1930年3月6日），中国第二历史档案馆编：《国民党政府政治制度档案史料选编》（下册），安徽教育出版社1994年版，第9页。
⑤ 曹雄：《中国地方行政督察制度的研究》，《政治评论》第45号，1933年。
⑥ 《剿匪区内各省行政督察专员公署组织条例》，《湖北地方政务研究周刊》第1卷第7期，1933年。
⑦ 中国第二历史档案馆编：《国民党政府政治制度档案史料选编》（下册），安徽教育出版社1994年版，第358页。
⑧ 曹雄：《中国地方行政督察制度的研究》，《政治评论》第45号，1933年。
⑨ 黄绍竑：《黄绍竑回忆录》，东方出版社2010年版，第296页。

纽，此实挈领提纲、执简驭繁之良法也"①。换言之，"县政积弊，假专员之力，为之整饬"②。

造成县长不奋勉、县治不良，还有另外一个原因，就是县长晋升艰难。北京政府实行省—道—县实三级制后，一般每省仅设立3—5道，数十个甚至60多个县隶于一个道，"县知事很难晋升为道尹"。1915年，贵州巡按使龙建章即提出恢复清制"鼓舞"县官"上进之心"。他说："现今外官官制道尹之下即列知事，知事之晋擢道尹犹天下不可阶而升，故高等人材不肯俯就，即现任知事亦以希望，既绝无力求上进之心，吏治之堕，职由于此"；建议"规复府州县旧制仍为三级，但不相统属而严辨等威，其任用之方复予限制。如此则一面可生其无穷希望之心。一面可重其爱惜资格之念。此后吏治当必日有起色"。大总统袁世凯批令："外官官制现方采用三级制度，其各县缺分亦并分别繁简酌定等级，不患无迁转之途，何得轻议更张致滋流弊。"③ 改行二级制后，"县长之上即为省府委员、各厅厅长，中间别无晋升之阶，遂使人泯振奋之气"④。所以，蒋介石提出，设立专员"可为确有才能、成绩之县长开一异日升迁之途径"，"大足鼓励各县县长之努力，而造成革进庶政之新机"⑤。实际这个办法在江苏省实行行政区监督制时已采用，江苏省在《各县县长考成暂行规程》第9条规定，县长"升叙至甲等县者，再奖叙时，得升行政监督"⑥。

3. "剿共"

自1927年第一次国共合作失败后，尽管国民党内派系林立，但在剿灭共产党上却有共识。而前三次"围剿"的失败使长期依赖军事"剿共"的蒋介石认识到："剿灭共匪与寻常对敌作战绝对不同，苟非于军事之

---

① 《剿匪区内各省行政督察专员公署组织条例》，《湖北地方政务研究周刊》第1卷第7期，1933年。

② 《张群电蒋条陈改革政制》，《申报》1933年10月21日第11版。

③ 《署贵州巡按使龙建章呈请规复府州县官制并严定赏罚暨采用三参办法请饬下各该部局核议施行文并批令》（1915年1月10日），《政府公报》第963号第47册，1915年。

④ 《苏省设立区行政监督 划全省为十五区》，《新闻报》1932年5月27日第3张第6版。

⑤ 《剿匪区内各省行政督察专员公署组织条例》，《湖北地方政务研究周刊》第1卷第7期，1933年。

⑥ 《苏省设立区行政监督 划全省为十五区》，《新闻报》1932年5月27日第3张第6版。

外，同时整理地方、革新行政，断难以安阜民物而奏根本肃清之功。"①蒋决定要"用三分的力量作战，用七分的力量来推行作战区的政治"②；"以军事力量治其标、尤须以政治力量治其本、穷探致病之由、亟谋补救之策"③。于是推行一系列政治"剿共"的新举措，具体包括："编组保甲"（1932年8月④）、设区公所（1932年8月）⑤、"省政府合署办公"（1934年7月）、"县政府裁局改科"（1934年12月⑥）、减轻赋税（1933年夏至1934年10月）、计口授田（1934年）⑦、"各县分区设署"（1935年1月⑧）、改善军纪（1933年8月）⑨、绥靖主任公署（1935年2月至

---

① 《剿匪区内各省行政督察专员公署组织条例》，《湖北地方政务研究周刊》第1卷第7期，1933年。

② 蒋介石：《剿匪成败与国家存亡》（1933年10月2日在南昌行营讲），载张其昀主编《先总统蒋公全集》（第1册），中国文化大学1984年版，第209页。

③ 《呈行政院：为内政会议拟请修正行政督察专员暂行条例祈鉴核示遵》（1933年1月14日），《内政公报》第6卷第3期，1933年。

④ 《鄂豫皖三省剿匪总司令部公布〈剿匪区内各县编查保甲户口条例〉》（1932年8月），中国第二历史档案馆编：《国民党政府政治制度档案史料选编》（上册），安徽教育出版社1994年版，第407页。

⑤ 《剿匪区内各县区公所组织条例 汉总部令豫鄂皖三省遵行》，《中央日报》1932年8月30日第2张第2版。

⑥ 《国民政府军事委员会委员长南昌行营颁发〈剿匪省份各县政府裁局改科办法大纲〉》（1934年12月31日），中国第二历史档案馆编：《国民党政府政治制度档案史料选编》（上册），安徽教育出版社1994年版，第528页。

⑦ 转引自黄道炫《第五次"围剿"中的"三分军事、七分政治"》，《江西师范大学学报》（哲学社会科学版）2010年第5期。

⑧ 《国民政府军委员会委员长南昌行营制定〈剿匪省份各县分区设署办法大纲〉》（1935年1月），中国第二历史档案馆编：《国民党政府政治制度档案史料选编》（上册），安徽教育出版社1994年版，第530页。

⑨ 1933年8月南昌行营颁布《剿匪军整顿军纪办法大纲》《剿匪区内文武官佐士兵剿匪惩奖条例》等规章，规定"纵兵殃民""掠取民物""强拉民夫"者均予枪决。同时在前线部队中组织密查委员会和考验委员会，密查委员会负责密查官兵有无不遵命令、营私舞弊、怠忽职守、勒索地方、招摇索贿、嫖赌吸毒酗酒等违纪行为。考验委员会负责考核各级官兵作战和纪律情况，并依据考核成绩实施奖惩。为准确掌握实际情况，蒋介石派出戴笠、康泽等率别动队到前方密查部队纪律，并根据密报亲电前方将领，要求其对部队"横行不法、拉夫嫖赌"等行为予以严惩。（《四川省政府公报》第22期，1935年，《河南省政府公报》第1076期，1934年）

12月①）等。其中，"除'省政府合署办公'一项与专员无涉外，其余县及以下行政制度的变革，创始之初，不但要专员负责督促完成，而且还必须在自己的兼县首先以身作则"。蒋自己也说："行政专员则为推行清匪安民一切设施之重要关键"②。时人也有相似的感觉。周必璋曾道："专员制度实为清剿匪共而产生，为达到此项目的，则又以清乡及办理善后为主要工作，关于清乡者，以设立区公所及编查保甲户口为主，关于办理善后者，以整理民团及地方财政为先，故自专员制度实行后，三省总部先后颁布编查保甲户口条例，区公所组织条例，民团整理条例及整理地方财政章程，至清匪之后，则希望能籍专员之督察及指导，而达到整饬吏治，增进行政效率之目的。"③ 后来有学者甚至概括为："行政督察专员制度是产生于剿匪，而被培养于剿匪"④。

在上述众所周知的设制背景之后，实际更有两个条例主导者个人性的关键因素。

（二）蒋介石和黄绍竑的个人设制初衷与治政理念

1. 蒋介石务实不吝二级制

应该承认，蒋介石创制"剿总条例"模式的行政督察专员制度，背后存在借此扩大自身势力、统治全国的打算，这一制度承载着斗共、斗汪、斗地方的三合一功用。其在日后的实际推行也可证明这一点，不管是"有匪、无匪、边远、近省"地带⑤，蒋介石的"剿匪"大军每至一省即在该省推行"剿总条例"，普设专员，由"剿总"或行营委派，高配其编

---

① 1935年国民政府公布四个绥靖公署法规：2月14日公布《驻闽绥靖主任公署组织条例》，4月17日公布《驻黔绥靖主任公署组织条例》，4月29日公布《驻豫驻鄂特派绥靖主任公署组织大纲》，8月13日公布修正《驻赣绥靖主任公署组织条例》（2月14日首公布）。中国第二历史档案馆编：《国民党政府政治制度档案史料选编》（上册），安徽教育出版社1994年版，第535—538页。

② 《剿匪区内各省行政督察专员公署组织条例》，《湖北地方政务研究周刊》第1卷第7期，1933年。

③ 周必璋：《改进行政督察专员制度刍议》，中央政治学校研究部1941年版，第43页。

④ 楼正华：《行政督察专员制度之检讨及其在抗战时期之价值》，《闽政与公馀旬刊》第29、30、31期，1938年。

⑤ 《剿匪区内各省行政督察专员公署组织条例》，《湖北地方政务研究周刊》第1卷第7期，1933年。

制员额并补贴经费。如1935年1月中央军"追剿"入贵后,蒋即以娄山关战败和堵截红军不力为由,将贵州省主席王家烈撤职,以其义兄吴忠信接替。至5月,贵州设立了11个专员,其人选由蒋介石"由赣皖等省择优调用"①;经行营核准,专署编制为71人,经费4668元②。是年3月,蒋助刘湘稳固对四川的掌控后,将全川划为18个专员区,由"豫皖鄂三省调任"了3名专员③,专署经费定为5250元④。针对这类情况,蒋廷黻曾指出:"中央政府的政治力量正随军事的进展而扩展,剿共事实上等于变相的统一。"⑤陈公博也曾议论说,蒋对于"剿匪区"的政治经营扩张了自己的势力,挤压了汪精卫控制的行政院的权力:蒋"以剿匪为名,请求中央把剿匪区域都划给行营,无论军事、财政、司法,以及地方行政,一概由行营办理,因此行政院更是花落空庭,草长深院了","行政院简直是委员长行营的秘书处,不,秘书处也够不上,是秘书处中一个寻常的文书股罢"⑥。一个代表地方的学者讥讽说,总部以肃清匪患、厉行新政为名,"采取干涉主义,则是庖人不割,而尸祝者越俎而代之矣"⑦。当代学者也有同样讨论,说专员制度"它一方面源于国民党围剿共产党的需要,另一方面源于国民中央政府与省政府争夺地方控制权的需要"⑧。此外,两个条例分别为"剿匪区"和"非剿匪区"设计也毋庸论证。

然而,如果认为行政督察专员一制两例的主要背景在于蒋介石与汪精卫之间的权力争夺或互相遏制,则不完全符合事实,忽视了更为重要的东西。

从时间上看,"剿总条例"和"行政院条例"全都起源于1932年蒋

---

① 《蒋指示滇省党政 召见各当局垂询并训示四点 黔遵行专员制度》,《西京日报》1935年5月18日第2版。
② 《贵州行政督察专员公署办事通则》,《贵州省政府公报》第3期,1935年。
③ 《四川各区专员人选》,《申报》1935年3月4日第2张第8版。
④ 《四川省志·财政志》,四川人民出版社1996年版,第264页。
⑤ 蒋廷黻:《蒋廷黻回忆录》,中华书局2014年版,第199页。
⑥ 陈公博:《苦笑录》,现代史料编刊社1981年版,第224页。
⑦ 鹏九:《论行政督察专员制之得失》,《不忘》第1卷第9期,1933年。
⑧ 王成、谢新清:《中国地方政府发展史》,山东大学出版社2011年版,第321—322页。

介石出任军事委员会委员长和汪精卫出任行政院院长之前。当时人都知道,"剿总专员"制"实为党政委员会分会所孕育"①,或说"实是党政委员会分会演进而来的"②。第二次"围剿"期间,陆海空军总司令部南昌行营为收"党政军三方统筹并办之效果",设立党政军三权合一的党政委员会,其下设分会,把中国共产党中央根据地所在的江西省43个县划为9个分会。1931年6月《陆海空军总司令行营党政委员会分会组织条例》规定,党政委员会分会设委员长,"秉承党政委员会之命令,综理本区各县之党务政务","兼领分会所在地之县长";"各分会管区内各县之保安队及保卫团,概归分会委员长节制指挥";"各分会经费,以所领县政府之经费充之,如有不足……另行省库加拨,或暂由行营补助"③。"区分会"这种明显具有集权色彩的制度,被认为"功效颇著",所以在创行行政督察专员制度时"一切均效仿之",诸如"综理"行政、以专员兼县长、政军一体化、双份经费、普遍设立等做法均作为成功经验被"剿总条例"所沿袭。亲历前后两制、并曾任分会委员长的江西万载县长钟竟成说:"行政督察专员兼保安司令几完全与区分会之职权相同。"④

再看"行政院条例",它的设计主导者并非行政院院长汪精卫,而是内政部部长黄绍竑。黄于中原大战后离桂,受汪延请出任内政部部长。内政部设计专员制时,黄是借鉴了自己主桂期间的"行政督察委员制"。第一章已述,黄主桂期间,考虑以省府直接下管全省90余县,力有不及,于1927年10月至1929年2月间采用民政厅长粟威的策划,在距离省会偏远的桂林、柳江、田南、镇南四地设"行政督察委员","监督考察边远地区各县行政"⑤,这比蒋在赣创设党政委员会分会制还要早3年多。

究其实,行政督察专员制度创行的最重要背景,乃是国民政府地方政制省—县二级制的运作出了问题。清代实行省—府(直隶州)—(州)县三级地方政制,且在省与府之间设置虚级的分巡道;入民国后,北京政

---

① 陈之迈:《研究行政督察专员制度报告》,《行政研究》第1卷第1—3期,1936年。
② 郑自明:《行政督察专员制在战时的作用》,《国闻周报》第14卷第46期,1937年。
③ 《江西省政府公报》第12期,1931年。
④ 钟竟成:《我对于行政督察专员制度的意见》,《行政研究》第2卷第6期,1937年。
⑤ 黄绍竑:《黄绍竑回忆录》,东方出版社2010年版,第151页。

府改行省—道—县三级制。至国民政府时期，制约地方政制形式的交通、通讯条件并没有根本性的改良，而地方政制仍循"曹锟宪法"实行省—县二级制，必然会同历史上的所有二级地方政制一样，面临一级行政所辖二级行政单位数目过多，因而难于治理的问题。对此蒋介石指出："我国省区，大都地域辽阔，交通不便，所辖县治，多者逾百，少亦六十以上，遂使省与县之间，上下远隔，秉承督察，两俱难周。以故省政府动有鞭长莫及、呼应不灵之苦。而出任县长者，辄存阳奉阴违、蒙蔽取巧之心。"[1]江西省政府主席熊式辉谈这种情况说：江西"幅员辽阔"，辖81个县，"除少数县份距省较近外，余皆山泽绵亘，交通不便"，"凡一省令，动须经旬阅月，始克到达，而各县则以距省窎远，耳目难周，对于应办事项，往往出于因循，或涉于苟简"。这一问题在遇有大规模军事行动时尤显突出。熊式辉说："年来匪氛滋炽，清剿之计，至巨且急，乃为事权所限，待命省府，间因传达濡滞贻误戎机者，亦属不一而足，凡此皆为省县隔阂之所致。盖县远于省，居中失所秉承，则呼应难；省远于县，居中疏于督察，则统率难，阔略相仍，流弊百出。"[2]

对于这种深层次的地方政制问题，蒋、汪以及其他政治领导人全都必须要面对。而受到历史局限，他们所采取的对策也只能是中国传统的办法，即在省与县之间设置派出性行政督察官员（机构）。事实上，在20年代后期至1932年8月一制两例的行政督察专员制度出台之前，南方各省已经先后推出了以省政府派出机构督察各县行政的制度，其具体情况是：广东省于1925年7月推出行政委员制；广西省于1927年10月推出行政督察委员制；湖北省于1928年8月推出行政委员制；江西省于1931年6月推出党政委员分会制；安徽省于1932年4月推出首席县长制；江苏省于1932年5月推出行政区监督制；浙江省于1932年5月推出县政督察专员制。可见，以行政督察专员制度打破遵孙中山遗教而实行的省—县二级制，具有历史必然性和合理性。至于在"一制"之下出现"两例"，

---

[1]《剿匪区内各省行政督察专员公署组织条例》，《湖北地方政务研究周刊》第1卷第7期，1933年。

[2]《江西省政府为设置行政区长官事致行政院呈》（1932年6月7日），中国第二历史档案馆编：《国民党政府政治制度档案史料选编》（下册），安徽教育出版社1994年版，第454页。

则与蒋、汪及其他政治领导人的政治理念、从政经历有关系。

蒋介石在地方政制建设问题上是务实派、国家集权派，对于他认为妨碍统一政治、军事运作的制度，全都不吝修改、废除，而不会顾及"总理遗教"和国民政府实行的一些基本法律。他领导的"三省剿总""南昌行营""武汉行营"，不仅推出了自己版本的行政督察专员制度，还在"剿匪"区推出各县"分区设署"（1932年8月）和县政府"裁局设科"（1934年12月）两大措施，实质上改变了国民政府遵孙中山遗教实行的地方自治制度。这一问题已有学者做过充分研究①，可以参考，这里不再赘述。他主导制定"剿总条例"，虽声称不违背省—县二级地方政制，指行政督察专员属于上级机关的"派出机构"，但实际上，他自始即无置立虚级专员之意。他在一个"训令"中说，行政督察专员对于他辖区内的所有"行政人员及所属保安、警察、团队"都有"指挥、监督、考核、奖惩或执行必要与紧急之处分"的全权②，这种专员，俨然就是一级行政。

2. 黄绍竑坚持省—县二级制理念

黄绍竑主导设计"行政院条例"，同样也主要是与他个人的从政经历和内政理念有关，而不是要帮助汪精卫与蒋介石进行政争。黄绍竑在内政治理方面有自己的原则性理念，他1926年主政广西后，推行了一系列内政建设措施，包括"行政督察委员制"。黄认为，尽管国民政府地方政制的省—县二级制存在问题，但不应恢复清代的省—道（虚）—府—县"三级半制"和民初北京政府实行的省—道—县三级制。他回忆说：当时"觉得前清的府道及民初的道尹，都是固定的官制，未免呆板了些，既经撤废，自不必再行恢复"，于是建立行政督察委员制度以"为暂时权宜计"③。1932年5月入职内政部后，仍继续强调地方政制应坚持省—县二级制，说"临时增设之督察机关，仍以不破坏省、县二级制为原则，亦所以保持总理遗制及中央法令之尊严也"；"各省现行地方行政制度仍须

---

① 魏光奇：《官治与自治——20世纪上半期的中国县制》，商务出版社2004年版。

② 《令知设立行政督察专员之意义三要点仰即切实遵行仍将奉文日期具报查考由》，《行政汇刊》第1期，1932年11月至1933年6月。

③ 黄绍竑：《黄绍竑回忆录》，东方出版社2010年版，第298页。

遵照中央法令，不得变更省、县两级制度"①。

在这种理念的指导下，黄绍竑主导制定《广西各区行政督察委员暂行条例》，从一开始就是要设一种弱权专员，避免使其成为一级正式行政。根据这个条例，附属于督察委员的机构极简，仅秘书1人和由办事员和雇员若干人组成的"办公处"。督察委员的职权也比较简单，没有行政权，只能对"所辖区内一切行政事宜"进行"督促及指导"，以及"随时出巡"，对所辖区域内官吏的政绩进行"考核""指导"，"将考核情形，列报省政府"；对于所辖区域内各官吏，在认为应付惩戒或奖励时，"咨商"省政府或主管官厅"核办"②。这个条例关于行政督察委员制度的各种规定，包括专员由省府任免、仅在部分区域设置、机构简单、职权限于人事考核、建议奖惩等，均为"行政院条例"所沿用。1934年黄离开内政部调任浙江省主席，继续以弱权原则来调整浙省的专员制度，"规定各区专员的权限比他省为小，专司县政的督察辅导责任，不使各自为区风气，致与省府权限政令发生冲突"③。多年以后，师连舫对此曾有一句颇为切中肯綮的议论，他说："行政督察专员暂行条例的公布，并不是行政督察专员制度的成功，而是主管地方行政的内政部的成功，因为他已经用这个条例，暂时满足了各省的要求，而同时仍旧维持住了他省县两级制的法律立场。"④

综上所述，将行政督察专员制度一制两例的主要归因于蒋、汪互遏等权力斗争的观点不能成立，探讨这个问题，还是要着眼于它们背后行政理念的不同。民国时期著名行政学家施养成认为"两例"立意不同，"剿总条例""其动机为军事的"；"行政院条例"的"基础则为行政的"。"前者欲加强专员之权力，以利军事，后者则欲制止专员之发展，以维持现行省、县两级行政制度"⑤，这近于历史实相。

---

① 《内政部为提议并拟订行政督察专员暂行条例送交国务会议讨论并公布事与行政院往复各文》（1932年6月26日—8月18日），中国第二历史档案馆编：《国民党政府政治制度档案史料选编》（下册），安徽教育出版社1994年版，第458页。
② 《中央政治会议广州分会月刊》第2期，1928年。
③ 黄绍竑：《黄绍竑回忆录》，东方出版社2010年版，第151页。
④ 师连舫：《行政督察制之研究》，《政治建设》第1卷第4、5期合刊，1939年。
⑤ 施养成：《中国省行政制度》，上海人民出版社2015年版，第109页。

除了理念原因外，"行政院条例"呈现这种状态，还夹杂其他小的因素助推。黄在回忆录中说：尽管"内政部在行政院各部会排列的顺序上，居于首位"，但"因连年战事频仍，为适应当前需要，自以军政、财政为急先之务"，内政部实为"最冷落最不令人注意的衙门"，而且"就好像内外大员停转的传舍"[1]。而对下，内政部与省政府同级，"对于省政府不能直接予以指挥与监督，致使政治上有许多重要的设施，往往无法推行"[2]。曾在内政部任了5年（1928年4月至1932年4月）参事的雷啸岑，在回忆录也有相同的议论：

> 内政部的职权，在法制上固然很重要而繁剧，但以各省市政府表面统一于中央，实际是半独立状态，视中央法令如弁髦，内政部对于全面的民政、警政、土地、礼俗等重要业务，除却搞些隔靴骚痒，或闭门造车的法令规章外，根本无从过问，即首都的警政亦然。在世界各个先进法治国家的行政体系中，内政部居于首要地位，业务繁重，然在我国，便如一座冷庙，职员们无事可作，每天只好画画到、看看报，说说笑而已。因而部长的人选，即当做应付在地区拥兵称雄诸大军头的一种礼物，是否适才适任，并不在考虑之列，而部长来去之频繁，乃为其他各部所罕有。计自民国十七年到廿一年这四个年头中，竟有六位之多，即薛笃弼（冯玉祥系）、赵戴文、杨兆泰（阎锡山系）、钮永健（中央系），刘尚清（张学良系），黄绍竑（李宗仁系）是也，还有汪精卫亦兼任了几个月呢！……六位部长之中，任期最短的是钮永健，不到三个月即转任江苏省主席了。任期较久的是黄绍竑，却毫无建树。……对于有关民政、警务首长的人事推进事宜，内政部依然毫无所悉，只是首都警察厅厅长不时到内政部进谒部长，表示礼貌应酬而已。……我在内政部过着五年的闲曹生活，可说是尸位素餐，无所事事，但冷眼观察了政治上的若干事情[3]。

---

[1] 黄绍竑：《黄绍竑回忆录》，东方出版社2010年版，第230、239页。
[2] 徐寒石：《中国地方政治制度之研究》，《青年评论》第18期，1932年。
[3] 雷啸岑：《忧患余生之自述》，台北传记文学出版社1982年版，第72—74页。

"剿总条例"呈如此面相，也有夹杂其他人的因素。孙彩霞认为这与以杨永泰为首的新政学系想扩势、安插自己的人有关。她说：新政学系"之所以在围剿红军时创此制度，一方面是为了配合蒋介石清剿红军和革命根据地；另一方面为使党政委员会撤销后，原充江西省党政委员分会的政学系仍有官做，并使更多的政学系成员担任行政督察专员，从而扩张政学系的势力……专员对所辖各县县长有申请奖惩之权，等于使政学系有派政学系出任各县县长的权力。由此一来，南昌行营所辖省份之专员、县长几为政学系所担任"。1935 年，在四川实施行政督察专员制度期间。四川全省共划分为 18 个行政督察专员区，杨永泰介绍了自己熟识的 5 人任专员，分别掌管第二、三、五、九、十四区的大权①。

上述事例也再次证明黄道炫老师所说，一旦进入历史的具体情境中，事态总会比想象得更加复杂。许多原则性的结论后面，或许都还存留着更多可能出现的丰富细节，历史的弹性常常超乎人们的想象②。所以，如果只如某些研究那样，基于条例文本进行"技术性地了解和分析可以呈现历史的一些面相，却不一定能体察到政治力量的运作机制及其背后逻辑"③。

三 新政学系是"剿总条例"的设计者

有研究大略提及"剿总条例"是由新政学系设计，具体策划、草拟者何人，内部如何分工，论者鲜见。

（一）三种首倡说

对于谁是最早提出建立行政督察专员制度的人，目前有杨永泰说、黄郛说、晏纳克说三种。

晏纳克首倡说的支持者是雷啸岑。雷曾在内政部供职 5 年，卸职后自 1932 年 10 月起即担任湖北省第七区专员。雷在回忆录中说："是岁（1932 年——引者注）八月，蒋委员长采纳德国顾问的建议，认为中国

---

① 孙彩霞：《新旧政学系》，华夏文化出版社 1997 年版，第 215、221 页。
② 黄道炫：《张力与限界：中央苏区的革命：1933—1934》，社会科学文献出版社 2011 年版，第 169 页。
③ 黄道炫：《关山初度：七十年来的中共革命史研究》，《中共党史研究》2020 年第 1 期。

各省区辽阔,交通不便,而行政体制只有省县两级,诸多扞格,尤其对于剿共事宜,难收指臂相依为用的功效,如不将省区缩小,即须在省县两级之间,增设一种承上启下的机构,乃可增进行政效率。蒋公首可其议。"① 雷在回忆录中并未提及晏纳克何时向蒋提出的建议,及具体建议内容。

黄郛首倡说的支持者是当代学者李凤琴、林绪武。黄郛是蒋介石的结拜兄长,曾与蒋一起留日。李凤琴在研究黄郛时提出,既有研究"很少注意到以黄郛、杨永泰、张群为代表的新政学系对此制度的创设、演变及实际运作中所发挥的作用。黄郛有感于省县两级制之弊端,主张省县之间应设中级行政机关,并以中级行政机关为行政重心,承上启下,既提高行政效率,又有统筹调剂的作用,是行政督察专员制度设立的较早提倡者。"② 李凤琴的依据是黄郛1918年出版的《欧战之教训与中国之将来》一书。李凤琴写道:"鉴于当时政朝屡起政局不稳的局面,他认为主要原因之一是中央与地方之冲突造成。'中央所同意者,每为地方情形所不许,地方所希望者,又为中央意向所不欲,卒至互相牵制,一事不能办,且动生意外焉。'解决的办法是,实行中央与地方的分权制……地方政权方面,有感于当时省县两级制之弊端,主张省县之间应设中级行政机关,省以上宜仿前清之总督制。"③ 由于目前CNKI上查阅不到李凤琴博士毕业论文以及引用的黄郛原文,不知其何出此言。尽管黄郛在其书中确有说:近年来政局之不定,实有两大病根:一曰中央与地方之冲突;二曰政府与国会之冲突。针对前者他提出的解决办法是中央与地方分治④。但笔者尚未在书中找到他建议在省县间设立管县临时政府机构的相关文字。而且1913—1923年实行的是省—道—县三级制,黄郛写此书的1918年,似尚不存在倡议设立省县间组织的必要性。这从民国最早的管县临时制度——广东省行政委员制始建于1925年7月亦可证明。

---

① 雷啸岑:《忧患余生之自述》,台北传记文学出版社1982年版,第86页。
② 李凤琴:《黄郛研究》,博士学位论文,南开大学,2004年,第79页。转引自林绪武《由政学会到新政学系》,天津人民出版社2009年版,第212—213页。
③ 李凤琴:《黄郛的国家建设观初探》,《聊城大学学报》(社会科学版)2003年第6期。
④ 黄郛:《欧战之教训与中国之将来》,中华书局1918年版,第286页。

杨永泰首倡说的认同者较多，笔者也持此见，因此以下专目详细介绍。

（二）杨永泰是总策划人和设计师

杨永泰是政学系①首脑，时人称其为"博望坡军师"②，后人有说他是蒋介石的"诸葛"③、国师、军师。1946年《大同日报》曾带有戏谑口吻说，专员制度"举国盛传是某一位幕僚长'博望坡军师初用兵'的出手得意之作"④。

杨永泰被黄郛视为是"海内奇才"，推荐给蒋介石，蒋随即延请入幕。杨自北伐战争时期开始任北伐军总司令部参议，1933年任蒋介石南昌行营秘书长，为蒋介石围剿井冈山革命根据地出谋划策。"他建议蒋介石将行政院的大部分职权划归到南昌行营，南昌行营俨然成了国民政府。蒋介石对他信任有加，几乎达到了言听计从的地步"⑤。据时任南昌行营第二厅（政治厅）第一组组长王又庸后来回忆：1932年4月，江西第三次"围剿"失败，蒋介石决定亲赴武汉指挥豫鄂皖边区的第四次"围剿"，蒋介石感到对"围剿"军事毫无把握。杨永泰抓住这个机会上了一篇万言书，它的主要内容是阐明"攘外必先安内"的"理论"，主张"安内"（即"剿匪"）必须用七分政治，并提出所谓"政治剿匪"的纲领与方案。万言书的原文是当作密件处理的，外人很少见到，只听周佛海说过它是一篇"绝好文章"；当时蒋介石看到这篇"绝好文章"，果然"龙颜

---

① 金以林认为"政学系"这个名字前后两个阶段名不符实，"政学系初期，党内各派因反对杨永泰个人，而将其周围的一群朋友冠以'政学系'之名。如果说此时的杨永泰还有伐异之举，稍符派系之说，后期则无人能担此任。杨永泰死前10个月形成的中央政府新内阁，是所谓政学系的成熟期。他们的核心人物是黄郛，大都是有欧美留学背景的教育、金融界专业人士，有一定的治国能力，与杨永泰并无多少交集。由于这批行政官僚无派无系、位居高位且由学而仕，符合政学系的人物描述，故旁人多以政学系视之，而这些人也多因同声相求，愿与其他被视作政学系之人相往来，两种过程，交错为用，共成政学系之名。"（金以林：《蒋介石与政学系》，《近代史研究》2014年第6期）

② 《急应废止的行政督察专员制度》，《大同日报》1946年12月15日第1版。

③ 左玉河：《至尊幕府：蒋介石和他的高级幕僚》，团结出版社2009年版，第202页；戎向东编著：《蒋介石评说古今人物》，中国画报出版社2018年版，第130页。

④ 《急应废止的行政督察专员制度》，《大同日报》1946年12月15日第1版。

⑤ 李宜春：《国民党新政学系述论》，《贵州社会科学》2007年第7期。

大悦",立即擢用杨永泰为豫鄂皖"剿匪"总司令部的秘书长,着其即"随驾亲征"①。

1932年5月21日,蒋介石召开豫鄂皖湘赣五省"剿共"军事会议,调集兵力重点进攻鄂豫皖苏区和中央苏区。6月18日,蒋介石在江西庐山再度召开鄂豫皖湘赣五省军事会议。会上,蒋介石强调"剿共不能专靠武力,这次剿匪,要七分政治,三分军事",将杨永泰提出的"三分军事,七分政治"正式确定为"剿匪"方针②。

杨从1932年开始直至1936年5月被刺身亡,一直是蒋介石最为倚重的幕僚和助手,有专家认为,他在此时段的南京国民政府的决策中发挥了极其重要的作用③。有学者还指出:"在蒋介石的心中,新政学系在政治方面的比重,甚至超过了CC系和复兴社等嫡系。在军政决策、行政、经济、金融、外交、处理与党外势力的关系、处理与党内异己派系,尤其是与地方实力派的关系等诸多方面,蒋介石十分倚重新政学系"。张群继任新政学系首领后,新政学系继续受到蒋介石的重用,各成员身居行政院及各部和地方的要职,如翁文灏出任经济部长直至行政院院长,出入中枢。对于原杨永泰的手下,张群也基本是继续任用的。周佛海道:"张岳军对于杨畅卿所赏识的人才,都是一例信任的。"④

（三）新政学系的中间力量是执笔人

"剿总专员条例"具体的执笔人是谁,笔者目下并无直接证据。据1928年4月至1932年4月任内政部参事的雷啸岑说:蒋介石首肯晏纳克的建议后,"交由杨秘书长妥拟方案,杨氏召集秘书处同寅详细交换意见,决定参酌旧时的太守与兵备道暨道尹三种职权,综合一体,而名为'行政督察专员',专员兼任保安司令暨驻在县份的县长,藉以发生示范作用,亦即加强其责任感,以免重蹈'道尹'的覆辙。我奉杨秘书长之命,对行政督察专员公署组织条件【例】（引者注）草案,签具意见,

---

① 王又庸:《关于"新政学系"》,载中国人民政治协商会议全国委员会文史资料研究委员会编《文史资料选辑》（第4辑）,中华书局1960年版,第86页。
② 丛书编委会编著:《智囊精英》,四川人民出版社2013年版,第149页。
③ 杨跃进:《蒋介石的终身幕僚张群》,团结出版社2011年版,第211页。
④ 雷啸岑:《忧患余生之自述》,台北传记文学出版社1982年版,第121页。

呈候蒋公最后核定，颁布实施，且从湖北省率先创行，通令文稿亦是我撰拟的。"①雷的回忆说明"剿总专员条例"文本是杨永泰手下人草拟的，雷啸岑也曾过目。

王又庸回忆说，蒋介石推行"政治剿匪"的一整套新举措，都是由王又庸"和副组长李为伦督同僚属拟具有关各项制度、法令、规章及其实施办法草案，经杨永泰、熊式辉核定后交付实施"的②。

当代学者孙彩霞大致与王又庸的说法一致。孙在其著《新旧政学系》中说：新政学系"借口南京行政院所颁布的民政财政、建设、教育等各种法规不适用'剿匪'区域，以杨永泰献给蒋介石的'三分军事，七分政治'为蓝本，由杨永泰、卢铸、罗尹强、陈方、王又庸、李为伦、文群、罗经猷等，先后另外拟定了有关"剿匪"的法规40余种，包括政治、经济、文化、社会等方面"③。李宜春在其著《新政学系述论》中也说，陈方、卢铸、王又庸、罗君强4人是杨永泰的亲信、朋友，被认为是30年代政学系的中坚力量，是1932年制订"剿总条例"的主要人员④。后来，1938年初，行政院副院长张群秘密组织9人商讨草拟了一个意欲实化专员制度的草案，陈、卢、王、罗4人也在其中。因此，下面对此4人作简单介绍。

陈方⑤，应是草拟"剿总条例"的主要责任人，人称"江西第一才子"，是杨永泰的得力助手。1932年任南昌行营秘书，后任湖北省政府主席办公室秘书，军事委员会委员长侍从室秘书。落魄之际受杨永泰提携，

---

① 雷啸岑：《忧患余生之自述》，台北传记文学出版社1982年版，第86页。
② 王又庸：《关于"新政学系"》，载中国人民政治协商会议全国委员会文史资料研究委员会编《文史资料选辑》（第4辑），中华书局1960年版，第80、87、89页。
③ 孙彩霞：《新旧政学系》，华夏文化出版社1997年版，第211页。
④ 李宜春：《新政学系述论》，社会科学文献出版社2015年版，第109页。
⑤ 陈方，字芷汀、芷町，号大荒、荒斋，自号大荒斋主，江西石城人。抗日战争期间任侍从室第二处第四组少将组长。1945年5月当选为中国国民党第六届中央监察委员。侍从室撤销后，1946年4月任国民政府文官处政务局局长。同年11月当选为"制宪国民大会"代表。1947年5月被聘为全国经济委员会委员。1948年5月31日任总统府第二局局长。1949年去香港。1953年去台湾，任"总统府"国策顾问。1962年9月27日逝世。喜绘画。著有《陈芷町书画选集》。（刘国铭主编，黄晋明、陈予欢、王叔凯副主编：《中国国民党百年人物全书》（下），团结出版社2005年版，第1295页）

得以近身蒋介石成为高级幕僚。据说，陈方文采斐然，以擅长处理文书、敏捷精到和出谋献策而得蒋的欣赏。有人将陈方与陈布雷、杨永泰、陶希圣并称为蒋的"四大秘书"：陈布雷是"宣传秘书、国民党第一支笔"，杨永泰是"决策秘书、民国第一谋臣"，陈方是"公文秘书、大内总管"，陶希圣是"理论秘书、从政学人"①。左玉河教授在《民国政坛上的八大奇人》中说："南昌行营在建立专员制度、保甲制度、保安制度、保学制度时，都由陈方拟具初步意见，经杨永泰修改后，送请蒋介石亲批，深得蒋介石器重。"②

卢铸，是杨永泰任南昌行营秘书长时期的主任秘书。王又庸回忆说卢铸和陈方是杨永泰的"忠实爪牙"③。杨永泰任湖北省主席，卢1934年1月任省政府委员兼秘书长，直至1937年11月20日。杨永泰主鄂期间，卢铸主要帮助杨永泰集中湖北保安经费管理权，扩大新政学系在湖北的影响。

王又庸，是南昌行营第二厅（政治厅）第二组组长，是旧政学会成员王有兰的胞弟，是1934年3月南昌行营召集十省高级行政人员会议的秘书长。1935年10月8日至1936年7月30日，王又庸在杨永泰推荐下任四川省政府委员兼民政厅厅长④。1936年10月，杨永泰在汉口被刺身亡后，卢铸、王又庸失去靠山。

---

① 郑明斌：《蒋介石的四大秘书》，华文出版社2018年版，目录。

② 左玉河：《民国政坛上的八大奇人》，九州出版社2008年版，第247页。

③ 王又庸：《关于"新政学系"》，载中国人民政治协商会议全国委员会文史资料研究委员会编《文史资料选辑》（第4辑），中华书局1960年版，第86页。

④ 王又庸，字平秋，兴国县人。早年就学于赣州法政学堂，后赴日本留学，在东京法政大学政治系学习。毕业后回江西，1928年考任江西万安县县长，后任省民政厅秘书。1932年秉承省政府主席熊式辉旨意，组织县政研究会，进行县长和县政人员训练。1933年蒋介石在第五次"围剿"中央苏区时组建南昌行营，得熊式辉推荐，任第二厅组长，主管行政制度、训练人员、整饬纪纲、建立保甲事务，配合蒋介石对苏区进行"围剿"。1935年1月任国民政府军事委员会驻四川参谋团第二处处长，主持追剿长征红军的政治事务。7月任江西省政府委员兼民政厅厅长。10月任四川省政府委员兼民政厅厅长。次年7月辞职返赣。1938年6月任第一届国民参政会参政员，后连任二、三、四届参政员至1947年。1945年10月跟随新任东北行辕主任熊式辉赴东北，任行辕民政部部长。次年当选为制宪国民大会江西代表。1948年5月当选"行宪"后的立法院第一届立法委员。1949年领衔与52名立法委员在上海发表通电，宣布脱离国民政府，拥护中国共产党。新中国成立后，应中国共产党中央统战部邀请到北京，长期担任国家文史馆馆员。在北京病逝。著有《关于"新政学系"》等。（《江西省人物志》编纂委员会：《江西省人物志》，方志出版社2007年版，第397页）

罗君强，在 1931 年 6 月蒋介石第三次"围剿"时任南昌行营党政委员会下党务指导处处长①。后来曾任武汉、南昌、重庆行营办公厅秘书，兼蒋介石侍从室第二处第四组秘书②。杨永泰在世期间，他主要是杨的秘书。杨死后，任国民党军事委员会办公厅秘书处少将处长，全面抗争爆发后任行政院秘书，在陈克文日记中显示，其在行政院口碑欠佳。1939 年 2 月汪精卫叛国后，罗君强投靠汪精卫、陈公博，先后任汪伪国民党中央执行委员兼中央党部副秘书长、中央政治会议副秘书长、军事委员会会员、司法行政部部长、法官训练所所长、中央税警总团中将总团长、安徽省省长兼蚌埠绥靖主任、上海市秘书长，代市长、代警察局长。

（四）两个专员条例谁先谁后？

目前"行政院条例"出台的时间线较为清楚，而对于"剿总条例"具体于何时开始筹划、草拟，及修改过程等考证阙如。笔者就有限资料，大致梳理了一下时间线（表 2-3）。

表 2-3　　1932 年"行政院条例"与"剿总条例"大事记

"行政院条例"	"剿总条例"
6 月 26 日，内政部部长黄绍竑向行政院秘书处递交附带《行政督察专员暂行条例草案》和《行政督察专员办法》的提案，预在国务会议上讨论。 6 月 28 日，行政院四十五次会议"讨论""内政部黄部长提送行政督察专员暂行条例草案案，通过，送中政会及咨立法院"③。 7 月 1 日，行政院民政司长王先强"关于设置行政督察专员事"向《民报》记者说："各省每以进行清乡剿匪，为应事实之须要，各订单行章程，省县之间，增设特种行政组织，名繁法异，我国省区过大，考察指挥，诸多不便，增设督察机关，实有必要，然必须由中央统筹办法，此种督察机关，仍以不破坏省县两级制为原则。以前各省自订单行章程，	8 月 6 日，蒋介石在"剿匪"区训令公布。8 月 18 日，内政部部长黄绍竑按程序转呈行政院。 8 月 19 日，颁发豫鄂皖三省，湖北省先行划分专员区④。 8 月 20 日，豫鄂皖"剿匪""总部廿日公布剿匪区内各省行政督察专员公署组织条例，内容较行政院颁布之行政督察专员暂行条例颇多不同处，据总部秘书处某职员谈，总部新颁此项条例，系根据剿匪区内实际急切需要而订定，其要义已详令三省府文中，且本条例有普遍法令与本条例相类似

---

① 陈贻琛：《五次"围剿"中的"七分政治三分军事"见闻》，载中国人民政治协商会议江西省委员会文史资料研究委员会编《江西文史资料选辑》（总第 14 辑），1984 年，第 116 页。

② 谢征武：《影响中国近代历史的涟水人》，涟钢振兴福利彩色印务有限公司 2005 年版，第 481 页。

③ 《国内要电·行政院决议案》，《申报》1932 年 6 月 29 日第 4 版。

④ 《豫鄂皖设行政督察专员》，《申报》1932 年 8 月 21 日第 3 张第 11 版。

续表

"行政院条例"	"剿总条例"
若与中央核定之条例冲突，自应修正，本部所拟变通办法，极富弹性，与现行行政制度无冲突，又能适合省特殊之需要。"① 7月6日，汪精卫主持的中政会上决议："关于苏浙皖赣四省设置行政督察专员行政监督及行政院转送内政部拟定行政督察专员暂行条例各案、准由省政府于县长中择定人选、派为某某数县行政督察专员、其详细办法、交行政院核定"。"将行政督察专员暂行条例草案及办法遵照中央决定原则修正呈核"②。 7月19日，国民政府训令第一六九号转发中央政治会议三一六次会议议决给行政③。 7月29日，黄绍竑"照中央决定原则妥为修正后"再呈行政院。 8月2日，汪精卫主持行政院第五十四次会议决议："内政部黄部长呈为遵令修改行政督察专员暂行条例草案请核定公布案、修正通过"④。 8月6日，行政院以第一五号令公布《行政督察专员暂行条例》⑤。 8月7日，内政部"特令各省府，凡在省会附近有设首席县长者，着即日取消，其他地区偏僻，省府不能指挥者，得设行政督察专员"⑥。	或抵触者均暂缓适用之规定，则行政院所公布者，在剿匪区内自当暂缓施行"⑦。 9月11日，国府将"剿总"呈送的条例转送中政会，"认为确系整顿吏治要图，即转送中政会核议，交行政院施行、文官处十一日特函总部查照"⑧。 9月28日，中央政治会议第三十五次会议决议"交国府并发行政院备案"⑨。 10月10日国民政府以洛字第277号训令公告全国⑩。

---

① 《行政督察专员　内部拟有办法》，《民报》1932年7月2日第1张第3版。

② 《中央政治会议》，《申报》1932年7月7日第4版。

③ 《训令国民政府训令：第一六九号（二十一年七月十九日）令行政院：中央政治会议函为关于江苏省各行政区监督署暂行组织规程等案决议办法令仰查照办理由》，《国民政府公报》洛字第十四号，1932年。

④ 《任朱经农湘省委兼教厅长。通过行政督察员暂行条例》，《申报》1932年8月3日第4版。

⑤ 《黄绍竑关于修正行政督察专员暂行条例草案致行政院呈》（1932年7月29日），中国第二历史档案馆：《中华民国史档案资料汇编·第五辑·第一编·政治·（一）》，凤凰出版社1994年版，第100—101页。《行政督察专员暂行条例昨公布》，《中央日报》1932年8月7日第3版。

⑥ 《行政督察专员设立标准》，《民报》1932年8月8日第4版。

⑦ 《剿匪总部公布行政督察专员条例》，《时报》1932年8月21日第1张第2版。

⑧ 《行政督察专员条例送中政会》，《民报》1932年9月12日第2版。

⑨ 《中央政治会议通过合作社法原则》，《申报》1932年9月29日第4版。

⑩ 《内政部为抄送设置行政督察专员提案及行政督察专员暂行条例草案提交国务会议讨论事致行政院秘书处函》（1932年6月26日），中国第二历史档案馆编：《中华民国史档案资料汇编·第五辑·第一编·政治·（一）》，凤凰出版社1994年版，第97—103页。

内政部筹划"行政院专员条例"的过程，可参考陈明的研究①，此不赘述。

---

① 陈明：《南京国民政府十年（1927—1937）省制构建研究》，中国社会科学出版社2017年版，第138—142页。

第三章　1933—1935年：两个专员条例的不同命运

行政督察专员的两个条例于1932年颁行后，其实际实行情况究竟如何，学术界迄今尚乏细致研究，人们往往只是用"双轨运行""同道扬镳"等话语做简略概括①。事实上，两者的命运极为不同，"剿总条例"的影响不断扩大，而"行政院条例"则趋于沉寂。

一 "剿总条例"影响的扩大

（一）1932年11月"剿总"再申专员制度意义三要点

专员条例公布后，最初有6个省实行，其中鄂、豫、皖3省执行"剿总条例"；浙、赣、冀3省均兼采两种条例自订规程，其专员处于弱势状态。

鲁涤平主政的浙江仅在浙东海防地区、中国共产党活动区、禁烟与"红丸"制造地带设立6个"特区"②，专员职权相对较小。黄绍竑1934年调任浙江时，发现该省专员"职权甚小，且侧重于军事"，他也"规定各区专员的权限比他省为小，专司县政的督察辅助责任"，"各专员均兼任驻在县县长，专署与县府合署办公"③；专员办事处经费仅为1000元左右④。

---

① 翁有为等：《行政督察专员区公署制研究》，社会科学文献出版社2012年版，第105页；陈立：《行政督察专员制之检讨》，《现代读物》第3卷第8期，1936年。
② 《浙江省行政督察专员划分六大特区》，《大公报》（天津版）1932年9月8日第2张第5版。
③ 黄绍竑：《黄绍竑回忆录》，东方出版社2010年版，第298页。
④ 杨永泰：《各省厅长专员南昌集会报告建议之总评及应行改进之管见》，《中央周报》第315期，1934年。

熊式辉主政的江西省，本欲于蒋介石第二次下野（1931年12月15日）、党政委员分会制结束后，推行自订的行政区长官公署制，但"中央因其与现制不符，未予核准"。于是熊继续"依照该省自行制度之规程办理，该项规程与行政院所颁条例，内容颇有出入，其组织员额，亦更庞大"，而且专员不兼县长和保安司令①。

于学忠主政的河北省仅在滦东西、平东北战区设立了滦榆、蓟密两个专员区②，权力有涉外事项。因为河北省有其特殊性。华北"长期游离于国家的政治、经济重心之外"③，日本妄图变华北为第二个满洲。1933年1月，日军进攻榆关（山海关），2月进攻热河，热河省主席汤玉麟不战而逃，3月4日，承德失守、热河陷落。5月塘沽协定签字之后，战区各县陆续接收完竣，尚未完全恢复战前状态。主持华北政务的北平政务整理委员会委员长黄郛，商得河北省政府主席于学忠的同意，设置行政督察专员，办理战区整理善后事宜。9月30日，设立滦榆、蓟密两区，专员由省政府呈请北平政务整理委员会委派，在行政系统上专员属于省政府，有重要政务则可与北平政务整理委员会直接发生关系④。10月7日，驻平政务整理委员会公布《河北省行政督察专员公署办事细则》，规定"专员应执行事务"有五：（1）关于督察所辖各县之行政事项；（2）关于通常涉外事项；（3）关于协助地方救济事项；（4）关于督促各县清乡事项；（5）省政府及厅饬办事项。同时规定专员"对本督察区内驻防之保安队长及各县地方警团，有指挥节制之权"⑤。内政部认为冀省这一"办事细则""与院章规定不尽相符"，因为它改"专员办事处"为"专员公署"、专员不兼领县长、专员公署组织扩充，且"似有渐

---

① 《蒋介石关于改组江西各区专员公署经过致行政院公函》（1934年8月16日），中国第二历史档案馆编：《中华民国史档案资料汇编·第五辑·第一编·政治·（一）》，凤凰出版社1994年版，第116—117页。

② 《河北两专员公署下月一日同时成立》，《新天津》1933年10月29日第1张第2版。

③ 张生：《日本侵华模式初探——以"华北事变"为中心》，《民国档案》2002年第2期。

④ 于鹤年：《河北省行政督察专员之设置及其区域之划分》，《禹贡》第7卷第5期，1937年。

⑤ 《河北省行政督察专员公署办事细则》，《国闻周报》第10卷第45期，1933年。

次推广之意"①。

当时的社会舆论，对于专员制度多有质疑反对之声。有人指学界"反对者多于赞成者"②，认为专员在省府和总部"两姑之间难为妇""啼笑皆非"③，指实行专员制"陡然增加的行政费"④。"剿总条例"中的重要内容有时也被质疑和抵制。如《青岛时报》就说，"剿总条例"中的行政督察专员兼任驻在地县长一项尤其应该"量为变通"⑤，湖北省主席张群以"专员兼县难专责"为由，向蒋介石请求不予实行，但被蒋严词拒绝⑥。当时各省对于专员制消极敷衍，专员往往被"视若过去无足重轻之道尹"，遇有"剿匪"、地方财政整理等事务，省政府及其各厅处往往越过专员而与各县之间"迳行呈令，以致专员情形隔阂"，"不能尽其督察之权责"⑦。

面对这些情况，1932年11月，豫鄂皖"剿总"以秘字563号发布训令。训令指出，各地对于"创设行政督察专员之意义及其关系与完成清剿改善政治之重要作用，业经于颁发专员公署组织条例之训令中剀切详述，至各该行政区驻军对于专员之关系，并已分别通令遵照各在案"，但"事属创制，深恐各省县对于立法要点，仍有未尽明确认识之处"。所以，再次阐发"设立行政督察专员之意义三要点"。

其一，强调行政督察专员的身份和权威性，专员"一方面为本总司令部特派员，一方面为各省政府辅佐者，同时并为各县之监督倡导机关，其职务既綦重要故特隆其体制授以指挥辖区军民两政之权"，要求"所有

---

① 《内政部为请批准河北设置行政督察专员公署暨公署办事细则事致行政院呈》（1933年9月4日），中国第二历史档案馆编：《国民党政府政治制度档案史料选编》（下册），安徽教育出版社1994年版，第480、481页。
② 维中：《评剿匪区内之行政督察专员制度》，《政治评论》第68号，1933年。
③ 鹏九：《论行政督察专员制之得失》，《不忘》第1卷第9期，1933年。
④ 马元放：《现行之行政督察制度：对于苏省设置行政督察专员之意见》，《江苏月报》第1卷第2期，1933年。
⑤ 《行政督察员不得兼县长以免障碍而防弊端》，《青岛时报》1933年3月12日第3版。
⑥ 《张群电蒋条陈改革政制》，《申报》1933年10月21日第3张第11版。
⑦ 《通令豫鄂皖赣省政府为规定各省厅处与行政区及各县关于处理行政事项应遵行之五点通令遵照》，《军政旬刊》第13、14期合刊，1934年。

各专员对于辖区行政人员及所属保安、警察、团队均责成照实作、硬作、快作之要义,切实负责指挥、监督、考核、奖惩或执行必要与紧急之处分,以迅赴事功,绝不准蹈袭敷衍瞻徇等旧习"。

其二,详细解释专员的人事权,一是对县长每三个月一次平常考核,半年总核一次;二是遇县长有渎职行为时,随时分别密呈总司令部及省政府知照民政厅实行撤惩;三是于必要时先行派员代理属县县长职务,然后分别呈报至所属员兵之范围。强调"不容稍有息忽……通令各厅处对于专员执行考核之处分,应秉公办理并通令各县市政府所属一体恪遵"。

其三,明确专员制度与其他行政制度之间的紧密关系。"专员公署组织条例之立法精神,与本部所颁之区公所组织条例及编查保甲户口条例系属同条共贯,乃完成清剿、改善政治之整个计划,决定一律实施,断不容有所偏废,至编查保甲户口尤为本总司令付与专员之最要使命,令出唯行更不容有所怀疑,无论各县市已否编配乡镇闾邻,均应立将纸面上自治之具文全体停办,先行举办编查保户口,一以完成人民自卫之急切需要,一以预植国家御侮之远大基础"。所以,要求各省"一体遵照,勿任观望贻误,藉词诿卸,致干咎戾"①。

(二) 1933年1月"剿总"将专员确定为县民团三级管理系统中的一级

为了扩大"剿匪"兵力,1933年1月22日,豫鄂皖三省"剿匪"总司令部公布《剿匪区内各省民团整理条例》,将区内地方武装一律改编为保安队、壮丁队、铲共义勇队等,建立各级民团领导体系,专员与省保安处长、县长构成了民团的三级管理指挥系统,共同"监督管辖或指挥"各县自卫团队,强化各级对县级保安队的官方控制体制。

在具体运作机制上,行政督察专员对各县政府拟定的保安队编制"附具意见,转呈保安处长核定之,再由保安处长分呈省政府及本部备案";遇邻县联防会剿时,区保安司令指挥各县保安队,遇大军驻在本区本县作战时,区保安司令与各县保安队共受驻军高级将领指挥,遇有必要

---

① 《安徽民政厅训令:第五三六号(二十一年十一月):令知设立行政督察专员之意三要点仰即切实遵行仍将奉文日期具报查考由罗良鉴》,《行政汇刊》第1期,1932年11月至1933年6月。

时，区保安司令互调甲、乙两县之保安队驻防"①。根据此前1929年的《县保卫团法》，县保卫团是"增进人民自卫能力辅助军警维持治安为宗旨的"②，即属于地方警察机关。此时的保安队已具有半军事组织的性质，这也无形中提高了专员的地位。

1933年3月第四次"围剿"再败后，蒋进一步从土豪劣绅手中收回地方保甲和民团管理权，提出"豫鄂皖三省地方，自经整饬之后，土豪劣绅把持之弊似已日减，惟办理团练，保甲主任凭势擅权，欺上罔下之事仍未尽绝。训练民团与编查保甲，皆今日惟一要政"③。4月，"剿总"修正《剿匪区内各省民团整理条例》，正式确定专员在民团系统的地位④。

（三）1934年2月行营申明专员五项督察职权

1933年5月31日，蒋介石成立军事委员会委员长南昌行营，全权管理赣、粤、闽、湘、鄂五省党政军要务，并由南昌行营组设党政军设计委员会，为五省一切党政军事务参谋部。依托这一机构和三省"剿总"，蒋介石插手"剿匪区"各省乃至全国各省的内政治理，这也是使"剿总条例"影响扩大的重要途径。

9月，第五次"围剿"开始，蒋在强化军备的同时，欲在政治上采取更多配合举措，但却发现各地延续民初做法，消极执行专员制，并未"实作、硬作、快作"。专员被地方"视若过去无足轻重之道尹……关于剿匪地方政治之措施，以及地方财政之整理，省政府暨所属厅处与各县间，迳行呈令，以致专员情形隔阂，尚不能尽其督察之权责"⑤。此问题以江苏省和湖北省为典型。

江苏省跳出"剿总条例"的规定。1933年3月28日，顾祝同主政的

---

① 张学纶、宋其正编纂：《现行保甲警卫法令大全》，华中书局1935年版，第13页。

② 《民国日报》1929年11月1日第2张第3版。

③ 《蒋介石为令各省任用地方公正士绅办理编组保甲及训练民团事致豫鄂皖三省剿匪总司令部秘书长杨永泰急密电》（1933年3月5日），中国第二历史档案馆编：《国民党政府政治制度档案史料选编》（上册），安徽教育出版社1994年版，第450页。

④ 中国第二历史档案馆编：《国民党政府政治制度档案史料选编》（上册），安徽教育出版社1994年版，第451页。

⑤ 《通令豫鄂皖赣省政府为规定各省厅处与行政区及各县关于处理行政事项应遵行之五点通令遵照》，《军政旬刊》第13、14期合刊，1934年。

江苏省政府第五七〇次会议决定实行专员制度①。"遵照中央所颁行政督察专员制度,及豫鄂皖三省条例,参酌本省实际需要"②颁发"行政督察专员公署办事规程",规定专员的职掌较弱,具体包括:第一,承省政府主席各厅处长官之命,办理本区事务。第二,指挥监督本区县政府奉行法令事件。第三,考核本区县长及县政府各公务员之有无贪污怠惰及其他不法事件。第四,举办本区盗匪及考查本区保卫事件。第五,各区关联事件。第六,各县关联事件③。对此,当时有人评论,苏省"专员徒有虚声,并无表现。虽然他们也身兼保安分处长的头衔,并无指挥军队之实力。公文来往对省政府及各厅一律用呈,省府各厅下行公文不过多给专员一份。各县上行公文不必经过专员,所以大家觉得多一个,少一个,没有什么关系"④。

1933年10月陈果夫主政江苏后,于12月又制定江苏省行政督察专员公署组织规程暨办事通则,调整专员制,增加了专员兼职区保安司令,署内设两科,将专署原来的7—9人编制统一为8人,保安司令部4人⑤。1934年11月6日,陈再次修正《江苏省行政督察专员公署组织规程》,增设副司令1人、少校军法官1人、科员4人、办事员3人,总编制增至20人以上⑥。而这时行营方面的规定编制已达到58—79人。后来江苏省南通专员郑亦同证实:"江苏省的专员制度与行营所定的办法不同,职权比较的小,事务也比较的少。"⑦

笔者认为,江苏省没有完全采用"剿总条例"有其合理之处:一是

---

① 马元放:《现行之行政督察制度:对于苏省设置行政督察专员之意见》,《江苏月报》第1卷第2期,1933年。

② 《苏省行政督察专员暨新县长就职》,《申报》1933年3月31日第2张第5版。

③ 马元放:《现行之行政督察制度:对于苏省设置行政督察专员之意见》,《江苏月报》第1卷第2期,1933年。

④ 陈冰伯:《今日之县政》,同文图书印刷公司1933年版,第119页。

⑤ 具体员额配置为:专署设专员1人、秘书1人、科长2人、科员4人,区保安司令部设中校参谋长1人、少校参谋1人、上中尉副官各1人。载周必璋《改进行政督察专员制度刍议》,中央政治学校研究部1941年版,第60—61页。

⑥ 曹余濂编著:《民国江苏权力机关史略》(江苏文史资料第67辑),东南大学印刷中心1994年版,第146—148页。

⑦ 郑亦同:《做了行政督察专员以后的感想》,《江苏月报》第4卷第4期,1935年。

江苏省不是"剿匪"区，1933年5月南昌行营成立时确定的"剿匪"省份为鄂、赣、闽、粤、湘五省①。二是江苏省总体延续此前自创的行政区监督制，所以专署员额少、职权小。三是江苏省辖县历来不多，比起当时豫鄂皖三省分别辖112个县划分为11个专员区、70个县划分为11个专员区、59个县划分为10个专员区②，江苏省辖61县③，且交通通讯相对发达，在省县间设立中间机构的客观现实需求不强烈。这也是为何不仅前述陈冰柏、马元放，其本省人也感觉："江苏省之专员公署，则似感无所作为"④的原因。幅员较小的浙江省更是如此。到了中华人民共和国建立后，此两省实行专区专署制度和地区行署制度时，也表现出组织编制、职权偏小，异于他省人数庞大、职权近似一级政府的现象；江苏省也是最早实行地市合并的省份。

此时，作为三省"剿总"核心省份的湖北省也不按规定"出牌"，建议专员不兼县长。1933年10月中旬，张群致电军事委员会委员长蒋介石，提出意见三条："（一）各厅处合署办公，（二）变更行政专员制度，（三）县政经费暂行补助办法"。"变更行政专员制度"的核心意思是专员兼保安司令、不必兼县。他的理由是：专员兼县难专责；专员兼县精力未逮，事不躬亲，终防流弊；县财力既充，治理自易，不必再以专员兼摄⑤。

蒋回复张群："于专员创制之目的尚未尽明"，并对上述理由一一予以批驳，从兼县的作用角度，强调兼县对专员的不可或缺性："专员兼任驻在地之县长，为专员制度存在之惟一条件，如只任督察，不兼县治，则与已往形同赘疣、不符名实之道尹无殊，盖一切政令推进，须由专员之兼县，示人以模范，亦必能示人模范者，始知个中甘苦，从而督察他人，乃易悉中肯綮，故一年以来，部颁治令，办理稍有成绩者，多为专员兼管之

---

① 《国民政府颁布〈军事委员会委员长南昌行营组织大纲〉》（1933年6月20日），中国第二历史档案馆编：《国民党政府政治制度档案史料选编》（上册），安徽教育出版社1994年版，第466页。

② 徐寒石：《中国地方政治制度之研究——从地方政制说到行政督察专员（续）》，《青年评论》第19期，1933年。

③ 《内部重新规定江苏省辖各县等级》，《新民报》1935年4月14日第3版。

④ 《江苏论坛：行政督察专员制度问题》，《江苏月报》1933年第1卷第2期。

⑤ 《张群电蒋条陈改革政制》，《申报》1933年10月21日第3张第11版。

县，则事实具在，成效大明。"① 因此"所拟专员不必兼摄县长，自应无庸置议"②。

而此时，对于专员兼县长问题，"学者意见颇不一致，或主兼或主不兼"③。

为免地方不给专员实权，甚至架空，1934年2月19日，南昌行营以治字第3272号发布《通令豫鄂皖赣省政府为规定各省厅处与行政区及各县关于处理行政事项应遵行之五点》，重申专员制度的重要性的同时，特令五件事不能绕过专员：第一，责成全省各县一体举办重要事件，必须分区督察，限期完成者；第二，责成某行政区所辖各县中之一县专办事件；第三，两个专员区毗邻县份互相联系事件；第四，前三类事件的各县办理情形；第五，各县地方财政收支情况等，必须经由专员督察后上呈。原文如下：

（1）省政府或主管厅处，责成全省各县一体举办重要事件，必须分区督察，限期完成者，应分别令函行政督察专员，转令辖县，并分别负责督察办理。（例如整理保甲，推广某种教育，修筑县道省道，建筑碉堡，整理地方财政，禁烟，及其他含有时间性之事项。）

（2）省政府或主管厅处，遇有专办事件，须责成某行政区所辖各县中之一县单独办理时，应分别令函行政督察专员，转令该县遵照，并负责督促进行。（例如剿匪，清乡，完成仓储，垦荒，修补某段省道，改善保安队，改革某种弊端，及其他有特别性之事项。）

（3）省政府或主管厅处，遇有互相联系事件，须责成甲行政督察区与乙区所属毗连县分协同办理时，应分别令函各该管行政督察专员，转令各该县遵照，并会同督促进行。（例如封锁匪区，清乡，协缉，修省道，更正行政区域，厘正插花地亩，及其他有联系性之事项。）

（4）有上述三项情形时，各该县政府，应将办理情形，呈请该管行政督察专员，转报省政府，及知照各主管厅处。

---

① 《问题中之省政改制·蒋氏复电》，《大公报》（天津版）1933年10月22日第3张第9版。
② 《张群电蒋条陈改革政制》，《申报》1933年10月21日第3张第11版。
③ 郑自明：《行政督察专员制在战时的作用》，《国闻周报》第14卷第46期，1937年。

(5) 各县地方财政收支情况，应按月册报该管行政督察专员查核①。

（四）1934 年 3—5 月十一省行政会议后调整专署编制及经费

为了落实上述通令，一个月后（3 月 18—20 日）南昌行营召开十一省（豫、鄂、皖、赣、苏、浙、闽、湘、鲁、陕、川）行政会议。实际湘、鲁、陕 3 省这时未建专员制度，川省刘湘虽说是"仿鄂豫皖例"，但只建了 4 个专员区②。闽省专员制正在筹建中。1933 年底的福建事变被蒋迅速镇压，翌年 3 月 8 日，蒋训令闽省府"逆军甫平，边陲未靖，对于铲除匪患，安定民生之一切要政，非划区设置行政专员"不可；并替闽省划好了各区辖县地图，制定了"该省设立行政督察专员办法四项"，还在其自定的每区每月经费 1500 元左右③基础上补助 2000 元④。闽变的平息使各地反蒋力量不得不有所忌惮。在此后相当一段时间内，地方实力派的反蒋公开活动偃旗息鼓⑤，这对专员制度的推广也产生了影响。

相比此前内政部召开的第二次全国内政会议不足 120 人参会⑥，这次会议有 600 余人参加，主要为各省的省政府厅长和专员。会后，行营秘书长杨永泰 2 万余字总结长文——《各省厅长专员南昌集会报告建议之总评及应行改进之管见》被多家大报（天津《大公报》《新闻报》，天津《益世报》《中央日报》《民报》）全文刊发。会上，蒋介石听取各方报告后，就"省府政制""财政""改良司法""警察团队"等四个问题，"训示刷新政治重要办法九项，作为大会之总决议案"。其中第一个办法即为

---

① 《军政旬刊》第 13、14 期合刊，1934 年。

② 4 个专员区分别是：通南巴区，驻巴中；昭广剑区，驻广元；宣达渠区，驻达县；城万区，驻城口。《川剿匪区设行政督察员》，《申报》1933 年 12 月 10 日第 2 版。

③ 《闽设行政督察专员，办法大致拟定》，《益世报》（天津版）1934 年 4 月 12 日第 1 张第 3 版。

④ 《蒋介石令福建省实施行政督察专员制度有关文件》（1934 年 3—6 月），中国第二历史档案馆编：《中华民国史档案资料汇编·第五辑·第一编·政治·（一）》，凤凰出版社 1994 年版，第 113、115 页。

⑤ 黄道炫：《张力与限界：中央苏区的革命：1933—1934》，社会科学文献出版社 2011 年版，第 192 页。

⑥ 《内政会议五六二次大会蒋委员长莅场训话救国必先改革人心刷政首须痛除积习》，《申报》1932 年 12 月 15 日第 2 张第 7 版。

"统一省府政令,以免分歧,同时提高行政督察专员权位,省府行令各县,由专员转"①。

会后至1934年底,以这一"办法"为指导,南昌行营就与上述四个方面相关的问题对专员制度进行了系列调整。

在财政上,因为各省反映财政支绌,蒋方面调减了专署经费。3月19日,三省"剿匪"总部批"准各行政专员公署减政,已改订经费预算"。3月22日,河南省财政厅转发了"豫皖鄂三省剿匪总司令发各行政督察专员公署改订经费预算表"(表3-1)②。专署编制总数不变,经费减少12.4%。

表3-1 1934年3月"剿总条例"行政督察专员公署改订经费预算表

项别	职别	原订经费数 名额(人)	原订经费数 每人月支(元)	原订经费数 每月共支(元)	改订经费数 名额(人)	改订经费数 每人月支(元)	改订经费数 每月共支(元)	备考
俸给项下	专员	1	400	400	1	380	380	
	秘书	1	250	250	1	220	220	
	署员	4	160	640	4	140	560	
	事务员	8	120 100 80	780	7	100 80 60	540	一等俸2人 二等俸2人 三等俸3人
	会计主任				1	80	80	此系核准添设由财政厅遴员派充
	副司令	1	240	240	1	192	192	上校1员按八成实支如上数
	参谋	2	170 135	305	2	136 108	244	中校少校各1员均按八成实支如上数
	副官	2	135 80	215	2	108 64	172	少校1员上尉1员均按八成实支如上数
	雇员	6	50 40	260	6	45 36	234	45元者2人 36元者4人
	侦探	6	40	240	6	36	216	

---

① 《各省行政会议总决议案纪要》,《申报》1934年3月23日第2张第9版。
② 《财政:财厅转发专员公署经费表》,《河南省政府公报》第983期,1934年。

续表

项别	职别	原订经费数 名额（人）	原订经费数 每人月支（元）	原订经费数 每月共支（元）	改订经费数 名额（人）	改订经费数 每人月支（元）	改订经费数 每月共支（元）	备考
俸给项下	录事	8	32	256	8	30	240	
	卫士	8	20 16 14 12	110	8	16 14 12 10	92	上中下士各1人上等兵5人
	传令兵	8	16 14 12	102	8	14 12 10	86	中下士各一人上等兵6人
	公役	12	10	120	12	10	120	
	马夫	3	8	24	3	8	24	
	伙夫	6	8	48	6	8	48	
	马乾	3	9	27	3	9	27	
	合计	79		4017	79		3475	
公费项下	办公费			500			500	专员公署每月纸张笔墨邮电及交际费杂费等均属之
	旅费			500			400	专员及所属文武职员出巡出差参事每月夫马费均属之
	特别费			233			225	凡专员公署临时因公特别开支均属之
	总计			5250			4600	公署公费每月三千元，县政府经费每月一千六百元并计如上数

资料来源：《财政：财厅转发专员公署经费表》（1934年3月22日），《河南省政府公报》第983期，1934年。

4月23日，南昌行营再次制定标准，并实行经费补助制度，规定按专员是否兼县和有无直辖保卫团,将专署分为甲、乙、丙三等。"专员兼任驻在地县长者"为甲等,设 4 科,总编制 79 人;"专员不兼驻在地县长,而有直辖保卫团者"为乙等;"专员不兼驻在地县长,而又无直辖保卫团者"为丙等。乙等和丙等专员因不兼县长,机构均减为 2 科,科长仍以署员兼任,乙等定编 65 人,丙等定编 58 人(详见表 3 - 2)。相比 1932 年"剿总条例",增加了卫士、传令兵、公役、马夫、伙夫、马乾等员额配置。甲、乙、丙三等专署的经费分别是 5398 元、3658 元、3270元,其中的行营补助分别为 2000 元、1500 元、1200 元①。

表 3 - 2　1934 年 4 月南昌行营规定甲乙丙三等专员公署编制与经费

项别	职别	甲等 名额(人)	甲等 月薪(元)	乙等 名额(人)	乙等 月薪(元)	丙等 名额(人)	丙等 月薪(元)
薪俸项	专员	1	400	1	400	1	400
	秘书	1	250	1	250	1	250
	署员	4	640	2	320	2	320
	技士	2	240	2	240	2	240
	事务员	6	540	4	360	4	360
	副司令	1	240	1	240	1	240
	参谋	2	305	2	215	2	215
	副官	2	215	2	160	1	80
	雇员	6	260	6	240	3	120
	侦探	6	240	4	112	4	112
	录事	8	256	6	180	5	150
	卫士	8	110	6	76	6	76
	传令兵	8	102	6	76	6	76
	公役	12	120	10	100	9	90
	马夫	3	24	3	24	3	24
	伙夫	6	48	6	48	5	40
	马乾	3	27	3	27	3	27
	合计	79	4017	65	3068	58	2820

① 《行营另订江西省各区行政督察专员公署经费预算表甲乙丙三种令发遵照》,《江西省政府公报》第 86 期,1934 年。

续表

项别	职别	甲等 名额（人）	甲等 月薪（元）	乙等 名额（人）	乙等 月薪（元）	丙等 名额（人）	丙等 月薪（元）
公费项	办公费		500		300		250
	旅费		500		200		200
	特别费		381				
	合计		5398		3568		3270

资料来源：《行营另订江西省各区行政督察专员公署经费预算表甲乙丙三种令发遵照》，《江西省政府公报》第86期，1934年。（空格处无资料）

5月3日，南昌行营训令豫鄂皖赣四省："应各视其实际情形，悉以现订之甲乙丙三种经费预算表为标准"，"不兼驻在地县长之专员，则其驻在地之县政府，应各仍照旧制办理"，"各区专员未能依照通案一律兼县以前，均应奉为定例"①。

在"十一省行政会议"上，与会专员要求获得"对于特别法人犯，如土豪劣绅盗匪及贩卖毒品各项案件"的"权宜处置"权，南昌行营乃于6月11日发布命令予以明确，说"现在豫鄂皖赣四省行政督察专员，大半兼任县长，而县长又皆兼任军法官，是事实上与专员负责处理者无异"，"专员之不兼县长者，其驻在地必有兼任军法官之县长，该专员亦有监督审理之权"②，承认了专员的这种权力。

县长的军法案件司法权，源自1932年8月27日《豫鄂皖三省剿匪总司令部加委各县县长兼本部军法官暂行条例》。该文件规定："凡剿匪区域内各县，为整顿军纪、清除匪患起见，各该县长得由本部加委兼军法官"，可以"拘捕审理""赤匪盗匪"、非军人犯军事上法令者、地方奸宄扰乱治安者；"纠正"不受军纪并扰及地方秩序的外出官兵；"拘捕"情节重大的③。

---

① 《训令豫鄂皖赣四省政府指明新颁该省各专员公署编制预算表与三省总部原定组织条例办事通则关系各点并重加规定令仰遵照办理》，《军政旬刊》第21期，1934年。
② 《浙江省政府训令秘字第四七四七号令》，《浙江省政府公报》第2143期，1934年。
③ 《国民政府为准鄂豫皖三省剿匪总司令部加委剿匪区内各县长兼军法官事致行政院训令》(1932年8月27日)，中国第二历史档案馆编：《国民党政府政治制度档案史料选编》（上册），安徽教育出版社1994年版，第406—407页。

（五）1934年7月行营厘定专员"财政""用人""公文"、配备保安团

7月1日，因应"十一省行政会议"对于专员制"最为显著"缺点的批评，南昌行营颁发《各省行政督察专员职责系统划分办法》，强化专员的人事权、财权，提高其在地方行政系统中的地位。

在财权方面，专员们反映"各县地方预算决算，以及预备费之动支"，"均非专员所能参预"，认为如果"只赖临时巡视，以为事后纠正，则督察之实效，自亦不彰"。针对这一问题"划分办法"规定："如专员认为有应分别准驳或修正者，得申具意见，即速陈明省政府，以备主管厅处审核之参考"。行营此时强调专署的财权，是统一财政的一个环节，是由于意识到财政紊乱是地方各自为政和一切政治无法有效推进的关键。1934年4月6日，蒋命令十省实行财政统收统支①。5月21—27日，第二次全国财政会议决定详细划分省县地方收入支出标准②，改变以前中央与省县的收支范围不明确的状态。因专署是省派出机构，属于省的预算单位，6月18日，行营取消给地方的专署经费补助，规定专署"成立三个月以后，各专署经费，改归省府按数拨发具领，总部不再补助"③。后来国民政府《财政收支系统法》公布中央、省、市、县的收支结构，规定"省政府及所属各机关之各项支出"均属省支出范围④。

在人事权方面，专员们抱怨"县长之任命，专员既不得与闻，而县长到任又不与专员接洽"，"专员认为得力之县长，省府辄予更换，认为溺职者，省府反加维持，彼此声气不通，督察即无从发生效力"。针对这种问题"划分办法"规定："凡新任县长应先赴该管专员公署谒专员请训……商洽该县应办事宜，再行到任视事"；省府应以"专员之考核报

---

① 《蒋介石以委员长名义直接命豫鄂皖等10省府实行财政统收统支办法令稿》（1934年4月6日），中国第二历史档案馆编：《国民党政府政治制度档案史料选编》（下册），安徽教育出版社1994年版，第345页。
② 《第二次全国财政会议》，《县乡自治》第4卷第7期，1934年。
③ 《省府核拨 专员公署行政费预算书表 由省府核转》，《武汉日报》1935年6月19日第2张第3版。
④ 国民政府公布《财政收支系统法》（1935年7月24日），中国第二历史档案馆编：《国民党政府政治制度档案史料选编》（下册），安徽教育出版社1994年版，第251页。

告"作为奖惩县长的"重要之根据"。

在公文方面，会上专员们抱怨"省政府暨各厅处发布各县之重要法令文书，本应经由专员下达"，但多被跳过，使督察"徒托空言"。针对这一问题，"划分办法"强调相关法令文书必须经专员转行，又将前述南昌行营关于"不能绕过专员"的五件事合并为三类："含有时间性之重要事件"、"含有特别性质之专办事件"、"含有联系性之共同事件"，对这一制度加以重申①。

《各省行政督察专员职责系统划分办法》是"补充三省总部所颁各项章则之所未尽"②，是继 1932 年《剿匪区内各省行政督察专员公署组织条例》《剿匪区内行政督察专员公署办事通则》之后最为详细的规定。共分 5 章 14 条，"第一章总则"1 条，主要重申行政督察专员的行政隶属关系——"上承南昌行营或豫鄂皖三省剿匪总部及各该省政府之监督指挥"；"第二章各级递层考核"4 条，主要明确省、专、县三级之间的考核关系；"第三章各县财政检查"2 条，主要明确专署对各县财政监督范围，即专员的财权是什么；"第四章文书处理程序"5 条，将前述本年 2 月 19 日蒋以治字第 3272 号为加强专员对各县行政事项的督察权责而在行文程序上的通令再次重申；"第五章附则"2 条，废止治字第 3272 号。

此办法在时人看来："专员制度，到此可算完全建立"③。而在今天看来，相比 1936 年 10 月发布的专员制度的系列章则，此言尚早，但相比民初的道尹制，此言不妄。

由于"十一省行政会议"反映警察团队统系混乱，为解决这一问题，6 月召开的"八省保安会议"规定，民团建设要致力于"名称统一""步骤促进""训练整齐""经费统一"，进一步推动"民团"的国家化。7 月 22 日，南昌行营颁布《各省保安制度改进大纲》，建立省—专—县三级保安机构，专员所辖区域为保安区域；区保安司令部设正副保安司令各一人，行政督察专员兼区保安司令。专员区相对于省区为独立层级，配备 1

---

① 《省政府训令：秘字第六七八一号（二十二年七月二十四日）：安徽省政府训令奉颁各省行政督察专员职责系统划分办法仰遵照由》，《安徽省民政公报》第 4 卷第 7 期，1934 年。

② 《南昌行营订定行政督察专员职责系统》，《申报》1934 年 7 月 5 日第 3 张第 10 版。

③ 许维汉：《行政督察专员制度之检讨》，《北战场》第 2 卷第 2 期，1941 年。

个保安团（编制 54 人），下辖 3 个保安大队（每大队编制 18 人）和 1 个机关枪迫击砲〔炮〕中队或 1 个特务中队（表 3-3）①。后来行政院又专订《区保安司令部组织暂行条例》，健全其组织，规定区保安司令部与专署合署办公的员额 9 人，分开办公的员额 30—33 人，增加军法官、书记和卫兵②。

表 3-3　　　　　　1934 年南昌行营规定区保安团队编制

类别	官佐（人）	士兵（人）	合计（人）
保安团队编制	16	38	54
保安团所辖各大队队部编制	3	15	18
保安团队机关枪（迫击炮）中队编制	6	130	136

资料来源：《通令各省省政府主席各区行政督察专员颁发各省保安制度改进大纲仰遵照施行》（1934 年 7 月 22 日），《军政旬刊》第 28、29 期合刊，1934 年。

需要明确的是，此时专署对保安团的管理权只是暂时的，且没有其经费管理使用权。这也是后来专员总要求获得地方武装管理权的原因。《各省保安制度改进大纲》规定：保安团队实行省的统一时，各县区原有的保安经费，应一律解交全省总经理处统筹支配③。后来，各地保安团队集中省府指挥调遣后，本区团队不能留在本区，影响了地方防务，蒋又分离了保安团的管理权与财务权，保安团队的经费与训练集中于省，本区团队仍归还本区，专员兼区保安司令有调遣分配权④。这也是杨永泰走任鄂省后，一直让卢铸在干并引起省内勾斗的一件事。

11 月 27 日，借解决"诉愿管辖"问题，南昌行营又公布《省政府合署办公后诉愿管辖程序办法》，明确专员在地方政制中的地位，规定"专员与各厅、处在行政地位上同属一级，各厅、处受理诉愿时，应对于该管

---

① 《通令各省省政府主席各区行政督察专员颁发各省保安制度改进大纲仰遵照施行》，《军政旬刊》第 28、29 期合刊，1934 年。

② 《法规：区保安司令部组织暂行条例（附表）》，《陕西省政府公报》第 2861 期，1936 年。

③ 《通令各省省政府主席各区行政督察专员颁发各省保安制度改进大纲仰遵照施行》，《军政旬刊》第 28、29 期合刊，1934 年。

④ 天民：《地方高级行政专员会议概况》，《正风》第 2 卷第 8 期，1936 年。

专员为事实上之咨询"①。

（六）1935年6月至1936年5月行营扩大专员的司法权

1935年开始，蒋再次采取措施扩大专员的司法权，使之由民事领域延至军事领域。6月5日，武汉行营公布《修正剿匪区内惩治土豪劣绅条例》，规定对于"剿匪区内之土豪劣绅"所犯"武断乡曲欺压人民致死""恃豪怙势朦蔽官厅"等七种罪行，专员有权审判②。

1936年3月18日和5月18日，军委会公布《各省行政督察专员及县长兼办军法事务暂行办法》③及《修正各省行政督察专员及县长兼办军法事务暂行办法》，对于专员的司法审判权做出系统规定，将专员的司法权正式由民事领域扩至军事领域。规定无论"剿匪"区与非"剿匪"区的专员均由军事委员会加委"兼任行营军法官"，除"川康黔三省之军法案件，划归行营"外，其余案件的"检察审判之权"划归地方专员及县长；具体包括7种类型的案件：（1）现役军人犯刑事或惩罚法令者；（2）非军人在"剿匪"区域犯军事法令者；（3）犯危害民国紧急治罪法者；（4）犯"剿匪"区域内审理盗匪案件暂行办法者；（5）犯修正"剿匪"区内惩治土豪劣绅暂行条例者；（6）犯禁烟禁毒各种法令者；（7）其他依法令应归军法机关审判者。同时增加专署的司法员额：军法承审员、书记员，助理军法事务④。

总之，伴随第五次军事"剿共"，"剿总条例"下专员的财权、行政、人事、军权、司法权多次调整和扩大，专员制度影响扩大。也因此时人认为：专员"制度性质，行营所颁行之原令，解释最为精详。"⑤由此也可推测，蒋介石对专员制度的态度不像既有研究所说的不重视，而是很重视。

---

① 《民政：省政府合署办公后之诉愿管辖程序：南昌行营拟具诉愿管辖程序办法：行政院第一八八次会议决通过》，《内政消息》第5号，1934年。

② 《法规：中央法规：修正剿匪区内惩治土豪劣绅条例》，《四川政府公报》第16期，1935年。

③ 中国第二历史档案馆编：《国民党政府政治制度档案史料选编》（下册），安徽教育出版社1994年版，第489页。

④ 《修正各省行政督察专员及县长兼办军法事务暂行办法》（1936年5月18日），《四路军月刊》第2期，1936年。

⑤ 向乃祺：《行政督察制度之反省及其展望》，《贵州县训》第3期，1936年。

二 "行政院条例"趋于沉寂

相对"剿总条例"的频调,"行政院条例"即使在多方建议修改的呼声中也并无任何变动,并受到来自另一方的挤压。1932年12月10日至15日,内政部筹组的第二次全国内政会议召开,蒋介石提案《修改地方行政机关组织案》,建议在全国普推"剿总专员"制。提案中再重申其呈核《剿匪区内各省行政督察专员公署组织条例》时所说的省府鞭长莫及耳目难周、县长敷衍为事、吏治隳败、撷取清代兵备道、直隶州之精义外,再补充事实证明"剿总"样式的专员制有效的理由:"现在剿匪区内、设置行政督察专员、施行以来、尚著成效",所以,"地方制度之根本改善、计无逾此"。具体办法就是"每省划分若干行政区、区辖若干县、设行政督察专员简任兼任该区保安司令、监察该管行政区属各县行政督率办理各县关联之事务、并统筹区内保安事宜、负统率指挥该区所辖各县保安团队之责"。

同时,浙江省自治筹备委员会内政部派委员许蟠云和云南省民政厅长朱旭,均提案附和蒋,建议"行政院条例"或多或少向"剿总条例"看齐修改。许蟠云的《拟请将行政督察专员暂行条例详加修正以收实效案》建议:一是从平日公文往返书记免于抄录字数、文字力求经济与行政时间经费角度着想,专员的名称应求字节义赅,"督政"二字已包举其义,可省去四字,改为"督政专员"。二是专员不兼县。专员职位应高于县长,对"推行某等要政""受任之中心工作、当有依法解决之全权";"赋行政督察专员以指挥军队之权"。三是增加专员办事处的员额,"当有固定之办公处",改称"公署"。

朱旭的《请将各省于省县两级之间权设之行政督察专员改为全国普遍长期设置勿由领区之县长兼任俾地方行政上下相通案》,建议专员不由县长兼充,全国普设专员。他认为本身现在就不到将专员确立为一级的时候,合适的时候是"必至宪政时期、地方自治完成、人民能行使四权"。专员由县长兼充,县长本身无人督察,"制度似涉畸形",所以专员"职权宜予提高、不宜予同级之各县县长中择一兼任";同时,江浙赣皖等小省与其他大省在"剿匪"、清乡等特种事项及其他政务上是一样的,它们都设立专员，所以专员制"尤宜全国普遍延长设置"①。

这些建议的基本点，是改变"行政院条例"所规定的弱势专员制度，实行"剿总条例"所规定的强势专员制度。这样的观点和建议也存在于学界②。

对于这些建议，内政部没有接受。从内政部附在提案后的处理"办法"看，它仍然坚持执行黄绍竑的初衷和"临时设置"原则。如许案后附的"办法"是："此案通过后，由内政部详拟修正条文，定名为各省督政规程，转呈核准公布施行，原有行政督察专员暂行条例，应即废止。"朱案后附的"办法"是："各省就从前府治地方划为若干区，区设行政督察专员，其有属县距离太远或多少过甚者，则移转管辖，衷益而支配……迨至训政成功达到宪政时期，再行体察国情，量予裁废，以符建国大纲三级（中央、省、县——引者注）之制。"这一"办法"的要义，在于同意在各省分区普设专员，但仍规定它属于"训政"时期的临时举措，迨"宪政"实现即予裁废。

而大会的决议则更退一步，仍坚持"行政院条例"关于专员不普设的规定。决议说："各省在剿匪区内，或有其他特殊情形之地方，得设置行政督察专员部分，前奉钧院公布之行政督察专员暂行条例，已有明文规定，无庸置议。"至于"行政督察专员于必要时，并得兼任县长部分，与原条例第三条行政督察专员，由省政府就本督察区域内各县县长中指定一人兼任之规定，不无抵触，可否准予将行政督察专员暂行条例第三条条文酌加修正之处，理合备文呈请钧院"③。"行政院第 84 次会议议决'缓议'，未能实现"④。

在这之后直至 1935 年，"行政院条例"因无人关顾而沉寂。黄绍竑自 1933 年起任北平军分区参谋团参谋长和北平政务整理委员，来往于冀、察、绥等地，协助军政部部长何应钦处理长城抗战和对日交涉；其间还曾

---

① 《呈行政院：为内政会议拟请修正行政督察专员暂行条例祈鉴核示遵》，《内政公报》第 6 卷第 3 期，1933 年。

② 嵇惟怀：《行政督察专员制度与县之关系》，《浙江民政月刊》第 5 卷第 3 期，1935 年。

③ 《呈行政院：为内政会议拟请修正行政督察专员暂行条例祈鉴核示遵》，《内政公报》第 6 卷第 3 期，1933 年。

④ 师连舫：《行政督察制之研究》，《政治建设》第 1 卷第 4、5 期合刊，1939 年。

负蒋命前往粤、闽，游说陈济棠出兵"剿共"，探查李济深、陈铭枢闽变前后的反蒋动向。1934年12月，黄被调任浙省主席。汪精卫则于1932年8月至1933年3月、1935年5月至8月间两次"因病"辞去行政院院长职务，蒋先后派宋子文、孔祥熙暂代其职。作为行政院院长酬庸工具的内政部部长[①]一职，也脱离汪精卫之手，由蒋的义兄黄郛和陶履谦先后继任、兼任，二人均任不经年，既无暇更无意维护"行政院条例"。

地方各省也根本不关心"行政院专员"制的境遇。尽管实行专员制的省份从1935年年初的8省[②]发展到年底的13省（浙、赣、鄂、豫、皖、苏、冀、闽、鲁、川、贵、陕、甘）[③]，但各省"对于南京政令，有害则避，有利则趋，一切措施，独行其是，自为风气"[④]，各制其制。

综上所述，关于行政督察专员制度的两个条例颁行后，其命运云泥有别，"剿总条例"的影响不断扩大，"行政院条例"则趋于沉寂。当时甚至有人认为，"行政院条例""后来经豫鄂皖三省剿匪总司令部改进"了[⑤]。在有的地方，人们甚至根本不知其存在，如"四川一般只知道行营的行政督察专员制而不知道行政院还有个行政督察专员制"，认为"无非行营这套锣鼓打的更为响亮罢了"[⑥]。在学界，笔者目力所及1936年前发表的21篇题涉专员制的论文中，专注于"行政院条例"者仅1篇[⑦]，其余均聚焦于"剿总条例"的研究。因此可以不夸张地说，"行政院专员制"实际自1932年颁行之日起就影响甚微，虽然就制度设计而言"两例"并存，但若论实际效力，两者一浮一沉，相去悬殊。

---

① 1934年内政部六个司：总务司、民政司、警政司、土地司、统计司、礼俗司共20名科长，来自考试的占15%（3人），由委任官提升的占25%（5人），来自他人推荐的占60%（12人）。参见师连舫《内政部之科长》，《行政效率》第2期，1934年。
② 苏9区、浙7区、豫11区、鄂11区、皖11区、赣13区、闽10区、冀2区。（《各省设置行政专员者》，《东南日报》1935年1月26日第3版）
③ 张锐：《新政的透视和展望》，《行政研究》第1卷第1—3期，1936年。
④ 忍庐：《粤设行政督察专员及其制度之史的研究（未完）》，《常谈月刊》第1卷第7期，1936年。
⑤ 曾天毅：《行政督察专员制检讨》（上），《东南日报》1944年4月26日第1版。
⑥ 陈立：《行政督察专员制之检讨》，《现代读物》第3卷第8期，1936年。
⑦ 宋明炘：《现行行政督察制度之商榷》，《政治评论》第34期，1933年；宋明炘：《现行行政督察制度之商榷（续）》，《县政周刊》第80期，1933年。

第四章 1936年:"两例"归一与近似"实级"行政

1936年3月,国民政府行政院公布《行政督察专员公署组织暂行条例》,同时宣布废止1932年的《行政督察专员暂行条例》和《剿匪区内各省行政督察专员公署组织条例》。同年10月,对《行政督察专员公署组织暂行条例》进行修正①。至此,国民政府的行政督察专员制度"两例"归一,基本定型。这种重要制度变动的实现,与1935年夏天以来国民政府内部不同派系的权力消长有关系,也是当时一年多不同治理观念博弈的结果。

一 背景与缘起

(一)进剿结束和中央政局一元化

1935年,国内政治形势发生大变。日本策动华北五省(冀、察、鲁、晋、绥)三市(平、津、青岛)脱离中央,推行"自治",妄图制造第二个"满洲国"。是年10月中央红军抵达陕北吴起镇,国民政府"剿匪成功"②。在这种形势下,蒋介石将调整"剿匪"策略、加强地方行政建设提上了重要议事日程。他说:对于红军,"进剿与清剿之程度,完全不同。进剿之法可应用七分政治、三分军事之原则。而清剿之时,只可用一分军事,而须赖九分政治之力也。"③ 显然,他试图将加强行政建设作为

---

① 中国第二历史档案馆编:《国民党政府政治制度档案史料选编》(下册),安徽教育出版社1994年版,第491—494页。
② 林纪东:《戡乱建国的大道——三分军事七分政治》(上),《智慧》第37期,1947年。
③ 天民:《地方高级行政专员会议概况》,《正风》第2卷第8期,1936年。

消灭红军和革命根据地的重要途径。当时有人评论说，蒋在1936年表现出比1932年以来更关注行政的趋向①。时任行政院秘书长的翁文灏也说：行政院1936年"对于地方行政之研究与改革，殊为积极，期于短时期内，将县之组织，行政专员之职权，及地方治安等问题，确定充实改进办法，委员长行营对于地方制度改革，颇多新猷"②。

1935年，国民政府高层也出现了重要的人事变动，蒋介石的权势得到扩张，这也有利于以"剿总条例"为基础来统一行政督察专员制度的政治运作。汪精卫于1935年底被刺重伤离开行政院，蒋当选为国民党中央常委会副主席兼行政院院长，改组行政院，"国民党内再无人有力量向他在政府中的首脑地位挑战"③，蒋真正"掌握着政府的实权"④。至1936年3月前，蒋陆续将行政院和内政部的要职更换为信赖之人，如行政院秘书长褚民谊改翁文灏（1935年12月13日），行政院政务次长彭学沛改蒋廷黻（1936年3月27日），内政部部长陶履谦改蒋作宾（1935年12月12日），内政部常务次长许修直改张道藩（1936年2月12日）⑤。行政院显示出"专家政治"的特色，且粤籍人员大减，苏浙籍大幅上升，改变了1928年以来"军事北伐，官僚南伐"的局面。随此，专员制度也为之大变。

（二）浙、陕、甘呈送自制的"专员规程"拉开"归一"序幕

对于两个"专员条例"一统的标志，既有研究公认是1936年10月《行政督察专员公署组织暂行条例》为核心的五个文件颁行，但归一源起何时、进程如何等相关文字阙如。

世人看到的两例一统时间是1936年3月17日。3月18日《申报》报道：3月17日晨，行政院第二五四次会议，蒋中正、蒋作宾、陈树人、

---

① 程方：《中国县政概论》，上海书店1989年版，第193页。
② 《时评·翁文灏之谈话 中日外交及地方行政近状》，《申报》1936年9月25日第2张第5版。
③ 张皓：《派系斗争与国民党政府运转关系研究》，商务印书馆2018年版，第128页。
④ 何廉：《何廉回忆录》，朱佑慈、杨大宁、胡隆昶、王文钧、俞振基译，中国文史出版社1988年版，第93页。
⑤ 刘寿林等编：《民国职官年表》，中华书局2006年版，第400、512页。

黄慕松、张群、王世杰、刘瑞恒、吴鼎昌、陈绍宽、何应钦出席,行政院院长蒋中正担任会议主席。会议"讨论事项"是"内政部蒋部长、军政部何部长报告,奉交审查修正行政督察专员公署组织暂行条例草案一案",此前已"会同军事委员会派员开会审议,酌加修正"。此次"检同修正章案,请核定公布施行,并请将行政院二十一年六月公布之行政督察专员暂行条例,及前豫鄂皖三省剿匪总司令部所颁之剿匪区内,各省行政督察专员公署组织条例,均予废止"。会议"决议修正通过"①。对此,时任行政院秘书长的翁文灏在其3月17日的日记中也有简略记载②。

实际两例划一始自1935年夏季。事情缘起于浙江省政府呈送的"浙江省行政督察专员公署暂行组织规程",内政部和军政部召开第一次审查后,将其标题改为"浙江省行政督察专员公署兼区保安司令部暂行组织规程",并将其中条文酌加修正,提交7月9日行政院第二二〇次会议,会议决议"再付审查"③。7月13日上午9点,内政、军政两部并函请军事委员会派员会进行第二次审查,当日三方出席人分别为:内政部民政司长蔡培和警政司长李松风、军政部陆军署军衡司铨叙科长宁士毅、行政院政务处参事陈念中和张平群,列席人为军事委员会高级参谋黄懋和。"经详加讨论",最后审查结果认为:"案关重要,应从长计议",先拟出了关乎专员制度未来走向的三条意见:"(一)行政督察专员制度,应如何改进,有统筹必要拟由内政部迅速拟具办法呈核。(二)区保安司令部,应如何改进,并使其与行政督察专员制度系统分明,拟由内政、军政两部商请军事委员会,迅速拟具办法,再行核议。(三)在上二项办法未核定以前,浙江省行政督察专员公署暂行组织规程,与江苏事同一律。拟除第一条'并完成民众自卫组织起见',改为'整理并完成地方团队起见'外,其余均照上次审查会决定结果,暂准备案。"7月16日,行政院第二二一次会议决议:"照审查意见通过"。

文中提到的"江苏事",是指1934年2月6日行政院第一四六次会议

---

① 《行政院决议案》,《申报》1936年3月18日第2张第5版。
② 李学通、刘萍、翁心钧整理:《翁文灏日记》第2版(上),中华书局2014年版,第29页。
③ 《行政院会议议事录》,第二二〇次会议,1935年7月9日。

上，内政部部长黄绍竑呈交"修正江苏省行政督察专员公署组织规程办事通则暨分区表图"。在这份规程中，江苏省要将原划的13个专员区改为9个，各区专员不兼县长，仍是不遵"剿总条例"，但有几分相似于"行政院条例"。内政部给的审查意见是"与院颁行政督察专员暂行条例，虽有未符，惟行政督察督察专员制度，本系试办性质，专员不兼县长，亦有相当理由，该省为适应实际情形，集中人力财力，提高行政效率起见，变通办理，似可准予备案"。行政院会议决议："通过准予备案"①。此次，对浙江省的处理就是要援引此例。

继浙江省之后，7月26日和8月7日，内政部、军政部、军事委员会三方又接审了"陕西省行政督察专员公署兼区保安司令部暂行组织规程"和"甘肃省行政督察专员公署兼区保安司令部组织规程"，均与浙江省一样处理办法：暂准备案，等内政部拟具办法后再议。7月30日的行政院二二三次会议和8月13日的行政院二二五次会议决议均是"照审查意见通过"②。

究竟浙、陕、甘三省的"专员规程"内容写了什么，使审查机关提出"有统筹必要"，最后还引致专员制度划一呢？笔者发现，三者自定规程有同有异，同在于：均是全省普设专员，专员兼区保安司令和县长，"由省政府委员会议决遴派，分呈行政院及军事委员会并咨内政部备案"，即报备对象增加蒋控制的军事委员会；专员对辖区官员实行季度考核一次半年总核一次。这些貌似比较贴合"剿总条例"，但实际三省"专员规程"的差异不小。

（1）在专员总体职权上，有管理辖区所有政务和督导的不同。浙省专员仍职权小、偏重治安，专员"受省政府主席兼全省保安司令之监督指挥，督进辖区各县行政并综理区内一切保安，及壮丁征退训练等事宜"。陕省和甘省专员则偏重"剿匪"清乡，这与长征红军在其境内有关。陕省专员是"承省政府之命令，及各主管机关之指挥监督，综理辖区内各县行政及剿匪清乡事宜"；"管辖区内各县保安队、公安警察队及

---

① 《行政院会议议事录》，第一四六次会议，1934年2月6日。
② 《行政院会议议事录》，第二二一次会议，1935年7月16日；第二二三次会议，1935年7月30日；第二二五次会议，1935年8月13日。

一切武装自卫之民众组织"。甘省专员是"承省政府之命令，及各厅之指挥监督，推进辖区一切行政，并考察其利弊，计划督促应行兴革事宜"；"管辖、指挥辖区各县之保安团队、水陆公安警察，并其他一切武装自卫之民众组织"。相比陕省专员对地方武装的权能范围，甘省的专员在"管辖"之外，甚至还多了"指挥"权。

（2）在专员人事任免权上，对署内较为重要的"秘书"一职，陕省是将其与署员、事务员分开呈委的；保安副司令一职，浙省是将其与参谋、副官分开呈委的，而另外两省则是不分的；而且在呈委机关上，三省无丝毫相同。浙省专署内的秘书、视察员遴请省府委任，参谋、副官、军法官遴请省保安司令委派。陕省是由专员直接委任事务员，秘书要呈请省政府委任，署员要呈请民政厅委任，参谋军、法官、副官要呈请民政厅转咨保安委员会委任。甘省区保安副司令、参谋、副官要呈请省政府委任，并转报军事委员会备案，未提署内工作人员的任免权归属。

（3）在专员巡视上，三省差异不大，只是一年两次还是三次的不同。浙省专员要"随时亲赴辖区各县巡视（至少每年二次）并将巡视结果，呈报省政府核办"。陕省专员要"每三个月内，应轮流亲赴辖区各县，巡视一周，并将巡视情形，呈报省政府及民政厅备查"。甘省专员要"随时巡视辖区各县，每三个月缮具详细报告，加具切实意见，呈报省政府及主管厅"。

（4）在专署组织上，三省均设专员公署兼区保安司令部，都不是单独设立专署这一个政务机关。但浙省专员权力最小，专署编制也最少（14—18人，详见表4-1）。陕省专员权力最大，专署编制也最大（20—24人），其内部设置了担负"承长官之名分掌署内各科事务"的署员及事务员9人。而浙、甘两省仅设事务员2人。同时陕省专署内设置了"参赞署务，或分赴各县各乡镇，任调查指导事务"的参事5—9人。而甘省专署参事设置了3—7人。但不同于行政院等中央机关的参事是笔杆子或高级文秘人员，陕、甘两省的参事均为无给职，必要时酌给伕马费[①]。浙省专署不设参事，仅设视察员2人。由此可见，权力与结构的对应关系。

---

① 《行政院会议议事录》，第二二一次会议，1935年7月16日。

显然，三省的"专员规程"细究出入较大，因此内政部、军政部、军事委员会提出"有统筹必要"。当然其最主要原因还是与蒋方的规定有出入。内政部参事师连舫撰文就曾透露了这个意思，他说，当时陕西省呈送的"虽经行政院以'整个专员制度改进，正在内政部办理中'，将标题改为'陕西行政督察专员公署兼区保安司令部暂行组织规程'，修正暂准备案；但行营仍认为原拟章程与军事区条例诸制合一饬令更正，并饬将汉中区五六两区专署，依行营规定扩大，至是不啻完全依（军事）区条例办理"才放行的①。

表4-1　　1935年浙、陕、甘三省送审专员条例的组织员额　　单位：人

职别	浙江省	陕西省	甘肃省
专员兼保安司令	1	1	1
保安副司令	1		1
秘书	1	1	1
科长			2
科员			4
署员		3	
参事		5—9	3—7
视察员	2		
事务员	2	6	2
参谋	2—3	2	1
副官	2—3	1	2
军法官	1	1	
特务员	2—4		
合计	14—18	20—24	17—21

资料来源：《行政院会议议事录》，第二二一次会议，1935年7月16日。（空格处无资料）

行政院7月16日会议决议由内政部拟订新的专员条例草案，2个月后内政部完成草拟工作。10月18日上午，内政部将拟好的"行政督察专员公署组织暂行条例草案"和改订说明上交行政院，经与军政部、军事

---

① 师连舫：《行政督察制之研究》，《政治建设》第1卷第4、5期合刊，1939年。

委员会讨论，出具审查报告，决定提交行政院第二三五次会议①。10月22日，行政院召开由汪精卫主持的第二三五次院会，军政部长何应钦、代理内政部部务次长陶成章报告了审查经过，认为"此次内政部所拟草案，与行政院所颁及剿匪区内所适用两条例之精神暨各省实际情形，尚能兼筹并顾，其中文字有未尽妥适之处，亦经审查修正"。大会决议"通过"②。转年3月17日，行政院第二五四次会议又要求将其中的第十五条条文由原定的"行政督察专员公署办事细则，由省政府定之，咨报内政部查核备案"③，改为"行政督察专员公署办事细则由内政部定之，呈报行政院备案"，"其余照审查意见通过"④。此举的目的显然是为加强专员制度的全国统一管理。

二 "3月条例"的公布与遇阻

（一）新条例为"今年中国地方行政制度之一大变革"

终于在3月25日，行政院以第十二号令公布了《行政督察专员公署组织暂行条例》（以下简称"3月条例"），4月1日，中央政治委员会"准予备案"⑤。

对于"3月条例"，既有研究的缺憾有二，一是未引起关注。当代研究公认专员制度划一的标志是本年10月所颁的《行政督察专员公署组织暂行条例》（以下简称"10月条例"）。而深入研究的话，就会发现"3月条例"才是国民政府行政督察专员制度史的重要时间节点。虽然其节点性并非师连舫所说的"分水岭"型：在这以前是"专员制度纷乱时期，不但有各省单行办法的不同，而且有军事区与中央法规的对立"；在这以后，"一切特殊性地方性的专员制度均被取消"⑥。但必须实事求是地说，

---

① 《行政院决议案　改聘北平故宫博物院理事　修正行政专员署组织条例》，《申报》1936年3月18日第2张第5版。《行政院会议议事录》，第二五四次会议，1936年3月17日。

② 《行政院会议议事录》，第二三五次会议，1935年10月22日。

③ 《行政院会议议事录》，第二三五次会议，1935年10月22日。

④ 《行政院会议议事录》，第二五三次会议，1936年3月10日。

⑤ 转引自陈明《南京国民政府十年（1927—1937）省制构建研究》，中国社会科学出版社2017年版，第237页。

⑥ 师连舫：《行政督察制之研究》，《政治建设》第1卷第4、5期合刊，1939年。

"3月条例"是"10月条例"的母版。两条例不仅同名、同为17条,而且作为后来的"10月条例"在内容上仅调整了4条,其余文字与表述无丝毫更动。

二是"3月条例"并非如既有研究所认为的,是蒋"统一"了"两例",或"由两个不同系统合而为一"①;再或是"参照院颁与部颁两种专员条例""另制"②,更不是如当时有人认为的是"行政院条例""组织范围、行政职权"的"扩充"③。事实上,"3月条例"完全是"以鄂豫皖三省所实行的行政督察专员制度为蓝本"④,吸取了此前3年有关命令中调整、扩大专员制的内容,完全没有采纳"行政院条例"的规定。正因为如此,明眼人感觉它与"剿总条例"相较"并无多大变更"⑤,只是"军事区条例的合法化"和"延长"⑥。刘湘揶揄道,这是"将行营治令与中央法令,熔铸为一整个系统"⑦。

"3月条例"继续了蒋对专员制的设置意图和一贯风格。其一,专员制的决定权操于己手。(1)由于蒋已任行政院院长,专员的委派机关也就由1932年规定的"剿总"改为行政院院长或内政部部长。有专家说这是为了"以示隆重"⑧。(2)专员区的划定由"剿总"司令部直接划定改为"咨请内政部转呈行政院核定并呈报国民政府备案"⑨。其二,专员不虚置,在实权上又有较大进展。

从表面看,"3月条例"通过一些行政词语(如"简派""关防""辅助机关"等)仍将专员标识为"虚级"官员,但它规定设置各省行政督

---

① 翁有为等:《行政督察专员区公署制研究》,社会科学文献出版社2012年版,第105页;傅林祥、郑宝恒:《中国行政区划通史·中华民国卷》,复旦大学出版社2007年版,第118页。
② 萧文哲:《行政督察专员制度改革问题》,《东方杂志》第37卷第16号,1940年。
③ 《浙民政厅计划恢复 行政督察专员制度 拟具办法提经民政会议通过》,《杭州新报》1941年2月18日第1张第2版。
④ 钟竟成:《我对于行政督察专员制度的意见》,《行政研究》第2卷第6期,1937年。
⑤ 高鏗:《地方行政改革中之行政督察专员制度》,《东方杂志》第33卷第19期,1936年。
⑥ 师连舫:《行政督察制之研究》,《政治建设》第1卷第4、5期合刊,1939年。
⑦ 《川省主席刘湘条陈改革行政制度意见》,《中央日报》1936年5月6日第2张第2版。
⑧ 翁有为等:《行政督察专员区公署制研究》,社会科学文献出版社2012年版,第105页。
⑨ 《湖北省政府公报》第189期,1936年。

察专员的宗旨在于"整顿吏治、绥靖地方、增进行政效率",其职权是"承省政府之命,推行法令并监督、指导暨统筹辖区内各县市行政"。相应的,专署办公的"行政会议"由"讨论应行兴革事宜或讲习新颁法令之意义及其办理程序",改为"讨论各县市应行兴革事宜,确定行政计划方案";临时邀请的列席人员,由"办理地方保安人员及地方团体代表",改为"各县市办理地方自治事业或保安人员及地方团体代表与负有声望并热心公益者"①。这与1932年"行政院条例"的相关规定相较有了根本性变化。

刘湘就特别注意和指出了这一点。他说:1932年的"行政院条例"指设置专员是为了"彻底剿匪清乡",而"3月条例"则说是为了"整顿吏治、绥靖地方、增进行政效率","三项平列",这是一种"根本变更";前者规定专员系"简任待遇",后者则规定"由行政院就法定简任职公务员资格者,呈请简派",这表明专员的"地位业已提高";前者"有(专员)受政府指挥监督之规定",后者则规定专员"承省府之命,推行法令,并监督指导、统筹辖区内各县市行政",兼有行政和监督职能②。

也有社会人士评论说:"3月条例"实际上将专员公署变成了一种普设、常设的机构,"衡之常议,凡一种办理特种事务之机关,在特种事务办理完竣或不复存在时,自应将其撤废"③;现在"不特过去剿匪省份的专员制,未尝以赤匪肃清而取消,且已推及于非剿匪区省份,有确立为普遍而永久的地方行政制度之倾向",这"实为今年中国地方行政制度之一大变革"④。

而距离"3月条例"公布仅10天之前的全国县政讨论会,并无相似意见和风声流出。

(二)全国县政讨论会和"有人向政院条陈"的不同风向

1936年3月14—16日,行政院召开全国县政讨论会,参会的县长们

---

① 《剿匪区内各省行政督察专员公署组织条例》,《湖北地方政务研究周刊》第1卷第7期,1933年。
② 《川省主席刘湘条陈改革行政制度意见(续)》,《中央日报》1936年5月7日第2张第2版。
③ 陈之迈:《研究行政督察专员制度报告》,《行政研究》第1卷第1—3期,1936年。
④ 高铿:《地方行政改革中之行政督察专员制度》,《东方杂志》第33卷第19期,1936年。

对专员制度的共同意见是要明确专员职权、专员兼县兼保安司令，专员制度仅限于"剿匪"区。

此会议主席为蒋廷黻，参会者包括行政效率委员会主任张锐、郑震宇、蔡培、张纯明，及县政讲习所学员等四十余人。此会类似咨询座谈会，主要讨论与县政有较大关系的问题，包括县行政及与上级政府的关系、县行政与县财政、省县间关系调整、县政人才培育、行政督察专员制度设立、土地陈报推行、征收制度改善等。参会各县长都做了扼要报告①。

会上，当问及如何看待：各省对专员"有规定兼保安司令者，有规定兼县长者，有仅负督察责任，而不兼负实际政务者，就县长的立场……觉其得失利弊如何？"县长们的回答有三点：（1）行政督察专员在"剿匪"区域，因便于指挥一区之军队，合剿贼匪，有设立之必要；（2）专员之职权不确定，厅与专员之间，无明晰之界限，结果专员遂成为一省县中间之承转机关，应加改善；（3）在"剿匪"区或绥靖区专员须兼保安司令，并须兼县长，兼保安司令可以统筹一区防务，并便于实行征兵制，兼县长则可了解县政实况，不致蹈于空疏。此外，针对省政府不顾及县府人力财力发出繁多政令，县长们的建议是："应对省县行政机构作一全盘的整理，缩小省府组织，以其节省经费，充实各县政府"②。可见，县长对省制不满，希望裁省补县，且认为专员制因"剿匪"有存在必要，而"剿匪"结束后，专员制可废除。

巧合的是，县政讨论会召开的次日（3月15日），国民党最高党报《中央日报》刊载匿名文章《有人向政院条陈改善地方行政原则》，其意思与县政讨论会绝大部分相同。该文建议从"制度及组织""人才""行政运用"三个方面重新厘定省区县制，主张省、区、县三级在后备官员培养、行政（经费与事业）运作上统系明确，核心意思就是裁省、补专、补县，或曰弱省、强专、强县。有专家认为此条陈是蒋介石盟兄黄郛所为，理由是"黄郛自1927年以来曾多次在关键性的政制改革上给蒋介石

---

① 《全国县政讨论会昨开幕》，《申报》1936年3月15日第1张第3版。
② 《全国县政讨论会县长答述意见·政院行政效率会发表》，《益世报》（天津版）1936年4月14日第1张第4版。

出谋划策"和黄夫人沈亦云的回忆录①。该条陈似是解决了县政讨论会上县长们提出的问题,但就专员制而言,实际中心思想是南辕北辙的。刘湘对此匿名条陈的评价是,"与过去'废省存道'之说相似"②。条陈具体内容如下:

(一)"制度及组织"方面:

(1)省政府须彻底实行合署办公(将来必须改为省长制),尽量缩小省府及各厅处组织,其节余之人员及经费,可以充实各县县政府组织;(2)省政府以管理省自身之事业为主(如省保安队、省公路、省立学校等),关于县政之指导监督,应完全委托行政督察专员为之,省府仅持其大体而已;(3)行政督察专员制度(将来最好改称府尹),仍须再加充实,并应使之有具体确定之职责(例如对于若干重事务,督察专员有指挥各县之全权,不必事事转呈省府核示);(4)县政府须彻底实行改局为科,并应充实其组织,提高其地位,使之能负一县行政之专责。

(二)"人才"方面:

中央和省各开办不同级别的"地方行政人员养成所",分别招收大学或专门学校毕业生和高级中学毕业生,给予一年训练或再加半年实习,然后分发各省,分别派充为县政府科长、科员等。而为提高地方行政人员之地位,及使人才逐渐分布于地方起见,"得将各院部会现任简任官吏,由国府正式简派为行政督察专员,荐任官吏,正式任用为县长,并因此缩小中央各机关之组织,而减少其经费";同理,"现任省政府各厅厅长及委员,可调任督察专员,科长秘书可调任县长。"

(三)"行政运用"方面:

(1)以减少省行政费、增加县事业费为原则重厘省财政;(2)对于县政建设,中央仅就"最重要之点"制就县政建设纲领,颁发各省;(3)各省据此再参酌本省特殊情形,制就县施政原则"随同中央颁发之纲领,发交各区专员";(4)专员"分别指导各县拟就各年度施政计划,及县地方预算";(5)各县施政计划及地方预算,由专员详细核定,转呈省府审

---

① 陈明:《南京国民政府十年(1927—1937)省制构建研究》,中国社会科学出版社2017年版,第238页。

② 《川省主席刘湘条陈改革行政制度意见(续)》,《中央日报》1936年5月7日第2张第2版。

核，省府如认为与中央县政建设纲领及本省县施政原则并不违背者，应汇呈中央备案；（6）县长对日常政务有处理之全权，不必事事请示上级，如遇有关系重大或发生困难之事务，得请示专员，除关系全省者外，专员即负指导之全责，不必事事转呈省府核示；（7）省府各厅处不得将自己的事务和开支经费转嫁给县，也不得任意或中途变更各县地方预算，或自令其支出临时费或预备费。

对此建议各项都握在中央之手、实现一统的匿名条陈，行政院高度重视，随即令内政部及苏、浙、闽、赣、鄂、湘、豫、皖、川各省政府主席，对此条陈签注意见，限4月15日以前报告①。

3月27日，"发行遍及东南地区"，最高销量约4万份的全国大报②——《东南日报》刊发短评《关于行政督察专员》，表达了与县政讨论会同样的观点，也发现了蒋的意向，但对专员制度未来走向的上意揣摩显然还不够贴合。该文开篇便说：我们"主张非匪区省份应一律裁撤，实现地方政治的两级制，而免叠床架屋之弊"。转而指出："似乎当局对专员制目前尚无废止的意向"；"但是条例而称曰'暂行'，会议为'改革行政'，可见专员制度只能为一时过渡，和它本身的许多流弊，原是当局所洞烛的。那么，在这未来的会议中，我们希望在蒋院长指导下有一番彻底更新的表现！"③

一些省也表示反对。湖南省主席何键4月10日电复赞成省长制，未直接说反对专员制，但以剿共为由行撤销之实④。自1934年9月中旬起，为了消灭红六军团突围西征后在湘赣边区留下来的5个独立团和各县游击队共5000余人的红军、游击队武装，湖南省政府在湘赣边部署了5个正规师、3个保安团以及众多的"铲共义勇队"，对湘赣根据地大举清剿。随之，将全省划为若干"团防区"和"绥靖区"，分别设立区指挥部和绥

---

① 《有人向政院条陈改善地方行政原则》，《中央日报》1936年3月15日第1张第3版。
② 近代报纸数据库 http：//bz.nlcpress.com/library/publish/default/PaperAll.jsp，2021年12月25日。
③ 《关于行政督察专员》，《东南日报》1936年3月27日第2张5版。
④ 《省府呈覆蒋、赞成省长制、不主张设行政督察专员（十日专电）》，《申报》1936年4月11日第2张第7版。

靖处。省保安司令部成立时,将全省划为6个"保安区",分区设立保安司令部①。实际在何键答复蒋之前的3月17日,已议决撤销永保龙桑行政专员,由湘西绥靖处接办,将湘西划为五个清剿区,限四月底肃清残匪②;且计划"湘西各区行政督察专员,六月底将全裁"③。

5月1日,川省主席刘湘直接回怼,逐条驳斥了条陈中三个方面的内容,字里行间绵里藏针、含沙射影地讽刺条陈者和中央当局。刘湘说:"如果照此项条陈,专员专管本区县政,对省府近于独立,而非辅助省府,督察区、县府、区署一省之中行政机关成为四级"。回文中,他一上来先抬出孙中山,说自己是根据孙中山主张的地方与中央均权主义来反击条陈者主张的集权主义;然后又摆出事实、习惯两个现实依据。换言之,他认为条陈的三个方面是违背均权和各省事实、习惯的。第一个方面把省府简化或架空,是违反均权主义。他认为应"明白具体规定省府专员职权,综核督察,胥关大体,两不落空,两无透却,适符均权精神"。第二个方面是违反事实,认为条陈者"专在制度上论是非,仍等于议礼聚讼"。意即纸上谈兵、罔顾事实、铺张理论而已。第三个方面是违反习惯,政治改革要成功就需要领导者:如"列宁希特勒皆近代富有改造勇气之人杰,但观其成功之历程,在野政见是一套,负责实行又是一套,此非个人意见,好为反复,是言与行的先天上原有难易之别,理论愈精深,则离现实愈辽远。"改革还要有统一恒久的法令为法治国,如此,"非有健全政府、综覆名实,简直无从着手",而我国自"军兴以来,全国法律,形成剿匪省与非剿匪省两个干流",即使现在"将行营治令与中央法令,熔铸为一整个系统",但是"纲纪初立,畛域未泯,公私生活之法律习惯,究非一蹴所能养成"。

针对再扩大专员的职权问题,刘湘主张"3月条例"已实现,不必再提高。他说:"在过去一年,专员并无省府命令束缚之呼声,可见法律(和)事实,专员已经有统筹全权,条陈人主张仍须再加充实,按诸实际

---

① 《湖南省志·政务志·政府》,湖南地方志-数字方志馆 http：//218.76.24.115：8889/chorography/bookDetail/bookReadZs？bookId=201604080014,2021年2月24日。
② 《湘省裁撤永保行政专员》,《申报》1936年3月18日第2张第6版。
③ 《湘西行政专员将裁撤》,《申报》1936年3月20日第2张第7版。

政情及法律授权之质量，似无必要。"

刘湘还讽喻专员从省府手中分走实权好似恶仆欺主，会引发不良后果。他说："中国政情特殊，民事集中于县，省长不直接指挥监督县长，不啻家长不能管教子弟，家中仆童视家长如伴食，丝毫不感觉忌惮，果有此等事件，将来怀才自负之英杰，必不肯为省府监印，已经在职者，亦自感匏紧，愧为尸位。"① 刘湘的回复一方面反映了刘与蒋的矛盾，另一方面说明"3月条例"的推开实际有较大的阻力。

三 5月行政会议与行政院两组调研

（一）5月10—13日十省行政会议与胡汉民去世

早在1934年3月南昌行营召集各省高级行政人员会议时，蒋曾与地方"约定此种会议，可每年举行一次"②。1935年因蒋追剿长征红军，"驻在四川，交通不便，未可召集"③。1936年3月17日，行政院二五四次会议计划"于四月二十五日召集苏浙皖赣湘鄂闽鲁豫陕十省民政厅长、教育厅长、及所属行政督察专员会议"④。此会虽是早定的，但此时召开，就专员制度而言，也是当面征询各省对"3月条例"意见的大好时机。

由于是既定的高级别会议，也是蒋任行政院院长后的行政改革大举措，所以，行政院从筹备到开会的过程较为重视。此类会议原是由内政部民政司负责的，但蒋任行政院院长之初即与随任的行政院秘书长翁文灏言定："行政督察专员及其他行政事件均归行政院办。"⑤ 所以，此次会议由行政院秘书处负责。因行政院二五四次会上原定此会议4月25召开，所以，院会后一周，行政院即进入筹备状态。整个工作分为两个阶段：

---

① 《川省主席刘湘条陈改革行政制度意见》，《中央日报》1936年5月6、7、8日第2张第2版。

② 周琇环编著：《蒋中正总统档案事略稿本36民国二十五年三月至五月（上）》，台北市长达印刷有限公司2008年版，第571—572页。

③ 天民：《地方高级行政专员会议概况》，《正风》第2卷第8期，1936年。

④ 《内政部奉令就主管范围拟具议题呈院以备召开苏浙等十省民教两厅行政专员会议案》(1936年3—5月)，中国第二历史档案馆藏，内政部档案，资料号：一二（6）—758。

⑤ 翁文灏著，李学通、刘萍、翁心钧整理：《翁文灏日记》第2版（上），中华书局2014年版，第5页。

第一阶段：3月24日至4月9日征集议题和组建会议筹备机构

3月24日，行政院训令内政部向各司处征询大会议题，要求"于四月二日前呈院"①。3月26日，行政院电令各省提出意见的同时，"并令内（政）教（育）二部遴员到院，会同筹备"会议②。3月28日，行政院公布"筹备行政会议人员"名单③。3月31日，距4月2日行政院的议题征集限期还剩两天，而内政部收到的"各司处所拟，有只列议题而无说明者，又有议题分类列细目者，参差不一"。于是，内政部（参事陈屯草拟）先将各部门所拟内容汇总成《改善地方行政组织及其运用议题》一文，"先行呈复候核"，具体每一议题的"办法说明"决定日后呈复④。文中汇总的议题，涉及省、专、县三级共16个（详见表4-2），不论是哪一级，焦点均集中于人、财、权上。这说明包括专员区在内，地方政府权责不清是一个大问题。

表4-2　　　　　　1936年5月十省专员会议议题清单

甲、关于省政府者	乙、关于行政督察专员者	丙、关于县政府者
一、省政府各厅处合署办公问题 二、省政府职权问题 三、各厅处职权问题 四、省政府行政经费问题 五、省政府用人问题	一、行政督察专员职权问题 二、行政督察专员经费问题 三、行政督察专员人选问题 四、行政督察专员事业问题 五、行政督察专员兼县与实验县问题 六、行政督察专员考核县行政人员成绩问题	一、县政府裁局改科问题 二、县政府充实组织问题 三、县政府职权问题 四、县财政问题 五、县行政人员待遇问题

资料来源：《内政部奉令就主管范围拟具议题呈院以备召开苏浙等十省民教两厅行政专员会议案》（1936年3—5月），中国第二历史档案馆藏，内政部档案，资料号：一二（6）—758。

实际专员制度的六个议题，部分包含了前述"有人向政院条陈"和

---

① 《内政部奉令就主管范围拟具议题呈院以备召开苏浙等十省民教两厅行政专员会议案》（1936年3—5月），中国第二历史档案馆藏，内政部档案，资料号：一二（6）—758。

② 《时报》1936年3月27日。

③ 翁文灏著，李学通、刘萍、翁心钧整理：《翁文灏日记》第2版（上），中华书局2014年版，第32页。

④ 《内政部奉令就主管范围拟具议题呈院以备召开苏浙等十省民教两厅行政专员会议案》（1936年3—5月），中国第二历史档案馆藏，内政部档案，资料号：一二（6）—758。

县政讨论会的内容。如第四点提到专署自培练习生然后任用为县佐治人员，第一点提到明确专员与县府的权限。总之，六个议题基本反映了当时人们对专员制度的争论点，但字里行间隐含的预设前提是默认"3月条例"实化、常设专员制度。具录原文如下：

一、行政督察专员职权问题。在未实行缩划省区以前，省政府因辖区过大，管理单位过多，省与县间情形隔阂，每有鞭长莫及之憾，设置行政督察专员，分区整理，自属不无必要，然省政府及所属各厅处，对于已设专员之各县行政，倘事事直接指挥，或积极干涉，而专员公署仍为一寻常承转机关，殊属太无意义，故中央新颁行政督察专员公署组织条例，特规定督察专员有辖区内各县市行政及监督指导之权责，嗣后督察专员与省政府之权限，应如何明白划分？似宜加以确定。

二、行政督察专员经费问题。行政督察专员公署之经费，依照新颁条例，应由省政府编制预算，由省库支拨，自属正当，惟各区辖县之多寡，事务之繁简不尽相同，是否应根据事实，斟酌情形，随时随地分别等级制定预算？抑或仍照现在办法，各区经费，一律限以同等之数额？假使此项经费，必须划一数额，究以月支若干元为适当？

三、行政督察专员人选问题。行政院新颁行政督察专员公署组织条例规定，各省行政督察专员须由行政院或主管部，就具有法定简任职公务员资格者，提出合格人选，转请简派，有谓此种专员，应由现任县长中遴选胜任者，有谓应就中央各机关简任职人员遴选外放者，有谓应由军职上校以上人员遴选充任者，究竟以何种人才最为适当？

四、行政督察专员事业问题。就行政督察专员名义而论，除兼任县长有应办之县行政以外，似无自身事业之可言，惟新颁条例，行政督察专员既有"统筹辖区内县市行政"之职权，如区立学校、区积谷等类事业，似亦不无联合本区各县合力筹办之必要？有人建议，行政督察专员公署，可招考专门以上学校毕业生十名至二十名充练习生，或由中央就高考普考及格者，分发若干名，在该专员公署实习，至相当时期以后，发交本区各县，遴选任用为县佐治员，自能适应实际之需要，较之由中央或省设所训练者，似有事半功倍之效，此等事业，由行政督察专员负责办理，是否适宜？此外有无其他必须由专员主办之事业。

五、行政督察专员兼县与实验县问题。行政督察专员兼县与不兼县，利弊互见，新颁条例，规定以兼县为原则，并规定专员职责，重在统筹辖区内各县市地方行政，盖欲令专员以身作则，兴办各种县政建设事业，均须由本县做起，渐次推及于所属各县，隐寓有实验县之意。专员所兼之县，大抵区域广阔，交通便利，人力财力，均较其他各县为优，自符合设置实验县之条件，所有专员驻在地之县，可否一律按照院颁各省设立县政建设实验县办法，定为实验县，以利建设而资模范？

六、行政督察专员考核县行政人员成绩问题。关于县政之指导监督，既完全认定为行政督察专员之职权，所有辖区内各县县长，及其他县行政人员成绩考核，自亦应由各该专员负责办理，以昭符实，而资平允。过去各省办理县长考绩，每由主管厅处各自为政，一机关有一机关之考成法规，一事业有一事业之奖惩条例，从重形式，无连贯之精神，于是县长无处不受苛求，遂为业过之府，亦由省府厅处与各县情事过于隔阂之故。嗣后各省办理县长考绩，似应由省政府依法制定百分数比率标准，交各该管督察专员，负责考核，拟定奖惩办法呈核。惟此项百分数比率标准，有人主张应氽酌各该区地方环境，及其特殊情形，与事实上之迫切需要，随时随地逐年分组，制定标准，各区不必强同，有人主张须选择一般需要之重要政务，先确定基本分数标准，以免有所偏废；究竟两说孰为适当？抑或行政督察专员，只考核其他县行政人员之成绩，关于县长考成，仍由省政府统筹办理？①

4月9日，行政院秘书处召开筹备会，行政院秘书长翁文灏、行政院院务处长蒋廷黻、行政院参事张锐，及内政、教育、军政三部代表到会，翁文灏主持。筹备会决定分总务、会务、新闻三组②，并决定会议日程、

---

① 《内政部奉令就主管范围拟具议题呈院以备召开苏浙等十省民教两厅行政专员会议案》（1936年3—5月），中国第二历史档案馆藏，内政部档案，资料号：一二（6）—758。

② 《行政督察专员会议昨开筹备会议》，《申报》1936年4月10日第3张第9版。

分组办法及参加机关、大会日期和讨论会分组（地方行政、治安及教育三组）①。

第二阶段：4月11日至5月5日审查、筛选议题，制作会议材料。

4月11日下午二时，在行政院前楼第一审查室审查议题，由于"各方所陈提案亦甚多"②。具体大会议题的筛选，"由参加各机关指派高级职员一人至二人先行会商拟定"，14日以前审查完毕送交行政院，然后再"电达各省"③。

4月13日，因行"政院工作蓁忙，筹备不及"④，加之蒋出巡在外，会议由原定的4月25—27日三天，改为5月10—13日四天⑤。改变的还有参会人员，原定参加者仅为"交通方便，距京较近"的苏、浙、皖、赣、湘、鄂、闽、鲁、豫、陕十省民政厅长、教育厅长及所属行政督察专员约90人；实际"所有浙、赣、苏、皖四省省府主席，及中政会副秘书长陈布雷等，亦均参加"，共出席138人（"主席5人、中央代表33人、民教厅长20人、专员70人"）⑥。

5月5日，"民政组议题编竣，其他治安、教育各组，尚在积极编制中"。民政组议题确定为16项，8项被认为是"重要"的，具体包括：省府合署办公问题、行政专员权限划分、县府裁局并科刍议、地方财政收支保管、各省办理分区设署、区长应否回避原籍、各省办理仓谷情形、自治保甲如何调整⑦。除民政、教育及治安三组议题外，制成的会议资料册中还包括根据各代表前述条陈意见、各专家改革行政意见书及各方提案制成的"对于改善地方行政，条陈签注意见摘要表"和参考资料。最终，会

---

① 天民：《地方高级行政专员会议概况》，《正风》第2卷第8期，1936年。
② 《行政院编拟十省专员会议议题》，《申报》1936年4月25日第2张第6版。
③ 《内政部奉令就主管范围拟具议题呈院以备召开苏浙等十省民教两厅行政专员会议案》（1936年3—5月），中国第二历史档案馆藏，内政部档案，资料号：一二（6）—758。
④ 《十省专员会议延期举行》，《申报》1936年4月14日第1张第4版。
⑤ 《内政部奉令就主管范围拟具议题呈院以备召开苏浙等十省民教两厅行政专员会议案》（1936年3—5月），中国第二历史档案馆藏，内政部档案，资料号：一二（6）—758。
⑥ 天民：《地方高级行政专员会议概况》，《正风》第2卷第8期，1936年。
⑦ 《行政院召开专员会议筹备就绪。十日开幕民政议题编竣。出席人员多数抵京报到》，《申报》1936年5月6日第1张第4版。

议资料内容大概分为：（1）建议案及报告案，为各省专员提拟；（2）改善地方行政之各项条陈意见；（3）出席会员分组名单；（4）附录：（甲）行政专员公署组织条例，（乙）民政、治安两组讨论议题有关之重要法令（内有省政府合署办公办法大纲，行政专员公署组织条例，各县府财局并科办法大纲等①。

5月6日上午，本来在外巡视的蒋介石由浔阳乘舰回到安徽芜湖，结束了自4月8日以来巡视鄂、川、滇、黔、湘、赣等六省军政情况的28天行程②。

5月9日，即会议的前一天，蒋自上海返南京，与翁文灏最后面询地方高级行政人员会议的相关事情③。

接下来的5月10日至16日，会议正式开始了。

5月10日会议第一天，上午按惯例谒陵、开幕，会议主席蒋介石，并与另外六人：行政院秘书长翁文灏、行政院政务处长蒋廷黻、行政院副院长兼财政部长孔祥熙、内政部部长蒋作宾、教育部部长王世杰、军政部部长何应钦组成大会主席团。当日下午和11日全天为民政、治安、教育三组分组讨论，蒋廷黻、翁文灏、段锡朋（教育部次长）分任三组主席④。

5月11日上午11点至12点，蒋召见了十省民政、教育厅长二十人，对于各该省民政教育行政办理近情，详为垂询，各厅长分别陈述綦详，蒋对今后推行民政教育方针，亦有所指示。下午2点至5点半，民政组讨论的问题是：（1）省府合署办公及省府组织紧缩，（2）行政督察专员权限及兼任县长问题，（3）县府裁局改科，及地方财政等问题。同时各厅长、专员亦详将目前施政困难与财政拮据情形，分别陈述。最后决定提交12

---

① 《十日 行政院召开十省地方高级行政会议》，朱汇森主编：《中华民国史事纪要（初稿）中华民国二十五年（一九三六）一至六月份》，台北俊人印刷事业有限公司1987年版，第918页。

② 《主持十省行政专员会议蒋委员长视察归来》，《中央日报》1936年5月6日第1张第3版。

③ 翁文灏著，李学通、刘萍、翁心钧整理《翁文灏日记》第2版（上），中华书局2014年版，第44页。

④ 天民：《地方高级行政专员会议概况》，《正风》第2卷第8期，1936年。

日大会议决①。

5月12日全体大会，上午9点开始讨论民政议案，蒋作宾主席，下午2点半讨论民政议案和治安议案，王世杰主席。5月13日会议第四天，上午讨论治安议案和教育议案，何应钦主席，下午因国民党元老胡汉民于12日在广东逝世，因此停会筹备治丧和吊唁事宜②。5月16日上午10点开始举行闭幕式，孔祥熙致闭幕词；然后蒋介石训词、赠书籍与"军人魂"短刀③。

蒋在训词中提出《主要工作纲领与努力方法》19条。其中有4条（第3、5、12、19条）涉及专员制度，核心思想是将专员制度纳入行政组织体系。如确定保安团队的调遣、分配属于区保安司令；加强专员与省县区政府及党部的联络。详文如下：

> 三、密切联系，我们行政上一切工作，最忌散漫分歧，各自为政，如此不仅力量分散，而且往往妨碍其他部分的工作，不能收整个之成效，以事项而言，无论民政、教育、建设、治安各项，均属一体相关，休戚与共。今后必须本协同一致的精神，更进一步的达到密切的连系，以地域而言，邻接地区，尤属痛痒相关，更应密切合作，所以各行政督察专员，对于邻区，或邻省之专员，应切实连络，各种政治工作之与邻区或邻省有关者，务必化除界限，不分畛域，通力合作，一致进行。省与省间，亦应如此。至各省各区之间，更应互相参观，互相师法，听到某项工作，在某省某区办得有成效时，各厅长专员即应亲往参观考察研究，如此互相观摩，共同改进，必能收到很大的效果。
>
> 五、各地保安团队，自□□省□□区调遣之后，本区团队，不能留在本区，地方防务，无受影响。今后关于保安团队，其经费与训练，固仍须集中于省，但同时应使本区团队仍归还本区，并赋予区保

---

① 《蒋院长昨分别召见十省厅长专员听训》，《中央日报》1936年5月12日第1张第3版。
② 天民：《地方高级行政专员会议概况》，《正风》第2卷第8期，1936年。
③ 《地方行政会议闭幕。蒋讲工作纲领与努力方法》，《益世报》（天津版）1936年5月17日第1张第1版。

安司令或专员以调遣分配之权。

十二、各地行政专员应与县党部及区党部密切联络，注意青年有为之党员，召集训练，用其专长，使分任编组保甲，训练民众，并侦探工作，奖励党员，与一般青年奋斗积极之精神，使为各地基本工作而服务于推动治政，必有莫大效果，此外对于当地学校，亦须设法打成一片，以收共同推进之效。

十九、现在各省对于行政督察专员之辖区，有以第一第二等数目字名区者，亦有以地域命名者，名称上殊不一律，此后宜划一名称，一律以数目字标明之。①

会前本来利益攸关方各有争权打算，在专员制度上，"议到专员权限划分问题，在府厅方面唯恐其扩张，在专员方面深虑其削减"，但会议结果竟意外的"询谋佥同"。时人认为是"省主席各厅长各专员同时出席，则顾忌多端，词难尽意，结果以笼统含糊了事。而中央不得其真相，不便为明显的划分，身当其冲者，亦只好维持现状而已！"② 笔者分析，出现这种情况的一个重要原因，是长期支持西南实力派的国民党元老胡汉民去世，各省政要嗅到了政治格局将发生有利于蒋的重大变化。所以，尽管几日前公布的"五五宪草"上并无专员制度，但大会的决议却是："专员制度运用得宜，确能辅助省府推行政令，督察各县施政实情。惟专署仍宜再加充实而为省府之一部，权限亦应再加确定。"③

（二）6—9月底两组调研与两广事变

十省行政会议后，行政院又派专人兵分两路进行调研论证。行政院政务处长蒋廷黻说："五六月间，我开始物色对地方行政有经验者或曾发表过有关地方行政著作者。我要在六个月之内拟出一套标准改革研究项目，以备专题报告之用。"④

---

① 《主要工作纲领与努力方法：蒋院长五月十六日在地方行政会议闭幕式训话》，《安徽政务月刊》第19期，1936年。
② 何仲英：《行政督察专员制度的检讨》，《汗血月刊》第9卷第1期，1937年。
③ 天民：《地方高级行政专员会议概况》，《正风》第2卷第8期，1936年。
④ 蒋廷黻：《蒋廷黻回忆录》，岳麓书社2003年版，第189页。

第四章 1936年:"两例"归一与近似"实级"行政 125

第一路是派本院人员实地调研。27日,行政院参事张锐①和秘书吴景超根据会议争论焦点,就省府合署办公、专员制度、县机构等改革问题"赴湘鄂赣视查"。二人6月1日出发,考察"结果极为圆满"。

第二路是组织学界专家论证。行政院聘请20多名大学专家和有地方行政经验者,分别研究省府合署办公、专员、分区设署、保甲、积谷及保安等问题,以便寻求切实改革办法,一俟(报告)编毕,即可着手施行②。基本每个制度责成一个专家,南大教授张纯明负责保甲制的研究,南大教授方显庭负责土地陈报与土地测量的研究,清华大学教授陈之迈负责行政督察专员制度的研究。研究报告计划由行政院出版,分送全国行政人员,作为改革行政之参考③。陈之迈夏季接到任务,九月底完成考察及报告。

颇为意外的是,两路调研事后的报告都有不支持"3月条例"的内容。陈之迈在2.8万余字的《研究行政督察专员制度报告》中,指出"专员制度早已脱离其往日之临时性质而寖成一种永垂久远之制度。此种推广之主张证明专员制度已早非以办理特种事务为其主要之目的";并认为专员的设置目的不应是办理特种事务、监督指导、统筹三者,而应是"领导"一项,即"为辖区各县市树立施政之楷模"。基于此,他建议专员不兼保安司令、"专员公署员额毋须特多""经费毋须特别庞大""绝对不构成三级制之地方政制"等④。

张锐、吴景超的调研结论是主张不普设专员,专署转为省府"耳目机关"。报告说:"欲使行政督察专员制推行收效,则人才问题极为重要,以目前情形论之,其宜改善之处甚多。第一,公署组织稍欠充实,技术人才尤为缺少,如增加专门人才,则县之新政推进较易为力,且可撙节经费;第二,公署为省府耳目机关,其对于辖县应注意注重行政计

---

① 张锐是美国密歇根大学市政学学士毕业、哈佛大学硕士毕业、曾任东北大学教授的行政学专家。1935年2月25日就任行政院效率委员会副主任、档案处副处长;6月26日在内政部代理部务次长陶履谦呈请下试署内政部参事;1936年4月3日—1940年5月30日任行政院部参事(刘国铭主编:《中国国民党百年人物全书》上,团结出版社2005年版,第1150页)。
② 《时评·翁文灏之谈话 中日外交及地方行政近状 大学生训导班定九月开学》,《申报》1936年9月25日第2张第5版。
③ 《政院与各大学试办政治特殊研究》,《申报》1936年7月9日第2版第9张。
④ 陈之迈:《研究行政督察专员制度报告》,《行政研究》第1卷第1—3期,1936年。

划与预算之联系，及行政计划与工作成绩之考核，俾供省府决定施政方针时之咨询；第三，近省会各县，省府可直接监督，不必设专员，以免徒增公文转折。"①

这些建议不支持"3月条例"，但未能影响中央对专员制的决策。与两路调研同时的6—9月间，蒋最终解决了西南问题。西南是蒋的心头大患。对此，新桂系骨干之一的黄㧑秋在回忆中有真切的描述："蒋介石除了共党的外患之外，最令他寝食不安的是那些环伺四周与他一样靠革命起家的各路英雄了。其中最使他头痛的是吞不下、嚼不动的贫穷的广西省，最害得他心劳力拙，魂梦不安！因其他各省都有机可乘，威吓利诱，挑拨离间，都有不同的功效，有许多也确实被他整得如愿以偿，如东北、西北、四川、广东、湖南等等。唯有这死硬派的广西，穷得官佐与士兵，每人仅有四角小洋一天的俸薪，上下均无怨言。那时候大家只有一个信念：反蒋！这种众志成城的意志，是蒋介石的银元无能为力的……但真正的功劳还是李、白、黄三人的精诚合作，领导有方。"② 忍庐也说：自辛亥以来，"号令不行，省自为政，其始终未与中央真正合作者，尤以广东一省为最。盖在北京政府时代，党人既屡借此革命策源地，以有非常之举，而藉其地理财力之优越，足以负隅，逮国民政府成立，门户虽属一家，意见亦自分歧，故两者之间，仍不免貌合神离。其对于南京政令，有害则避，有利则趋，一切措施，独行其是，自为风气，国民政府未敢过问者。故在陈济棠盘踞广东七年间（1929—1936年——引者注），粤省一切政制，多有与他省乖异者"③。粤的独立还因背靠胡汉民。胡汉民去世，西南政权顷刻失去一杆支撑门面的政治大旗和一个重要的政治筹码。蒋立即着手解决西南问题，先派司法院院长王宠惠去吊丧，向陈济棠提出取消西南执行部和西南政务委员会还政中央，改组广东省政府和陈济棠的第一集团军，各军、师长由蒋介石的军委会重新任命，以中央银行的法币替代广东省银行的毫洋等要求，

---

① 朱汇森主编：《中华民国史事纪要（初稿）中华民国二十五年（1936）十至十二月份》，台北国史馆1988年版，第659—660页。

② 申晓云、李静之：《李宗仁的一生》，河南人民出版社1992年版，第363、71页。

③ 忍庐：《粤设行政督察专员及其制度之史的研究（未完）》，《常谈月刊》第1卷第7期，1936年。

遭到陈济棠和李宗仁的反对。6月,陈与桂系联合发动两广事变反蒋。蒋对两广采取一拉一打不同的政策。陈手下空军大队为蒋介石重金收买,司令黄光锐于6月18日带领130余架飞机飞往南昌投奔南京。陈济棠手下其他大将,如第一军军长余汉谋7月14日亦通电表示服从中央,逼陈下野。陈济棠被迫出走香港。就此,"陈氏之军事异动,不匝月而旋告失败,于是粤局一变,中央命吏纷纷南下而主其政,则凡百规模,多已改弦易辙而更张。而其中最与地方行政有关者,则行政督察专员制设置也"①。

在专员制之前,粤省府的管县派出政府制度是绥靖公署制。陈济棠主政时期,将全省分为中区、西北区、东区、南区、琼崖区,每区绥靖公署设绥靖委员一人,以各军军长或高级武官兼任,各区绥署除办理区内各县市"剿匪"事宜外,对于地方警卫队及民政建设各项,间亦有受理,因此其职权往往与民政厅及地方县府有抵触,行政系统每有混乱之弊。粤局重组后,即裁撤各区绥靖公署,于1936年10月改设各区行政督察专员公署,重新划分全省为九区,专署经费每月2000元至3000元②。

湘省则早在1936年5月即建立专员制度③。此前,凭借"为中央各省与粤桂必经之通衢"的特殊地理位置,何键摇摆、投机于蒋介石和西南实力派之间,先是"拥西南自重",后与两广结成三省反蒋同盟,两广事变时更极力阻止中央军进军衡阳,以配合两广出兵。两广事变结束后,湖南的地缘优势顿失,"何键不再处于一个可同时跟国民政府和两广领导人讨价还价的位置"。西安事变后获释的蒋介石派特务上门以何全家性命相胁,迫使何键交出省权。1937年全面抗战爆发,由于湖南的位置重要,蒋介石任用亲信张治中主政湖南,何键任内政部部长,结束了湖南为地方实力派控制的历史④。

两广对蒋的影响从其日记中提到专员制的次数也可见一斑。1937

---

① 忍庐:《粤设行政督察专员及其制度之史的研究(未完)》,《常谈月刊》第1卷第7期,1936年。
② 《粤省设置各区行政督察专员 全省划分九个行政督察区域 公署组织及专员人已决定》,《申报》1936年10月8日第2张第8版。
③ 《何键保举湘省行政督察专员》,《申报》1936年5月30日第3张。
④ 肖自立:《南京政府前期地方实力派的政治生存——以何键为中心》,《历史研究》2014年第3期。

以前蒋日记中提到专员制仅有 9 次①，而 1936 年 9 月一个月中就占了 7 次（12、13、18、19、20、24、26 日），且均不离粤桂。如 9 月 12 日日记说："对粤桂善后及专员等人选颇费踌躇。"②

至此，大阻力已去，蒋介石的个人集权政治初步形成。行政院政务处长何廉（1936.10.26—1938.1.14 任③）道："如果化成实权来说，他是万物之首。"④ 相比于谭延闿、孙科、汪精卫前几位任院长时期，1936 年以后的行政院真正成为实权单位。陈立夫就指出："行政院在蒋先生任院长时地位非常重要，新闻记者都注意到了这一点……无论他走到哪里，权力就会跟到哪里，权力就掌握在最后的决定人手中。"⑤ 行政院政务处长蒋廷黻（1936.3.2—1936.9.2 和 1938.5.12—1945.4.11 任⑥）说，行政院"最后的决定不是表决的，而是由院长个人决行的"⑦。所以，两组调研即使有反对声音，也阻止不了蒋介石实化专员制度的意向。

四 10 月文件正式单边划一、几近实化专员制度

10 月 15 日，行政院同日以第 33、34、35、36 号令连颁《行政督察专员公署组织暂行条例》《行政院审查行政督察专员人选暂行办法》《行政督察专员办事成绩考核暂行办法》《行政督察专员资格审查委员会规则》；10 月 20 日，内政部奉行政院令颁《行政督察专员公署办事通则》；10 月 24 日，行政院第 06286 号训令颁《修正区保安司令部组织暂行条例》。此六个文件标志南京国民政府时期行政督察专员制度的正式"归一"。"行政院二十一年八月六日公布之《行政督察专员暂行条例》与前

---

① 全面抗战后，蒋在日记中密集提到专员制的年份是 1939 年上半年，共有 8 次、1946 年有 6 次。前者主要内容是扩权专员，因为省府溃散，专员作用凸显；后者是因宁波专员和蒋经国曾任赣南专员而提及。

② 《蒋介石日记》，美国斯坦福大学胡佛研究所档案馆藏。

③ 刘寿林等编：《民国职官年表》，中华书局 2006 年版，第 400 页。

④ 何廉：《何廉回忆录》，朱佑慈、杨大宁、胡隆昶、王文钧、俞振基等译，中国文史出版社 1988 年版，第 114 页。

⑤ 陈立夫：《成败之鉴　陈立夫回忆录》，台北正中书局 1994 年版，第 162 页。

⑥ 刘寿林等编：《民国职官年表》，中华书局 2006 年版，第 400—402 页。

⑦ 蒋廷黻：《蒋廷黻回忆录》，中华书局 2014 年版，第 198 页。

豫鄂皖三省剿匪总司令部所颁之《剿匪区内各省行政督察专员公署组织条例》均废止"①。转年4月又续颁第七个文件《行政督察专员资格审查委员会考询办法》②。这些条例、规则使"3月条例"确立和细化，使1936年成为了国民政府行政督察专员制度的拐点，且确定了国民党战时及其退台前专员制度的基本面及框架。

（一）"10月条例"新增专员职权9条

在上述文件中，最受关注的是行政院33号令公布修订的《行政督察专员公署组织暂行条例》（以下简称"10月条例"）。该文件规定，行政督察专员公署"为省政府辅助机关"；行政督察专员"由行政院院长或内政部部长提出，呈请国民政府简派"；"除有特殊情形者外，应兼任该区保安司令，对于辖区内各县市之保安团队、水陆警察及一切武装自卫之民众组织，有监督之权"。它在重复"3月条例"中关于专员职权的原则规定的基础上，进行了细化，而这种细化使得专署"几成为省县间之一级政府"③的性质最终得到明确，也回应了十省会议的议题一"行政督察专员职权问题"、议题四"行政督察专员事业问题"、议题五"行政督察专员兼县与实验县问题"、议题六"行政督察专员考核县行政人员成绩问题"。根据"10月条例"规定：行政督察专员"承省政府之命，推行法令，并监督指导暨统筹辖区内各市县行政"，具有如下职权：

①审核、统筹辖区内各县市的行政计划或中心工作。

②审核辖区内各县市地方预算、决算。

③审核辖区内各县市制定的单行法规。

④巡视、指导辖区内各县市的地方行政和地方自治。

⑤考核辖区内各县市行政人员的工作成绩。

⑥奖惩辖区内各县市行政人员。

⑦召集区行政会议。

⑧处理辖区内各县市间的争议。

⑨办理省政府交办事项。

此新增职权九条的政治意义在于昭告专员制度已是无名有实的一级政

---

① 行政院：《行政督察专员公署组织暂行条例》，《贵州省政府公报》第32期，1936年。

② 《行政督察专员资格审查委员会考询办法》，《福建省政府公报》第698期，1937年。

③ 钱端升等：《民国政制史》（下），上海人民出版社2011年版，第495页。

府。而12月12日，张学良、杨虎城发动兵谏，行政院22日"决议，陕省在西安事变期间，各地行政，由行政督察专员秉承政院办理"①。此举也从侧面说明，专署具备全权管理县、承担一级政府工作的实力。

（二）专署与保安司令部分置合计定编52—71人

由于专署几近成为一级政府，其机构和经费也得到充实。这也是对5月十省会议议题二"行政督察专员经费问题"和"3月条例"公布后各省对专署"只设2科，颇有意见，请求仍照（"剿总"）旧制，分设4科"②的回应。"10月条例"将"3月条例"规定的科长2人、技士2人、署员4人、事务员6人，改为科长2—4人、视察1人、技士1人或2人、科员2—4人、事务员3—6人③，总编制由17人改为11—19人。

10月22日公布的《行政督察专员公署办事通则》进一步将专署按兼县与否分甲、乙、丙三等组织员额和三等经费，分别为25人、34人、41人，经费分别为2900元、4070元、4920元（表4-3）。

表4-3　　1936年10月《行政督察专员公署办事通则》
规定甲乙丙三等专署编制与经费

项别	职别	甲等 名额（人）	甲等 月支（元）	乙等 名额（人）	乙等 月支（元）	丙等 名额（人）	丙等 月支（元）
俸给	专员	1	460	1	430	1	430
	秘书	1	280	1	260	1	240
	科长	4	800	3	540	2	340
	视察	1	200	1	180		
	技士	2	360	2	340	1	160
	科员	4	480	3	360	2	240
	事务员	6	480	5	400	3	240
	雇员	8	320	6	240	5	200
	公役	14	140	12	120	10	100
	小计	41	3520	34	2870	25	1950

① 《行政专员之权限》，《新闻报》1936年12月23日第5版。
② 钟竟成：《我对于行政督察专员制度的意见》，《行政研究》第2卷第6期，1937年。
③ 《行政督察专员公署组织暂行条例》，《贵州省政府公报》第32期，1936年。

续表

项别	职别	甲等 名额（人）	甲等 月支（元）	乙等 名额（人）	乙等 月支（元）	丙等 名额（人）	丙等 月支（元）
公费	办公费		450		400		350
公费	旅费		450		400		350
公费	特别费		200		150		100
公费	准备费		300		250		150
合计			4920		4070		2900

资料来源：内政部：《行政督察专员公署办事通则》，《内政公报》第 9 卷第 10 期，1936 年。（空格处无资料）

对于区保安司令部，行政院 1936 年 6 月 20 日颁布的《区保安司令部组织暂行组织条例》规定，区保安司令部的员额为 30—33 人；如果"司令部与专员公署合署办公，司令部事务之一由专员公署职员兼办"，"科长由专员公署科长兼任，科员由专员公署署员兼任"，"文书军士以次士兵由专员公署雇员及差役兼充"，因此合署办公的保安司令部编制则减至 9 人①（表 4-4）。而 10 月 24 日，行政院公布《修正区保安司令部组织暂行条例》，将合署办公的区保安司令部编制增至 27—30 人②。如此，专署与区保安司令部合计可达 52—71 人。与归一前南昌行营 1934 年规定的甲乙丙三等编制 58—79 人相比，数量变化不大。由此说明，专员制度基本是按蒋的设定发展。

表 4-4　1936 年 6 月行政院《区保安司令部组织暂行条例》和 1936 年 10 月《修正区保安司令部组织暂行条例》员额编制对比　　单位：人

类型	军衔	军阶	1936 年 6 月规定 非合署	1936 年 6 月规定 合署	1936 年 10 月规定 非合署
官佐	司令	（上校）少将	1	1	专员兼
官佐	副司令	（中）上校	1	1	1

---

① 行政院：《区保安司令部组织暂行条例》（1936 年 6 月 20 日），《陕西省政府公报》第 2861 期，1936 年。

② 行政院：《修正区保安司令部组织暂行条例》（1936 年 10 月 24 日），《内政公报》第 9 卷第 11 期，1936 年。

续表

类型	军衔	军阶	1936年6月规定 非合署	1936年6月规定 合署	1936年10月规定 非合署
官佐	参谋	（少）中校	1	1	2
	科长	（少）中校	2		
	副官	上尉	1	1	1
		中尉	1		1
	军法官	（上尉）同少校	1	1	
	军法助理员	同上尉			1
官佐	科员	上尉	2		
		中尉	2		
	办事员	同上尉			2
		同中尉			2
	书记	同中尉	2	1	2
	小计		14	6	12
士兵	文书军士	上士	2—4		2—4
	传令兵	上等兵	1		1
	卫兵	下士	1	1	1
		一等兵	5	2	5
	号兵	下士	1		1
士兵	公役	五六等	3—4		2—3
	炊事兵	一等兵	1		1
		二等兵	1		1
	饲养兵	二等兵	1		1
	小计		16—19	3	15—18
	合计		30—33	9	27—30

资料来源：行政院：《修正区保安司令部组织暂行条例》（1936年10月24日），《内政公报》第9卷第11期，1936年。（空格处无资料）

（三）创建专员人事制度

除了职权与组织的变化外，行政督察专员制度前所未有地建立了专门的人事制度，突破了史上督导机构无专门人事制度的惯例。

国民政府公布的《行政院审查行政督察专员人选暂行办法》《行政督察专员资格审查委员会规则》《行政督察专员资格审查委员会考询办法》

《行政督察专员办事成绩考核暂行办法》《行政院召集存记候用行政督察专员受训办法草案》五个文件，对专员任职资格的标准、审查、考询、考核、培训做出制度建构，回应了此前5月十省会议议题三"行政督察专员人选问题"。当时有人说应由现任县长中遴选胜任者，有人说应就中央各机关简任职人员遴选外放者，还有人说应由军职上校以上人员遴选充任者。陈之迈也提出专员人选标准需要厘定，他在报告中说："现制专员人选，一般而能符合法令所期标准，但间亦有因特殊原因而滥竽充数者。此种现象或由中央推行专员制度过于急切之所致"①。

《行政院审查行政督察专员人选暂行办法》明确了专员任用条件和不能任用的条件。专员任用资格有5条：（1）曾任政务官一年以上者；（2）现任简任官或曾任简任官一年以上者；（3）对党国有特殊勋劳或致力国民革命十年以上而有行政经验者；（4）曾任县长三年以上或最高级荐任官四年以上、办事著有成绩者；（5）曾任教育部立案之大学教授二年以上、副教授或讲师三年以上、于地方行政素有研究者。而有下列6种情事之一者，不得任行政督察专员：（1）褫夺公权、尚未复权者；（2）受惩戒处分、在停止任用期间者；（3）曾因赃、私处罚有案者；（4）亏空公款、尚未清偿者；（5）吸用鸦片或烈性毒品者；（6）体质孱弱或年力衰颓、不胜繁剧者。

上述条件基本是参搬1933年②和1935年《公务员任用法》③的相关规定，只是新增一条年龄限定："行政督察专员人选，须年在三十岁以上"。这符合蒋一贯强调的专员必须"隆其体制"、不能被"同官同职之县长所轻"④。因为《县长任用法》规定"县长非年在三十岁以上"⑤，专

---

① 陈之迈：《研究行政督察专员制度报告》，《行政研究》第1卷第1—3期，1936年。
② 《国民政府公布〈公务员任用法〉》（1933年3月11日），中国第二历史档案馆编：《国民党政府政治制度档案史料选编》（下册），安徽教育出版社1994年版，第13—14页。
③ 《国民政府修正公布〈公务员任用法〉》（1935年11月13日），中国第二历史档案馆编：《国民党政府政治制度档案史料选编》（下册），安徽教育出版社1994年版，第42—44页。
④ 《剿匪区内各省行政督察专员公署组织条例》，《湖北地方政务研究周刊》第1卷第7期，1933年。
⑤ 中国第二历史档案馆编：《国民党政府政治制度档案史料选编》（下册），安徽教育出版社1994年版，第19页。

员自然不能遗失和降低这一标准。

对于具有资格的专员人选，由军事委员会、内政部、各省政府开具详细履历、附加考语，连同证明文件、体格检查证明书及本人二寸半身相片二张，备文送请行政院检定，行政院发交行政督察专员资格审查委员会进行审查[①]。

根据《行政督察专员资格审查委员会规则》，审查委员会附设于行政院，设主任委员1人，以内政部部长充任；委员4—6人，由行政院院长就行政院及内政部高级职员中遴选。审委会依据《行政院审查行政督察专员人选暂行办法》规定审查，"除经历、年资等项应就证明文件审查外，关于特殊著作，并得聘请专门人员审查之"；必要时，"会面加考询"[②]。审查合格的，准以行政督察专员存记候用。行政院就存记候用人员中遴选，提出行政院会议通过，呈请国民政府简派[③]。

考询的适用情况和方法等由1937年4月8日行政院所发第1884号训令《行政督察专员资格审查委员会考询办法》规定。根据该文件，有以下5种疑问情况之一时进行考询：（1）对被审查人员资格及证件有疑义；（2）对备查人员之学识经验，须面加测验；（3）对被审查人员之体力精神，须面加测验；（4）对被审查人员有无审查行政督察专员人选暂行办法第三条规定各款情事，发生疑义；（5）其他认为有面询之必要时。考询的方法是口试，疑义的问题不同，面询时问的内容有别：（1）就其学历，考察其学业之程度，是否适合现实需要；（2）就实际行政问题提出质问，考察其处理行政之识见，及运用能力；（3）就其经历及主办事务之内容，考察历来办理行政之经验，及其成绩；（4）就其言语动静，考察其思想是否缜密，性格是否和平，品行是否纯正；（5）就其仪容态度，考察其体质精神与有无嗜好；（6）其他关于资格证件及消极限制条款疑义之质询[④]。

同时，国民政府还首次建立专员业绩考核制。行政院第35号令《行政督察专员办事成绩考核暂行办法》规定，由省政府考核专员的办事成绩，参照

---

① 《国民党政府政治制度档案史料选编》（下册），安徽教育出版社1994年版，第496页。
② 《国民党政府政治制度档案史料选编》（下册），安徽教育出版社1994年版，第497页。
③ 《国民党政府政治制度档案史料选编》（下册），安徽教育出版社1994年版，第496页。
④ 《福建省政府公报》第698期，1937年。

县长考绩百分数比率计算办法，主要考核的事项即内容有八项：（1）关于办理中心工作事项；（2）关于办理地政事项；（3）关于整理地方财政事项；（4）关于整理田赋事项；（5）关于办理保安及警察事项；（6）关于办理保甲及训练壮丁事项；（7）关于办理建设事项；（8）关于办理教育事项。省政府每年年终将所属专员办事成绩胪列事实、加具详细考语、分别等第予以奖惩，呈报行政院察核，并咨报内政部备案，其成绩优异者呈请行政院特予嘉奖①。

此后，为进一步保证专员的质量，行政院又建立专员任前培训制度——《行政院召集存记候用行政督察专员受训办法草案》，把存记候用的专员发交内政部县市行政讲习所，受训六个月；分期召集，每期学额120名；受训期间，除食宿由讲习所供给外，往返旅费，及制服用具等自备；受训期满，报内政部转呈行政院察核备案，遇有各省专员缺出，按其受训成绩高下，依次予以任用②。尔后，1937年6月《整理中央行政纲领》补充规定："分期训练行政督察专员，训练科目，应特别注重精神教育，及地方行政与地方建设之基本技能，务使所学者切合需要，并可实行。"③

上述专员的人事规制，即可窥知两个专员条例归一所带来的专员制度的完备，也侧面证明了国民政府对县级国家治理制度体系构建的努力和尝试。

五　划一后的各省样态

据1937年3月底的统计，全国有12省（豫、鄂、皖、赣、闽、蜀、黔、陕、甘、苏、浙、粤）普遍划分了专员区，有3省（河北四区、湖南五区、山东三区）局地设立了专员区。"每一行政督察专员区，辖县多寡，至不一齐"，有如广东第九区辖县多至十六个的，安徽第十区辖县少至四个的，"平均，以八九县为最多"④。

黑龙江、吉林、辽宁、热河4省因1932年后被日本侵占始终未建专员制度，绥远、青海、广西、云南、山西、宁夏、西康、察哈尔、新疆9省

---

① 行政院：《行政督察专员办事成绩考核暂行办法》，《湖北省政府公报》第248期，1936年。
② 《行政院关于行政督察专员训练所归并内政部掌管的有关文书（内有选调合格候用县长受训办法）》（1936年11月—1937年8月），中国第二历史档案馆藏，内政部档案，资料号：一二（6）—6468。
③ 《整理中央行政纲领》，《行政院公报》第2卷第26期，1937年。
④ 张富康：《行政督察专员制之兴起》，《前途》第5卷第4期，1937年。

在全面抗战期间，随着与蒋互动形势的变化才陆续建立专员制（表4－5）。

表4－5　　1936年10月前后各省首设专员的时间和数量

序号	划一前建立专员制度的省份			划一后建立专员制度的省份		
	省名	时间	数量（个）	省名	时间	数量（个）
1	江西省	1932年8月	13	西康省	1937年5月	3
2	安徽省	1932年8月	10	绥远省	1938年11月	3
3	浙江省	1932年9月	7	青海省	1939年9月	6
4	湖北省	1932年9月	11	广西省	1940年3月	12
5	河南省	1932年11月	11	云南省	1940年5月	1
6	江苏省	1933年3月	13	山西省	1941年	15
7	河北省	1933年9月	2	新疆省	1944年1月	10
8	四川省	1933年12月	4	宁夏省	1945年1月	2
9	福建省	1934年7月	10	察哈尔省	1947年	4
10	西康省[①]	1934年8月	1	海南特别区	1949年	3
11	山东省	1934年12月	1			
12	贵州省	1935年5月	11			
13	甘肃省	1935年5月	7			

---

① 1928年9月17日，国民政府决定将西康特别区改建为西康省（《国民政府公报》第93号，1928年），但迟迟未建立起来，直至1939年1月1日西康省政府在康定正式成立。所以，此前西康省有名无实。西康建省后，名义上辖33省，实际控制仅11省（周振鹤主编：《中国行政区划通史·中华民国卷》，复旦大学出版社2007年版，第243页）。1934年8月31日《蒙藏旬刊》第90期载《西康设立行政督察专员公署》报道："西康自民国十七年由川康边防总指挥部接收后，即设立政务委员会为西康施政机关。廿一年政务委员会解组，所有民政事宜由川康边防军第二旅接收并设机要处商承第二旅长办之。其机要处处长一职则由前政务委员会陈东府充任。闻刘自乾总指挥以西康军民财三政有独立分治之必要，特将机要处权力扩充改为西康行政督察专员公署，而行政督察专员即由陈东府升充，每月政费规定为大洋八百八十四元，财务统筹处业奉刘总指挥电令先拨政费一月，为该公署筹备费。"而1947年的一则材料说"西康自建省以来，迄未实行行政督察专员制。康省府已呈准中央，在康南康北设两专员公署，以督察各县行政"（《政务一年简志》，《边疆通讯》第4卷第1期，1947年）。1948年《大公报》报道：5月14日雅安通讯：在康北甘孜县设立第一区行政督察专员，在康南理化县设立第二区行政督察专员，调委德格县长范德元和第四区保安司令曾有枢分别任专员，"范曾两氏奉令后，刻正积极筹组专员公署，短时内即将正式成立"。（《西康设两专员公署木茹娃出具永不侵扰保证》，《大公报》重庆版1948年5月25日第1张第4版）

续表

序号	划一前建立专员制度的省份			划一后建立专员制度的省份		
	省名	时间	数量（个）	省名	时间	数量（个）
14	陕西省	1935年7月	6			
15	广东省	1936年10月	9			

资料来源：1."划一前建专员制度的省份"：（1）《行政长官奉令改为行政督察专员》，《江西财政月刊》第9期，1932年。（2）《皖行政督察区重新划分》，《大公报》（天津版）1932年12月26日第2张第5版。（3）《浙省行政督察专员划分六大特区》，《大公报》（天津版）1932年9月8日第2张第5版。（4）《鄂行政督察员就职，保安处长保安司令同时宣誓》，《大公报》（天津版）1932年9月27日第1张第3版。（5）《豫第一区行政督察员梦广鹏昨就职》，《大公报》（天津版）1932年11月27日第1张第3版。（6）《苏省划十三区设行政督察署　各区专员发表》，《申报》1933年3月29日第8版。（7）《冀战区行政督察员人选确定》，《益世报》（天津版）1933年9月14日第1张第2版。（8）《川剿匪区设行政督察员》，《申报》1933年12月10日第2版。（9）《闽设行政督察专员，办法大致拟定》，《益世报》（天津版）1934年4月12日第1张第3版。（10）《西康设立行政督察专员公署》，《康藏先锋》第12期，1934年。（11）《鲁省试设行政督察员》，《申报》1934年12月10日第3版。（12）《黔省决采用行政督察专员制》，《申报》1935年5月15日第2张。（13）赵和介：《行政督察专员制度述评》，第十三届毕业论文，国立武汉大学，1944年，第246页。（14）《陕省设置行政督察专员　各区将先后成立》，《西北日报》1935年7月21日第3版。（15）《粤省划分九行政区》，《甘肃民国日报》1936年10月6日第2版。（时间多为宣告设立时间，不一定全为真正建立时间）

2."划一后建专员制度的省份"：（1）施养成：《中国省行政制度》，上海人民出版社2015年版，第103页。（2）《军事委员会委员长行营政治工作报告——民国二十四年十一月向中国国民党第五次全国代表大会提出》，秦孝仪主编：《中华民国重要史料初编——对日抗战时期续编》（三），台北：中国国民党中央党史委员会1981年版，第477—488页。（3）沈怀玉：《行政督察专员制度之创设、演变与功能》，台北《"中央研究院"近代史研究所集刊》1993年第22期上。

云南省在1928—1945年龙云主政时期，对中央政府的防范心理甚严，始终保持较强的地方意识。1936年的两广事变中，他禁止反蒋势力退入云南，并通电拥蒋。全面抗战开始后，武汉和广州失守、缅甸公路开通，政治经济机构、企业和难民大量涌入云南。"1939年中，云南同国民党中央的关系几乎接近决裂的程度"[①]。6月，蒋任免龙云的老师周钟岳任内政部部长以示"拉拢"[②]。转年5月，云南省政府在思普边区开始设立第一区行政督察专员。1941年7月，滇省府772次会议决议：边远各地设置行政督察专员公署六所至七所，以促进地方行政效率，适应战时需要，其

---

① 易劳逸：《毁灭的种子：战争与革命中的国民党中国（1937—1949）》，王建朗等译，江苏人民出版社2009年版，第7、9页。

② 陈方正编：《陈克文日记：1939—1952》（上册），社会科学文献出版社2014年版，1939年6月19日、1939年12月8日，第414、488页。

办法交由民厅拟订候核①。12月，蒋借入缅作战之机，调大批中央军入滇，总兵力最多时达四五十万人，遍布整个云南，大大超过了龙云在云南的军队。1942年4月29日，国府重新为滇省令派专员：第一区专员王凤瑞、第二区专员杨绍曾、第三区专员张港清、第四区专员胡道之、第五区专员梅适生、第六区专员李国清、第七区专员史华②。7月，云南省撤掉1939年6月设立的腾龙边区行政监督，重划全省为七区，普设行政督察专员，但不兼保安司令，因该省根本无保安司令；省会附近暨交通线上的昆明及五十五县由省政府直接监督③。7月24日，省政府第208次会议上，龙云提议加强专署权力，"所有该管区内之地方保卫团及民众组织应归其训练指挥，除第四、第七两区已有直辖部队不计外，其他各区应各成立保安营一营（三连制），武器咨由绥署发给，经费由保安费项下开支，兵员咨由军管区部就各该辖境内配拨，编制咨由绥署交军务处拟定"④。直至1945年昆明事变，南京国民政府仍未能实现对云南的彻底控制⑤。

山西省是阎锡山经营的独立王国。阎颇有与蒋介石分天下之心。据传，他曾放言："中国如此之大，何必由一人治理"，"长江一带由蒋先生多负责，华北由我多负责，中间由他们多负责（指冯玉祥）我们作个比赛⑥"。1938年2月，晋省政府将原设的7个政治主任公署改为行政督察专员公署，1939年8月改设成11个专署⑦。1939年，"十二月事变"后，阎锡山在山西的统治区域范围越来越小，仅有晋西十几个县。1940年初，阎锡山特意缩小了行政区划，设置中心县制，各行政督察专员自行裁撤。

---

① 《滇省将设专员公署》，《申报》1941年7月24日第2张第6版。

② 《滇省专员阵容一新》，《高州民国日报》1942年5月1日第2版。

③ 施养成：《中国省行政制度》，上海人民出版社2015年版，第103页。

④ 《云南省政府训令：秘训字第三一二八号（中华民国三十一年）：令民政厅：令为本府第八二零次会议主席提议加强行政督察专员公署权力等因一案令仰遵照办理》，《云南省政府公报》第14卷，1942年。

⑤ 段金生、郭飞平：《民族国家构筑的同质异向：南京国民政府与云南地方实力派关系的考察》，《云南行政学院学报》2012年第1期。

⑥ 韩克温：《也谈阎锡山》，（台湾）《中外杂志》第174期。转引自吴贤辉《地方实力派与南京国民党政权的覆灭》，《华侨大学学报》（哲学社会科学版）1995年第1期。

⑦ 山西地方志办公室编：《民国山西政权组织机构》，山西人民出版社2014年版，第75—76页。

约 3 个月以后，阎锡山又"恢复"了专员制，重新任命续汝楫为第五区行政督察专员公署专员，但因为国民党的贪生怕死和中国共产党的推进，"这个第五区专员公署只是一个空牌子"①。中国共产党采取"敌退我进"的政策，不仅专署，其他级政府政权只要国民党退出，中国共产党就立刻进占并建政。如山西省政府第二游击区行署赵承绶败走后，中国共产党1940 年 1 月 5 日宣布成立新行署，"名义如旧"，但进行了政权改造，设立正副主任各一，下设民政、财政、教育、司法、建设、秘书等六处②。

行政院划一专员制度前已建制的省份，在划一后变化不大，大多仍沿本省旧惯。如河北省 1933 年设滦榆、蓟密两专员区。1935 年 11 月 25 日，蓟密专员殷汝耕成立"冀东防共自治委员会"，行政院第二天撤销河北省的专员公署，通缉殷汝耕。1936 年 3 月开始，宋哲元为求"剿匪"之便利，复行设置"行政专员"，即使"无匪"之区亦行设置，专员以区内县长充任，"对于所辖各县一切行政事宜有监督指挥纠正改进之权，于必要时，对辖境各县团警有调遣指挥之权，对于所辖各县县长有呈请奖惩之权，于紧急时得先委员代理之"。但冀省专署经费较少，甲、乙、丙三等专员区经费分别是 800 元、500 元、300 元。"10 月条例"颁行后，1937 年 3 月，冀省"因现行组织与中央颁布之规定不合之点甚多"，"重行规定，期与法令相符"，但"事实方面则悉仍旧贯"。3 月 20 日公布的新方案规定："改行政专员为行政督察专员，全省划分十七专员区，废除旧称，以次第为名，就所辖之县多少分为甲乙丙三等"③，编制分别为 21 人、18 人、14 人④，经费增为 1000 元、800 元、600 元⑤。而相比中央规定，这仅为额定的 50% 和 30%。

---

① 郭新虎编著：《抗日战争前期山西省第五区行政督察专员公署》，山西人民出版社 2009 年版，第 153 页。

② 中共晋西区党委：《晋西北的政权组织机构》（1941 年 12 月），晋绥边区财政经济史编写组、山西省档案馆：《晋绥边区财政经济史资料选编（总论编）》，山西人民出版社 1986 年版，第 293 页。

③ 于鹤年：《河北省行政督察专员之设置及其区域之划分》，《禹贡》第 7 卷第 5 期，1937 年。

④ 《河北省行政督察专员公署经费比较简表》，《河北省政府公报》第 3088 期，1937 年。

⑤ 于鹤年：《河北省行政督察专员之设置及其区域之划分》，《禹贡》第 7 卷第 5 期，1937 年。

第五章 1937—1938 年：一强化一实化两个秘密改革草案的制定与取消

1937年日本全面侵华后，部分省政府溃败，无法正常管县，专署的作用凸显，国民政府决定改革专员制度，内政部、军事委员会和行政院私下分别制定了不同的草案，但因《抗战建国纲领》和第一届国民参政会的决议，未能公布。为应对战区和沦陷区的客观实际，行政院公布了几个政策，扩大专员的权力，使其暂代省府的职权。

抗日战争时期专员制度的调整与改革设计过程颇为复杂，又与省制、县制的调整与改革交缠在一起，而相关史料和内容至今鲜见①，笔者为清晰呈现其原委，难免要抄录一些原档案。

一 专署"更形重要"与专员免兼县长

（一）专署"更形重要"

七七事变后，国民政府打破了日军速战速决的战略企图，但损失惨重，不仅丢掉大片国土，而且精锐丧失殆尽②。战争中显示出"平时之政治机构，均感不足以实践战时之任务"③，但出乎意料的是专署的作用凸显。

由于日军的侵略，长江中下游的大都市与交通干线大部分沦陷，省区往往被截为数端，如浙江被隔断为浙东、浙西，安徽被隔断为皖南、皖

---

① 既有研究涉及战时专员制度演变史实最多的是马振犊主编的《民国行政区划研究：1912—1949》（金城出版社有限公司2019年版，第197—216页）。
② 桑兵：《国共抗战的战略异同与政治纠葛》，《社会科学战线》2021年第1期。
③ 周必璋：《改进行政督察专员制度刍议》，中央政治学校研究部1941年版，第2页。

北，江苏被隔断为苏北、苏南等。省会城市又是日军轰炸的重点，因此，省政府大多丧失统治全省的能力。1938年底，"战区扩及十余省，人民约二万万，而过去如冀、察、绥、鲁诸省党政机构，或随军事之转变而趋于涣散，或则步骤凌乱，力量抵消，伪组织因而产生，民心无由维系，敌人得以军事为手段，达成其政治之目的，以政治为手段，达成其经济掠夺之目的……中央政令亦感鞭长莫及"①。县政府统治的完整性也被打破。12月25日《新华日报》报道：苏、浙、皖、赣、鲁、豫、晋、鄂、冀9省的796个县中，县政府完全能行使职权的仅59县，县区完整、县长尚能执行职权的489县，县长能在县境一部分执行职权的248县②。

"由于军事上的分割和适应战争的需要，各行政专员公署作为省县之间的督察地位，尤为突出"③，分担了省府较多的工作。因此，原本没有设立专员的地方，也开始设立。如"绥远省全省只有支县局，原无设置行政督察专员的必要，所以向来亦未实行该项制度。但抗战以后，绥东绥中县份多沦为游击区，省政行指挥困难"。为发动民众，推进战时工作，1938年10月，该省呈准将全省划为三区，开始设置行政督察专员④。山西省原来在省与县之间设置的是政治主任公署，其职权是督饬各县办理民运及经常性的行政事务。1938年2月，晋省政府将7个政治主任公署改为行政督察专员公署，如遇县城沦陷与省政府失却联系，代行省政府职权，直接委派县长、公安局长、更换行政人员；同时联系所管各县县长，协助军队抗战。1939年8月，将专员区增设至11个⑤。

而原来对专署存废意见不一的各界，一致认为专署"在战时有它的

---

① 国防最高会议第113次常务委员会议修正《军事委员会战地（即游击区）党政委员会组织纲要》暨《军事委员会战地党政委员会分会组织纲要》（1939年1月16日），中国第二历史档案馆编：《国民党政府政治制度档案史料选编》（上册），安徽教育出版社1994年版，第542页。

② 《孔院长畅谈战时行政战区沦陷区共有七百九十六县仅五十九县县府不能行使职权》，《新华日报》1938年12月25日第2张。

③ 曹余濂编著：《民国江苏权力机关史略》（江苏文史资料第67辑），东南大学印刷中心1994年版，第149页。

④ 师连舫：《行政督察制之研究》，《政治建设》第1卷第4、5期合刊，1939年。

⑤ 山西地方志办公室编：《民国山西政权组织机构》，山西人民出版社2014年版，第75—76页。

存在价值"①。有人通过观察北方和淞沪会战指出，专署"除原有的任务与战时攸关的更应切实执行外，在战时最重要的任务"约有 10 项需要承担，具体包括：组织民众、指导防空、指导防毒、处置难民、铲除汉奸、接济军需、办理兵役、办理工役、救护伤害、调剂货物等，"此后相继而来的任务必是很多的……只要战争不停止，专员公署就有它的特殊任务；甚至于战后，更有一相当时期的善后任务"②。总之，时人共认"在此抗战时期，该项制度，仍有维持的必要。尤其是在战区地方，因交通的阻碍，特种勤务工已的繁重，行政督察专员的地位更形重要。不过专员职权与公署组织，必须予以切实的调整"③。

与 1932—1936 年时期不同，此时因民族主义高涨国民党政权对全国的统一获得了前所未有的实质内容④，出现各界同心齐谋改革的热潮，但国民政府最初还没有成形的改革想法和方案。1937 年 12 月 6 日，蒋介石在给各战区地方长官的电令中，主要是督励地方各级政府坚决守土抗战。他说："凡战区各省地方，如遇县城沦陷，则县政府应即迁至所属之乡区，继续工作，领导民众从事抗敌，或此乡再陷，则更迁至另一乡区，或竟全境皆有敌踪，仍应迁至邻县接境之地，但期有一寸之土，三户之民，则行政机构，决不涣散，工作决不中断，推而至于行政督察专员及省政府，亦复如是，驻县如有失陷，即应移驻所属之他县，省会如受敌迫，即应另移适中之地点，继续督励所属办理一切善后，收容及民众组织事宜，以为作战部队有力之协助。"⑤

（二）1937 年 10 月行政院令专员免兼县长

由于专员任务突增，学界认为，"专员兼县长而专员公署的职员也兼任县政府的职务，这样的结果整个专员公署的精力大部分耗费在县政府纸上文章上面去，事实上已没有工夫来切实执行专员公署自身的任务"。因

---

① 曹余濂编著：《民国江苏权力机关史略》（江苏文史资料第 67 辑），东南大学印刷中心 1994 年版，第 149 页。
② 郑自明：《行政督察专员制在战时的作用》，《国闻周报》第 14 卷第 46 期，1937 年。
③ 周焕：《论行政督察专员制度之调整》，《血路》第 39 期，1938 年。
④ 陈廷湘：《论抗战时期国民党的政制建设》，《抗日战争研究》1992 年第 3 期。
⑤ 张公量：《战时地方行政机构的改进》，《东方杂志》第 37 卷第 10 期，1940 年。

此，"行政督察专员制如要它在战时能发挥有效的作用，专员应绝对不得兼任县长，否则就没有作用可说了"①。

专员自身对突如其来的负担，在最初也倍感不适和压力，遂向内政部呈请免兼县长。他们说：本来"专员兼任驻在县县长一职，须用十分之八以上②精力，处理县政，对于督察工作，精神未专，收效实鲜，在平时犹感弊多利少，际兹全面抗战之秋，中央军政各机关直接交付专员办理之事甚多，加以兼任团管区司令，征调频繁，所负责任綦重。再兼县政，决难免有顾此失彼之虞，万一贻误军机，纵国有常刑，亦无补军事上之损失"。内政部表示同意，并解释说，1936年"10月条例"所规定的专员"兼任驻在地之县长"，本是"富有弹性，以便各省得斟酌地方实际情形，有自由伸缩余地"；而目前"尚在试办时期，专员兼县与不兼县，利弊互见"。既然如此，就呈请行政院批准专员免兼县长。1937年10月25日，行政院训令各省："在抗战时期，所有兼任团管区司令之行政督察专员，一律免兼驻在县县长，其余各区行政督察专员，亦以不兼任驻在县县长为原则。"③

其实，在行政院规定之前，地方已有取消专员兼县长的计划。如贵州省早在1937年8月即呈请专员不兼县长，专员驻在县改为一等县④。湖北省也"原有此项计划，正拟呈请核办"。行政院规定后，湖北省政府即于12月26日下令"专员不兼驻在地县长"。由于1936年"10月条例"曾规定"不兼任驻在地县长之行政督察专员公署，应依丙等经费编制"，即专署与保安司令部合计编制53—56人，经费2900元⑤。因此，湖北省

---

① 郑自明：《行政督察专员制在战时的作用》，《国闻周报》第14卷第46期，1937年。
② 陈之迈则说兼县占据了专员90%的精力："考现在兼县之专员，泰半费百分之九十之时间于其兼县事务之处理，其所用于专员职务之时间，只百分之十左右而已。"（陈之迈：《研究行政督察专员制度报告》，《行政研究》第1卷第1—3期，1936年）
③ 《训令：本府训令：省民一字六五五四〇号（二六、一二、二六）：令各区专员、四厅、保安处等：为本省行政督察专员一律不兼县长暨改订专员公署区保安司令部月支经费概算案令仰知、遵照（附表）》，《湖北省政府公报》第351期，1938年。
④ 师连舫：《行政督察制之研究》，《政治建设》第1卷第4、5期合刊，1939年。
⑤ 内政部：《行政督察专员公署办事通则》，《内政公报》第9卷第10期，1936年；行政院：《修正区保安司令部组织暂行条例》，《内政公报》第9卷第11期，1936年。

下令专员免兼县长后,"改订湖北省行政督察专员公署区保安司令部月支经费概算案",规定专署依照丙等编列51人,但区保安司令部则是按战时需要加以扩充,专署经费由"原额"3000元改为4232.5元,照八折3386元实发①。

陕西省则采用试点方式,在"七七"事变以后新成立的咸阳第十区专署、大荔第八区专署、凤翔第九区专署等,"先试行不兼县长",专署每月经费2500元;第五、六、七区直接改为不兼任县长,其他各区兼任县长的,每月经费一律2028元,两类专署统按八成折发②。

四川省等则延后执行。在刘湘出川抗战前,该省的专员均照旧兼任县长,直到1939年春刘湘死去王瓒绪代理省主席后,才明令取消专员兼任县长③。江西省也是1939年规定"专员一律不再兼任县长"④。同样的还有福建省⑤。

相比兼任县长的停止,各地专员兼保安司令的现象反呈增长趋势,由1937年2月的6省37名专员(江苏8、安徽2、浙江9、河南11、陕西7、贵州1,安徽省第六、第九区专员兼保安司令,其余第一、第二、第三、第四、第五、第七、第八、第十区则不兼)⑥,发展到1937年上半年的10省专员(四川、贵州、江西、湖南、福建、浙江、湖北、河南、甘肃、山东),未兼任的各省至迟于1939至1940年前后也实行了专员兼保安司令⑦。出现这一现象的原因,一是1936年3月1日国民政府公布《兵役法》和8月17日军政部公布《团管区司令部组织暂行条例》,规定

---

① 《训令:本府训令:省民一字六五五四〇号(二六,一二,二六):令各区专员、四厅、保安处等:为本省行政督察专员一律不兼县长暨改订专员公署区保安司令部月支经费概算案令仰知、遵照(附表)》,《湖北省政府公报》第351期,1938年。

② 《各区行政督察专员 试行不兼县长制度 省府会议决定专署每月经费 公布查丈土地人员检举办法》,《西北文化日报》1938年9月21日第2版。

③ 陈雁翚:《记四川推行行政督察专员制》,《四川文史资料选辑》(第27辑),第92—93页。

④ 中国人民政治协商会议景德镇市委员会文史资料研究委员会:《景德镇文史资料》(第4辑),政协景德镇市委员会文史资料研究委员会1987年版,第12页。

⑤ 《行政督察专员公署·抗战期中本省行政机构制改革》,《闽政月刊》第4卷第3期,1939年。

⑥ 《军政部军务司为函请将各省行政督察专员兼保区保安司令及副司令之姓名等列表过司以资参考由》(1937年2月26日),中国第二历史档案馆藏,内政部档案,资料号:一二(2)—1460。

⑦ 徐矛:《中华民国政治制度史》,上海人民出版社1992年版,第407页。

"所有全国设立团管区所在地之专员，系属军人出身者，均兼任团管区司令"①。二是现实中"在战时行政督察专员必须任保安司令，这制度才能完全发挥他的作用"。郑自明分析说："专员兼保安司令恰好和兼县长是相反的……专员在平时倒可以例外不兼保安司令；到了战时却不能例外，绝对必须兼任保安司令才能够发挥有效的作用。在这样对外抗战的时候，除了维持治安外，还有办理兵役（兵役管区未设立区域，应完全主持其事）、训练民众、指导防空……等等的重要事务都必须应用军事人员，如果专员兼保安司令而专员公署和司令部又合署办公，政军打成一片，能够易完成任务。"②

二 "行政院谈话会三原则"前后的两个秘密草案

为明确战时改革方向，1937年12月29日③，行政院秘书处和政务处"谈话会中讨论结果决定原则"三条（以下简称"行政院谈话会三原则"）。如果按照国民政府后面两个阶段出台的"二期战时行政计划""战时三年建设计划"逻辑排列，此"行政院谈话会三原则"应算作"一期战时行政改革三原则"。此"三原则"是："一、省主席应为中央驻外监督地方行政之官，二、行政督察专员制应予确定并扩充之，三、县政府应

---

① 周必璋：《改进行政督察专员制度刍议》，中央政治学校研究部1941年版，第97—98页。
② 郑自明：《行政督察专员制在战时的作用》，《国闻周报》第14卷第46期，1937年。
③ 目前，有关行政院"谈话会三原则"无公开研究记述，中国第二历史档案馆公开的档案中也无具体时间和内容的留存。笔者推定为1937年12月29日，除依据档案封面标示是"1937年12月—1938年7月"外，具体日期是通过行政院参事陈克文的日记推测得出。陈在12月29日记中道："下午伯聪（指魏道明——引者注）秘书长以参加讨论政府机构改革谈话会情形，谓各方意见殊不一致。问彼个人意见如何。答，在理论上和事实上都很需要，惟时机未到，勉强做去，恐无结果。又言，此时如改造政府机构，恐遗敌讥笑，对外殊觉不好。并嘱将谈话会大要列为数条送孔副院长，俾转达蒋院长取决。"（陈方正编：《陈克文日记：1937—1952》上册，社会科学文献出版社2014年版，第150页）为何不可能是12月29日以前的时间呢？笔者认为，南京自8月15日开始隔三差五遭到日军飞机轰炸，行政院难得"安靖终日"，无法"在原机关如常办公"，即使疏散到城外办公，各机关躲空袭之余的工作时间也大大缩减，甚至一度改在晚上7—10点办公。而11月17—29日，行政院各部会分批陆续从南京出发西迁，路途奔波扰攘至12月6日（陈方正编：《陈克文日记：1937—1952》上册，社会科学文献出版社2014年版，第92—140页）。依常理判断，涉及全国地方行政体系改革的大政方针不太可能产生于混乱的跑路当中。

予充实"①。显然,其核心是虚化省、实化区、充实县。这符合蒋利用实化专署消除地方割据,解决央地矛盾,实现一统体制的一贯逻辑。为落实"三原则",内政部、军事委员会、行政院分头草拟了不同的改革方案。

(一) 1937年12月内政部制定的强化草案

内政部的改革方案——《调整地方行政机构方案》根本未提专署或专员,实际只完成了"三原则"中充实县一条原则。方案中心思想是裁并省机构、充实县机构和经费,即紧缩省、充实县,省、专、县原有的地位不变。具体调整办法共有8条,其中省制3条、县制5条(表5-1)。

表5-1 1937年底内政部《调整地方行政机构方案》省县调整办法

(一) 属于省者	(二) 属于县者
甲、省政府应为省行政最高权力机关,凡省行政一切集中于省政府行使指挥监督之权,而对中央负绝对责任。 乙、凡各厅处所属专管机关不适合非常时期需要者,应由省政府酌量情形呈准裁并或于各厅处设科办理之,其有原以省政府或各厅处名义举办之事业,亦一律照此办理。 丙、前项节减之人力财力应悉数移作充实县行政之用。	甲、县行政统一于县政府。 乙、县政府原有各专管人员(如统计员、会计员、无线电收音员、度量衡检定员、林务专员等等)概编组于县政府各科内。 丙、县政府应增设兵役科及专任军法官一人。 丁、县社训教官、民训训练员应受县长之指挥监督。 戊、县行政经费应谋合理的整顿与扩充。

资料来源:《内政部函送行政院整顿县市以下组织、调整地方行政机构及改进战时民众训练等内政方案草案》(1937年12月—1938年7月),中国第二历史档案馆藏,内政部档案,资料号:一二(6)—6360。

这并非内政部民政司最初起草的方案。实际最初的方案更为贴合"行政院谈话会三原则"的要求,对省的削减力度和对专员的强化力度更大一些,其名称也非此,而是《非常时期调整地方行政机构暂行办法草案》,草拟者为内政部民政司第一科科长陈屯。

陈屯所拟草案的核心是缩减省组织及经费、扩充专员军权和人事权、充实县组织与职权。他的研制思路是先分析战争中各级"地方行政机构

---

① 《内政部函送行政院整顿县市以下组织、调整地方行政机构及改进战时民众训练等内政方案草案》(1937年12月—1938年7月),中国第二历史档案馆藏,内政部档案,资料号:一二(2)—1189。

不能灵活运用之原因"，然后针对性提出38条"调整办法"：省制8条、专员制7条、县制23条。在陈屯看来，省政府战时不能灵活运用的原因是：一、省行政机关组织过于松懈，权力不能集中。二、省行政经费太巨，因而影响于县行政经费。三、省政府委员会讨论事件过多，实影响于省行政效率。四、不兼厅之省府委员，无指定之工作。五、省政府各委员厅长，与民众接近机会太少。针对此，省制"调整办法"8条的中心思想是削省补县，具体包括两个方面：一是在机构和经费上，裁并省政府除民政厅、保安处外的其余厅处，行政经费"至少须减去十分之五以上"移补县政府，不兼厅的省府委员下放各县轮回巡视；二是在财政收入上，剥夺省政府的经济建设权，缓办、停办省政府或各厅处名义举办的事业等。这个办法虽不是虚省，但不无架空省府之义。

陈屯认为专员在战争中"不能灵活运用之原因"有四：一、过去专员兼理县政，并兼团管区司令，事繁责重，有顾此失彼之虞；二、专署承上启下，完全成一承转机关，有失政治上之作用；三、专员资格声望，多与县长相去不远，易为所属各县长轻视；四、行政督察区域及驻在地不甚适当。针对此，他提出的"调整办法"7条（表5-2）大意是：专员不兼县、专署按丙等编制、调整或裁并辖县，流动设置、专员由省府不兼厅委员兼任，专员可临时遴代辖区人员、统筹指导及监督地方民团力量、不承转公文。

此草案总体对于省专县制未做根本的变化，这也是其命名为"调整"草案的原因。其对专员制的调整集中于强化军事权、人事权和行政权。具体在军事权上，专员对辖区各种武装力量有"指挥调遣之权"，比1936年10月规定的"指挥监督之权"，增加了"调遣"，即可在辖区内布置兵力。在人事权上，比1936年10月规定的专员"密呈"县市长的违法失职行为和"撤销或纠正"县市长的违法或失当命令，增加了"先行遴员代理""通敌或弃职潜逃及其他紧急情事"人员的机动权。在行政上，专员"统筹指导及监督"各县市地方行政及地方自治自卫事业，比1936年10月规定的"巡视及指导"各县市地方行政及自治，增加了"统筹"。从后续两个阶段的专员制改革方案看，此草案开启了战时专员制度强化改革的大致模式，即主要是扩大专员的武力调动指挥和对县长的任免权。

表5-2　　1937年12月民政司《非常时期调整地方行政机构暂行办法草案》省制、专员制调整办法

省制	专员制
一、非常时期省政府之组织，除民政厅保安除外，其余各厅处，得由省政府酌量情形，呈准裁并，或设科办理之。 二、省政府各厅处所属专管机关，不适合非常时期需要者，应由省政府酌量情形，呈准裁并，或于各厅处设科办理之。本条与前条裁并机关之职员，得分配在各县县政府工作。 三、原以省政府或各厅处名义举办之事业，不适合非常时期之需要者，得由省政府酌量情形，呈准停办或缓办。 四、省政府各厅处在非常时期，除民政厅保安处得保留原有行政经费数额外，其余各厅处之行政经费，应照原额核减，至少须减去十分之五以上。上项节余经费，全数移补各县县政府行政经费，不作别用。 五、关于全省民众训练事宜，应以民政厅为主办机关，以前中央或地方，在各省设有此类专管机关，应并入民政厅办理。 六、民政厅或保安处，在非常时期，办理关于民众组织训练，及维持地方治安事宜，无论已未实行合署办公省分，均得直接对各县县长发布厅令，或处令。 七、在非常时期，省政府委员会，每月至多开会一次，遇有重要紧急事件，急待处理者，得由省政府主席迳行决定，俟开会时再提请追认。 八、不兼厅之省政府委员，须分班赴各县轮回巡视，考察民间疾苦，筹划战区救济，并指导民众组织及训练事宜，对于贪污或不尽职之官吏，尤须切实侦察，转报省政府立予惩办。	九、在非常时期，各省行政督察专员，一律不兼任驻在地县长。其专员公署之组织，应依照中央颁定之经费分等表丙等编制办理。 十、在非常时期，各省行政督察区所辖县数，得由省政府酌量情形，予以调整或裁并，依法咨报内政部转呈备案。 十一、在非常时期，专员公署驻在地，不必固定在一处，得酌量情形，于所辖各县市城镇，轮流设驻。 十二、在非常时期，各省行政督察专员之人选，以省政府不兼厅委员兼任为原则。 十三、行政督察专员对于所属各县长市长及其他行政人员，认为有违法失职及贪污情事，应呈报省政府立予撤惩，另行派员接充。如有通敌或弃职潜逃及其他紧急情事，不及呈报省政府派员接充时，亦得由专员公署先行遴员代理，一面报请省政府核办。 十四、行政督察专员对于所属各县市地方行政及地方自治自卫事业，统筹指导及监督之权，对于保安团队、地方团体、民众组织有指挥调遣之权，于必要时，在有益抗战范围内，并得先办后报。 十五、在非常时期，省政府通行文件，毋庸由行政督察专员公署承转，可迳行令县办理；一面令行专员公署知照。县政府对于省政令办之事，亦得迳行呈报省政府；一面分呈专员公署备查，以省手续。

资料来源：《内政部函送行政院整顿县市以下组织、调整地方行政机构及改进战时民众训练等内政方案草案》（1937年12月—1938年7月），中国第二历史档案馆藏，内政部档案，资料号：一二（6）—6360。

孰料陈屯这一草案上呈内政部部长何键后，被大幅修改。何键删除了专员制的7条，简化省制的8条为3条，简化县制的23条为5条，即原来总计38条的"调整办法"被合并缩编为8条（表5-1），重新命名为

《调整地方行政机构方案》。

何键为何如此删改？其方案后标明此举遵循的调整原则是"省行政之机构宜力求坚密灵敏，县行政之机构宜力求完整充实"①。后来他在《申报》上表达为："以渐进方式，谋省县改革"。他的具体思路是"使省县政务，集中于省县政府，县对省，省对中央，各负其绝对责任，中央对省，省对县，分课其应尽事功"；至于"县以下者，应健全基层组织，充实保甲制，扩张乡镇区域，且为融合干练及智识分子，团结乡村力量起见，应以公正士绅充乡镇保长，而以才智青年辅助之"②。总之，他认为应保持现有体制，仅加强县以下的乡镇保甲基层，专员制不做任何变动。

何键此举与其为人、行事风格和治政观念直接相关。有人评价"何键为人颇有江湖气派，见风使舵，善舞权术"③；也有说他"比较守旧"④。前项在他割据湘省时善用湖南地缘政治讨价还价、见风使舵于中央与两广之间可兹证明。在地方改革方案这件事上，更有体现。此时何键上任（1937 年 11 月 20 日）内政部部长仅月余，在莅任之初欲积极作为，"迭向政院提出调整基本方案"⑤。他不弱化省府的权力或强化专员的权力，应是求稳和曾身为省主席的"兔死狐悲、物伤其类"。所以，删改后的省制 8 条中仅保留了陈屯草拟方案中精简机构一个意思，而经费砍半、省府委员下放、省事业缓办停办等大伤省政府元气的办法基本予以删改，改为"酌量""裁并""原为省政府或各厅处名义举办的事业""或于各厅处设科办理"。他还特意增加一条强调省地位不变的话置于"调整办法"之首："省政府应为省行政最高权力机关，凡省行政一切集中于省政府行使指挥监督之权，而对中央负绝对责任"。对于县级，他把陈屯方案中具体充实县政府

---

① 《内政部函送行政院整顿县市以下组织、调整地方行政机构及改进战时民众训练等内政方案草案》（1937 年 12 月—1938 年 7 月），中国第二历史档案馆藏，内政部档案，资料号：一二（6）—6360。

② 《何键发表。调整行政机构。基本方针。以渐进方式谋改革。使政务集中于政府》，《申报》（汉口版）1938 年 2 月 17 日第 2 版。

③ 师永刚、刘琼雄：《红军：1934—1936》，生活·读书·新知三联书店 2012 年版，第 165 页。

④ 厂民编著：《当代中国人物志》，当代书店 1937 年版，第 47 页。

⑤ 《何键发表。调整行政机构。基本方针。以渐进方式谋改革。使政务集中于政府》，《申报》（汉口版）1938 年 2 月 17 日第 2 版。

的23条办法，如增加专任秘书1人、助理秘书若干、专任军法官1—2人等诸多细致要求，合并笼统叙述为5条，也见其"渐进"改革的特征。当然，何键的方案肯定不合蒋对专员制的一贯逻辑和理念。

1938年1月5日，何键将《调整地方行政机构方案》与内政部下属其他部门起草的另外四案（《整顿县市以下组织方案》《改进战时民众训练方案》《整饬全国警察以合战时需要方案》《抚恤伤残储节生产以安民生而正民心方案》），共同上呈行政院院长蒋介石。蒋批示"交军委会核议"①。

1月11日，行政院第三四五次院会讨论了包括《调整地方行政机构方案》在内的内政部上呈的6个提案②，除《调整地方行政机构方案》《整顿县市以下组织方案》外，其余均予通过。院会的决议是："由各部会详加研究签注意见，限于二星期内呈院，再行由院召集具有地方行政经验人员及专家开会审查。"③

后来，何键称，此"调整行政机构案，曾在汉口提出讨论，历四五次之多"，其间也"另有人主张将地方行政机构加以改革"，但最终结果是"在原则上大致仍照本部提出方案"④。3月21日，何键在本部总理纪念周讲话中重申其"渐进式"改革原则，公布了六项⑤施政重点。其中第一项"调整行政机构，以增进政治效能"，基本重复《调整地方行政机构方案》。如对外公开的省制改革3条是：（1）集中省行政或中央委托办理事项于省政府，依法令行使指挥监督之权；（2）裁并各厅处所属专

---

① 《接近战区地带地方行政机构改革原则草案及有关文书》（1938年1月），中国第二历史档案馆藏，内政部档案，资料号：一二（6）—8687。
② 另外2案是内政部的《修正内政部组织法各条条文草案》和难民救济委员会总会的《救济难民抚辑流亡实施办法》。
③ 《政院会议决议实施　调整地方行政机构　通过救济难民抚辑流亡办法》，《工商日报》（西安版）1938年1月12日第2版。
④ 何键：《非常时期内政方针——三月二十一日在本部总理纪念周训词》，《内政公报》第11卷第7—12期，1938年。
⑤ 六项包括：一、调整行政机构，以增进政治效能；二、健全下级组织，以团结全民力量；三、充实警政，以确保地方治安；四、教恤伤痍，以安定社会秩序；五、储节物资，限制消费；六、奖进民德，厉行禁烟。

管机关及不合非常时期需要之事业；（3）前项节减之人力财力，悉数移作充实县行政之用。对外公布的县制改革 4 条是：（1）县行政统一于县政府，县政府之组织以裁局改科为原则；（2）县政府组织外，原有各专管人员概编组于县政府各科内；（3）县政府设置专科办理兵役、军训、民训事务，县社训教官、民训训练员等均受县长之指挥监督；（4）县行政经费予以合理的整顿与扩充。对于同为虚级的区署制，内政部决定"扩大乡镇区域及保甲编制，为废区之准备"①。

6 月 6 日，内政部根据抗战建国纲领拟具的《战时内务行政实施方案纲要》，也延续集中省权、裁并机关、移充县的思路，只额外添加增划专署一项，并无强化专员制之意。此"纲要"共 35 项，第 34 项提出为"应急需"，"初步之调整"地方行政机构的四条原则：第一条"集中省行政或中央委托办理事项于省政府，依法令行使指挥监督之权"；第二条"裁并各厅处所属专管机关，及不合非常时期需要之事业"；第三条"前项节减之人力财力，悉数移作充实县行政之用"；第四条"督促各省增设专员公署，调整管辖区域，照章改正组织，专员并一律免兼县长"②。显然，前三条也是重复《调整地方行政机构方案》中省制调整的三条，第四条是新增的，但并无扩大专员权力、充实专署员额之意。

（二）1938 年 1 月军委会制定的实化原则草案

与内政部同时，受蒋介石之命的张群也私下组织人力研制了一个方案。这个方案虽为"原则草案"，但却是要实化专员制度，不过仅限于"接近战区地带"。

1938 年 1 月 5 日，根据蒋介石对内政部 5 个草案的批示——"交军委会核议"，曾任军事委员会秘书长③、时任行政院副院长④的张群以军委

---

① 何键：《非常时期内政方针——三月二十一日在本部总理纪念周训词》，《内政公报》第 11 卷第 7—12 期，1938 年。

② 《内政部为拟具战时内务行政实施方案纲要与行政院秘书处往来文书》（1938 年 5—6 月），中国第二历史档案馆藏，内政部档案，资料号：一二（6）—6359。

③ 军事委员会秘书厅设立于 1937 年 9 月，1938 年撤销，秘书厅秘书长张群（字岳军），副秘书长陈布雷（参见刘寿林等编《民国职官年表》，中华书局 2006 年版，第 440 页）。

④ 1938 年 1 月 1 日行政院改组，孔祥熙任院长，张群任副院长。参见刘寿林等编《民国职官年表》，中华书局 2006 年版，第 400 页。

会秘书厅名义，邀请内政部民政司第一科科长陈屯等9人，于转天下午2点在中央党部委员甘乃光的私人寓所（兰陵路二十四号），"商讨战时地方行政机构改革问题"。

其实，这是蒋介石早前的布置。蒋在1937年底曾"面谕"张群："召集对于地方行政制度素有研究人员，共同研究"草"拟'接近战区地带地方行政机构改革原则'，送国防最高会议，为修正省县组织法及专员条例之根据"①。蒋1937年12月1日的日记中也提到此事。他写道："预定……二、电张拟改革政府制度草案……四、研究军政机关改革草案。"② 然后，张群"转交甘（乃光）委员拟定改革原则草案"。

1月6日参会的9人确是"对于地方行政制度素有研究人员"，且均与当初的"剿总条例"有"渊源"，有的是当时的草拟者，有的是推行、实践者，有的是研究者。虽然档案中只写39人的名字，但细查资料发现他们均有来头儿。9人中，除了甘乃光和陈屯外，还包括国民党中政会内政委员、军委会第二部专员梅思平，行政院院部参事张锐，行政院秘书、军委会秘书厅秘书罗君强，军委会委员长侍从室第二处第四组组长陈方，湖北省政府委员卢铸，四川省政府委员兼民政厅厅长王又庸、范朴齐。第二章曾经介绍过陈方、罗君强、卢铸、王又庸，此处仅介绍"新人"。

梅思平、范朴齐具有专员任职经历，梅于1936年6月29日至1937年5月14日任江苏省第十区行政督察专员③，曾在1936年5月的十省会议上主张实化专员制度；范于1936年4月20日至10月3日任甘肃省第二区行政督察专员④。

---

① 《内政部函送行政院整顿县市以下组织、调整地方行政机构及改进战时民众训练等内政方案草案》（1937年12月—1938年7月），中国第二历史档案馆藏，内政部档案，资料号：一二（6）—6360。

② 《蒋介石日记》，美国斯坦福大学胡佛研究所档案馆藏，第143页。

③ 《行政院决议通过 甄用毕业学生办法 张自忠继任津市刘汝明任察主席 邱仰浚鲁荡平任晋民厅长豫教厅长》，《申报》1936年6月24日第2张第5版。

④ 《行政院通过土地赋税减免规程，任命川甘各区行政督察专员》，《申报》1936年4月15日第4版。

第五章　1937—1938年：一强化一实化两个秘密改革草案的制定与取消　153

　　张锐①、甘乃光②是行政学专家，见证了前期的专员制度。甘乃光1932年5月28日至1935年2月27日任内政部政务次长，一度是黄绍竑的手下，应是参与审核了1932年的"行政院条例"。张锐1935年8月至1936年4月任内政部参事，1936年4月3日升任行政院参事③。参事在政府机关里专门负责撰拟各种法律命令，行政院参事的官阶地位与各部司长等同，仅次于行政院的秘书长。后来任内政部参事的陈屯在1943年3月说："民国二十一年与二十四年两次改订专员制度，均系由参事起草。"④笔者推测，张锐应参与了1936年3月25日公布的"3月条例"的草拟和修改。甘乃光和张锐是"行政效率研究会"的首届主任和副主任。前已述，该会是行政院成立的专门负责"考核中央及地方各行政机关之组织与职权分配，并调整其互相间关系"的中央级行政研究组织⑤。张锐也是行政院1936年夏季实地调研的实际执行者。所以，张、甘二人对专员制

---

①　张锐为美国密歇根大学硕士、市政学专家，曾担任东北大学教授，清华大学、南开大学的市政讲师，还担任过天津市政府秘书。参见杨沛龙《中国早期行政学史：民国时期行政学研究》，社会科学文献出版社2014年版，第64页。

②　甘乃光，1922年毕业于岭南大学政治经济系。1924年起任黄埔军校政治部英文秘书兼政治教官，国民政府商民部代理部长兼宣传人员，养成所所长，国民新闻、民国日报社社长，国民党中央青年部部长，广州市市长。1925年廖被刺后追随汪精卫。1927年宁汉分裂后，一边为蒋介石工作，一边支持汪精卫，以汉方代表出席上海国民党会议；10月任广州市市长，年底中国共产党广州起义，李济深重掌广州后，南京当局以容许和保护"共产党广州的叛乱"和挪用市政公款斥责并解除甘乃光的职务。1928—1929年甘乃光成为政治流亡者去美国芝加哥大学研究政治科学，回国时又到美国及西欧其他国家考察政府行政程序。1929年3月国民党三全大会，他与陈公博共同被"永远"开除出国民党，又被汪精卫以勾结桂系白崇禧、李宗仁书面警告后，甘乃光与他们维持友好关系，但脱离政治联系。1938—1942年先后在朱家骅、叶楚伧、吴铁城手下任国民党中央党部副秘书长。1942—1945年在王宠惠手下任国防最高委员会副秘书长。1945年秋至1947年任外交部政务次长。1947年张群任行政院院长后，甘乃光任秘书长。1948—1949年任驻澳大利亚大使；1950年辞职后留居此地，直至1956年9月病逝于悉尼。著有《先秦经济思想史》，译有《美国政党史》。（[美]包华德主编：《中华民国史资料丛稿　译稿　民国名人传记辞典》第六、七、八分册上，沈自敏译，中华书局1986年版，第81—82页）

③　刘寿林等编：《民国职官年表》，中华书局2006年版，第400、512页。

④　《各省主席对行政督察专员公署组织改进意见及内政部奉令核办行政督察专员制度改进的有关文书》（1943年2月），中国第二历史档案馆藏，内政部档案，资料号：一二（6）—8303。

⑤　《行政院行政效率促进委员会组织规程行政（二十六年六月十日行政院公布）》，《法令周刊》第363期，1937年。

度很有发言权。

陈屯①是内政部的元老级人物，曾在北京政府内务部任职 12 年。1928 年阎锡山、冯玉祥"平分"内政部时期，陈依靠冯系任内政部部长的薛笃弼进入民政司，此后历经内政部多次重组始终未离此地，至此时在南京政府内政部又已任职 10 年②。1936 年 5 月十省高级行政人员会议，曾负责整理和草拟议题及说明。1938 年 8 月升任内政部参事直至 1949 年，更是后来两个实化专员条例草案的核心执笔人。前述内政部改革草案的初稿《非常时期调整地方行政机构暂行办法草案》即出自他手。

1 月 6 日的会议，原定由张群主持，他临时有事，改为甘乃光。会议经过三小时的讨论，"对于原草案修正之点颇多"。

最终 9 人讨论形成《接近战区地带地方行政机构改革原则草案》，完全落实了"行政院谈话会三原则"，实行虚省实区，"省府应改为执行中央权责之机关"，"专员区为地方行政之重心"。如此大的变动，难怪甘乃光谨慎地对与会者强调："此项草案，仍系一种建议案，本日出席人员，均系以私人名义参加。"给陈屯的邀请信也是"密函"③。

该原则草案主要包括"甲、说明"和"乙、具体办法"两大部分。"甲、说明"简要说明了要解决的问题和主要办法，共 5 条：

一、现时地方政府已分为三种地带：（一）被占领地带，应有机

---

① 陈屯（1890—1950），湖北省黄冈市蕲春县达城乡姚家湾人，原名幼升，又名冕亚，字钝农。辛亥革命期间，与詹大悲等率兵光复汉口，并在汉口军政分府任职。清军南下反扑，作为后援，与黄侃等由汉返蕲春，策划联络鄂皖边县会党北上，截断清军后路，以解武汉之围。袁世凯掌权后，东渡日本留学，研习法律。学成归国，到南京国民政府任职，历任行政院参事及内政部科长、司长、参事室主任（相当于次长）。1950 年春经董必武推荐，任南京新法研究会主任。公务之余，潜心钻研古籍，收集整理全套《古今图书集成》。1950 年 11 月逝于南京，葬于雨花台公墓。（丁永淮主编：《鄂东文艺家辞典》，湖北科学技术出版社 1993 年版，第 139 页）

② 《内政部昨举行七周年大会》，《中央日报》1935 年 4 月 2 日第 2 张第 3 版。

③ 秘书厅总务、国府军委会组启《为本秘书长谕呈于本月六日假座甘乃光寓所会议战时地方行政机构改革问题请陈冕亚参加由》，《接近战区地带地方行政机构改革原则草案及有关文书》（1938 年 1 月），中国第二历史档案馆藏，内政部档案，资料号：一二（6）—8687。

密地方政府存在，(二) 接近战区地带，应有被占领后政府能秘密存在之准备，(三) 较在后方地带，应有应变之组织。

二、大都市与交通干线必先沦陷，省区往往被截为数端，如浙江被割为浙东浙西，安徽被割为皖南皖北，江苏被割为苏北苏南等，是时省府必须移动，如江苏移江北，则江北与江南失去联络，省府因而不能发挥其统治全省之效能。

三、政府移动之结果各省区自然形成若干据点，如浙闽边境之仙霞岭，豫鄂皖边境之大别山等，若二省府以上同移至一据点时，应归并合署办公。

四、省府不能指挥全省时，则省之性质因而发生变化，为指挥灵敏集中权力、节省财政起见，省府应改为执行中央权责之机关，所有中央驻省一切附属机关均归并之。

五、专员区为地方行政之重心，使在割据地带仍能执行地方行政职务。

"乙、具体办法"部分，是针对"接近战区地带"的省、专、县政府拟定的改革方法（表5-3）。"接近战区地带"相比沦陷地带和后方地带，政府工作更为危险和不确定，也是国民政府或可争取的地区。故草案中涉及专署的9条不但给予机动、便宜行事之权，如可"变更"或"暂缓施行"中央及省法令、"指挥调遣""辖境内一切武力"；而且大胆主张"行政督察区为地方实际行政单位"，"指挥监督"县政府。

表5-3　　　　1938年1月《接近战区地带地方行政机构
改革原则草案》"具体办法"

一、接近战区地带之省政府	(一) 省政府改省政府主席制，其组织酌量缩小之。 (二) 中央驻省一切附属机关改隶于省政府，其不必要者，得裁并之。 (三) 省行政经费不足时，由中央补助之。 (四) 中央所颁各项法令与现状不相适合者，得由省政府呈准暂缓施行，或变更之。 (五) 依上列原则另订省政府组织法。

续表

二、接近战区地带之专员公署	（一）行政督察区为地方实际行政单位，受省政府之指挥监督。 （二）区陷落后应有秘密人员留守，由专员指定一人负秘密行政之责任，并呈报备案。 （三）区行政经费在被占领地带以自筹为原则。 （四）区与所隶省政府失却联系时，应就近改隶邻省省政府，受其指挥监督。 （五）区与所隶省政府失却联系，并无法改隶邻省时，得便宜行事。 （六）区之区划，得就军事情况，酌为变更或裁并由省呈中央决定之。 （七）专员必须兼任区保安司令，对于辖境内一切武力有指挥调遣之权。 （八）专员应兼军法执行监，对于处决汉奸及重要盗匪案件有核准执行之权。 （九）中央及省所颁各项法令，专员认为与现状不适合者，得呈准暂缓施行或变更之。
三、接近战区地带之县政府	（一）县政府受区之指挥监督。 （二）县陷落后应有秘密人员留守，由县长指定一人负秘密行政之责任，并呈报备案。 （三）县行政经费在被占领地带以自筹为原则。 （四）县与原管辖区失却联系时应改隶临近专员区，受其指挥监督，县与上级政府完全失却联系时，得便宜行事。 （五）县长兼任军法官，应设军法承审员二人或一人。 （六）中央及省区所颁各项法令，县长认为与现状不相适合者，得呈准暂缓施行或变更之。

资料来源：《接近战区地带地方行政机构改革原则草案及有关文书》（1938年1月），中国第二历史档案馆藏，内政部档案，资料号：一二（6）—8687。

当天讨论结束后，行政院拟将此"改革原则草案"与内政部的五个方案①，"并案整理，合并陈明"上报②。

（三）1938年3月行政院的实化草案

在上述原则草案的基础上，1938年3月，行政院秘书处、政务处研制完成《调整地方行政机构方案》，虽方案的名字与内政部的方案同名，但却是一个彻彻底底落实"行政院谈话会三原则"的改革方案。

这一方案由"省政委员会组织法及郡组织法草案两种"组成。《省政委员会组织法》（17条）计划将省虚化为"省政委员会"，"执行中央法

---

① 五个方案指"调整地方行政机构方案""整顿县市以下组织方案""改进战时民众训练方案""整饬全国警察以合战时需要方案""抚恤伤残储节生产以安民生而正民心方案"。

② 《接近战区地带地方行政机构改革原则草案及有关文书》（1938年1月），中国第二历史档案馆藏，内政部档案，资料号：一二（6）—8687。

第五章 1937—1938 年：一强化一实化两个秘密改革草案的制定与取消　157

令监督全省各郡政务"，设 5 厅（总务厅、民政厅、财政厅、教育厅、经济厅）。《郡组织法》(14 条) 计划将专员区更名为郡，"郡为地方行政区域"，管辖十五至三十县（市），郡长"综理全郡行政并监督指挥所属各县（市）政府"，"县（市）行政官吏之任免奖惩由郡长提请省政委员会依法行之"；郡政府设 4 处（总务处、警保处、财政处、教育处）之外，还可经行政院核准再设立 5 处（社会处、土地处、卫生处、水利处、工务处）共 9 个机构①。有内部消息的人一针见血地指出：《郡组织法》"为行政专员制之变相，今已成为一级"，"省诚名存实亡"②。

由于这个方案在体制上彻底虚省实区，过于"大胆"，为慎重起见，行政院将该方案先在内政部进行了小范围秘密征询。1938 年 3 月 20 日，内政部部长何键命秘书室将此《调整地方行政机构方案》作为密件，分送所属各司室处会署的简任、荐任级公务员 24 人（表 5 – 4），要求他们在 10 日内"迅速签具意见，以凭参考"。

表 5 – 4　　　1938 年 3 月《调整地方行政机构方案》的
征询对象名单和《郡组织法草案》

本部简任参事	总务司司长	参事代民政司司长	地政司司长	警政司司长	礼俗司司长	本部简任秘书	本部简任视察	统计处统计长	卫生署署长	卫生署副署长	禁烟委员会常务委员	禁烟委员会处长	禁烟委员会秘书	荐任秘书				
包惠僧	闻钧天	黄家声	梁栋	彭灼	陈屯	郑震宇	邓裕坤	陈念中	曹兴球	钟龄	何元文	张仲钧	黄厚瑞	颜福庆	全宝善	甘乃光	李仲公	吕苾寿	张开琏	钱隽逵	张冈凤	王子骞	王景义	王政诗	赵澍

郡组织法草案

第一条　郡为地方行政区域，管辖十五至三十县（市），其名称及辖境另定之。
第二条　郡置郡长简任，综理全郡行政并监督指挥所属各县（市）政府。
第三条　郡长于不抵触法令范围内得发布命令及指定单行规程，但关于限制人民自由增加人民负担及变更组织或预算者，非经国民政府核准不得执行。

---

①《本部调整地方行政机构方案意见》(1938 年 3 月 20 日)，中国第二历史档案馆藏，内政部档案，资料号：一二（2）—1189。

②《政院会议决议实施　调整地方行政机构　通过救济难民抚辑流亡办法》，《工商日报》（西安版）1938 年 1 月 12 日第 2 版。

续表

本部简任参事	总务司司长	参事代民政司司长	地政司司长	警政司司长	礼俗司司长	本部简任秘书	本部简任视察	统计处统计长	卫生署署长	卫生署副署长	禁烟委员会常务委员	禁烟委员会处长	禁烟委员会秘书	荐任秘书
包惠僧 闻钧天 黄家声 梁栋	彭灼	陈屯	郑震宇	邓裕坤	陈念中	曹兴球	钟龄	何元文	张仲钧	黄厚瑞	颜福庆	全宝善 甘乃光	李仲公 吕苾寿	张开琏 钱隽逵	张冈凤 王子骞 王景诗 王政义 赵澍

第四条　郡长对于所属各机关之命令或处分认为违法或不当时，得停止或撤销之。
第五条　县（市）行政官吏之任免奖惩由郡长提请省政委员会依法行之。
第六条　郡长兼郡保安司令，指挥并管理所辖各县（市）警察团队及民众武力。
第七条　郡政府置左列各处
　　一、总务处　掌理公文印信庶务会计人事及其他不属于各处事项；
　　二、警保处　掌理警察自治兵役团队及关于民众组织训练事项；
　　三、财政处　掌理赋税库藏公产预算决算及其他郡财政事项；
　　四、教育处　掌理农工商矿各业及其他一切经济建设行政事项。
第八条　郡政府于必要时经行政院核准得分别增设左列各处
　　一、社会处　掌理户口赈济粮食劳工合作礼俗事项；
　　二、土地处　掌理土地行政事项；
　　三、卫生处　掌理公共卫生及保健事项；
　　四、水利处　掌理河渠港务及一切关于水利事项；
　　五、工务处　掌理土木工程事项。
　　以上各处掌理事务得分别并归第四条各处办理之。
第九条　郡政府各处各置处长一人，荐任或简任，承郡长之命办理各该处事务。
第十条　郡政府置处员十五人至四十五人委任。
第十一条　郡政府于必要时经上级机关核准得置技正技士及技佐。
第十二条　郡政府各处得分股办事。
第十三条　郡设参议会，其组织另定之。
第十四条　本法自公布日施行。

资料来源：内政部：《本部调整地方行政机构方案意见》（1938年3月20日），中国第二历史档案馆藏，内政部档案，资料号：一二（2）—1189。

虽说要求3月31日前回复，但最晚的已迟至5月1日，而最主要的是绝大多数人持反对意见，甚至有人从根本上质疑"行政院谈话会三原则"的合理性。

做出反馈的13人中，除卫生署长颜福庆1人反馈的意见与方案无关（建议普设卫生机构）外，其他12人中，仅内政部科长杨君励（并不在档案显示的征询名单中）表示此方案"大体可予赞同"，其余人均反对。反对的理由包括违反二级制、专员制功效无定、有碍行政效率、抗战之际不宜"遽予纷更"、"甫经划定"不宜"朝令夕改"、实化为郡易生割据、不符合机构简化的要求、骤然改造地方政府阻碍抗战、专员制度只是过渡性制度等（表 5-5）。

表 5-5　1938 年 3 月行政院《调整地方行政机构方案》征询结果

征询对象	意见原文
内政部参事兼礼俗司司长陈念中	（谈话会三原则中的）原则二"行政专员制应予确定并扩充之"似与省县两级制之原则相违背。地方政制系规定于建国大纲中，其第十八条认县为自治单位，省立于中央与县之间，以收联络之效，是为两级制之根据。……数年来，采用者虽已达十五六省之多，但其成效如何，似尚无定评……准此专员制为常设制度，在原则上既有抵触，在功效上，除一二特殊情形可资暂时适用为过渡时期之办法外，此制之确定与扩充，订入原则之内，似大有考虑之余地。
内政部参事包惠僧	将行政之层级由三级变为四级，将现有之行政督察专员制，改为郡政府制度。以此而言改革，不仅不能增加行政之效率，并且使行政之程序加多，办事手续，益加麻繁迟缓；在行政组织方面，既发生重复状态；而权限方面，势必陷于混杂不清，其调整之结果，不过使国家多设机关，多任用行政官吏，而行政效率，更愈形减少矣。
内政部科长杨君励	本方案拟在省县之间设郡，并将地方行政重心移属于郡政府，省县之区域均无变更，而可收缩小省权之效，颇能适应目前之环境，且将地方行政最高区域缩小，所收指挥监督便利之实效，将胜于现行之行政督察专员制度，故大体可予赞同。
内政部秘书钟龄、内政部总务司长彭灼、内政部参事黄家声	1. 地方制度采省县二级制行之已久，现当抗战之际，遽予纷更，必有不少事务因而停顿。 2. 郡辖十五至卅县则一省约可置四至九郡，我国各省因文化经济交通各种情形之不同，故其进展极不一致，常使国家行政感受困难，就一省言，其辖县之文化经济交通亦自各异，省政府以全省财力统筹，为顾贫瘠之县，尚可谋相当之发展；若分区置为郡，因天然及地理限制，实无法使之平均，即无法使之齐头并进，是于一国有畸形之外，更使一省有畸形，将来各地政治，必有相距悬殊者。 4. 建国大纲规定县为自治单位，在抗战建国并进途中，自以充实县政府，促进自治为急务。若舍县而言，郡似仍不免上重下轻之病，而有缓急不相需之嫌。
内政部秘书曹兴球	今吾国为共和政体，元首不称君，若复古郡名，则于时代不合，至督察区名义，范围故嫌太小，而当此抗战期间，甫经划定，朝令夕改，于人民观感，反多扞格怀疑之处，是以不如暂仍旧贯，较为妥恰；又旧道区划分，清时原几经考究，始克就绪，今虽以交通关系，如铁道公路轮航，足以使控驭之方法变更，而山川险阻，风俗习惯，究无多移易，若必须改制，似不如仍就旧道区划分，如以交通关系，必须易彼就此以便控驭者，则可略行改隶，以收指臂之效。

续表

征询对象	意见原文
内政部视察张仲钧	郡为旧道区之变相，亦即现有行政督察专员之变名，其性质非暂而永，依郡组织法草案第一条之规定，其辖区未免大广，易滋分权与集权之争执；且郡长复兼省府当然委员，而一郡之行政官吏，又予以提请任命之特遣，尤足启操纵把持割据之流弊；况自治以县为单位，省介于县与国之间，今另设一郡，是否与宪法及自治法相抵触，此应请慎重考虑。勿以法害政，庶其有豸。
内政部统计处统计长黄厚瑞	一、就原则上论，该项草案与行政院谈话会所决定之原则二（行政专员制应予确定并扩充之）不符，郡组织法草案并非现行政专员制之调整，而系"地方最大行政区域"之制定，将现行省制完全推翻，并确定省政会为一纯粹中央机关，"省政会之经费由国库支拨"。此点与原则一（省主席应为中央驻外监督地方行政之官）亦不相符。 二、就事实论，调整地方行政机构一案原系在此国难关头如何使现地方行政机构简单化，而能使其充分发挥各个机构之最大效能，并非欲在此期间大施改革另立新制度，国难当前，各种行政事业刻刻均在积极进行之中，如将现行地方行政机构根本推翻，新立制度，则一切行政陷于停顿状态，在目前万万不可行，在进而言之，郡制是否合于现时之需要，非试行之后无法论定。
内政部司长郑震宇	本案之用意，一方欲实现缩小省区之企图，欲以郡代省，一方又过于因循省制之现状，而不敢有根本之更张，以致所拟方案，省既四不像，郡又不具有独立行使政权之全形，依此结果所构成之组织，将使省之职权，上与部争，下与郡争，政权行使之牵制愈多，地方行政之效率愈减，徒为国家添一大批官吏，为国库增一大笔开支而已。
内政部视察何元文	省县之中，不宜另加一级无论郡之名称，加于县上，考诸历史，似有不合，其无益于行政……况值此抗战时期，画疆开府，造成地域观念，更换人民耳目，徒增巨额行政经费，似俱非宜，仍可维持省县两级，原有组织，不适用于现时者，详加修改，省组织极端紧缩，县组织应予充实，并严格人选，提高地位，与职权，如此人法兼顾，效率自增……修正现行行政督察专员之原则，订为"得设"非"必设"机关，"列举在某种情况，得设立之"，如因特殊事项而设者事竣则撤。
内政部民政司代司长陈屯	改现有行政督察专员公署为郡政府，扩大其区域，充实其组织，以为他日缩小省区之准备。此种改革，理论上自极可通……今值非常时期，骤然改造地方政府，是否或因人事之纷扰，致阻碍抗战之进行，似可不无顾虑，兹姑就法言法，两种草案颇有不能贯彻主张之处。

续表

征询对象	意见原文
内政部参事闻钧天	查专员制度，演绎至今，已悖初义，其初尚不失为兼县治事之官，近则沦为监政管官之具，事实上所具作用，惟在政区广阔之省，或省内交通壅塞之区及土匪滋扰民智落后之地段，对于省为传达政令或稽察县吏计，对于中央为预留他日缩小省区之地步计，或上不失为有可暂存之理由，此外实无永久存在之必要。故专员制度本身价值，仅为地方政制改革之过渡期内，用以推行一部分"行政监督权"之作用而已。基是意义，政府对于所赋予专员之督察权，谋为合理，以利运用则可；若为无条件无目的之扩充，甚或使其备具地方行政阶层或由原有之省县两级制，一变为三级制，则尚多考虑。谈话会中于此点，颇为疏忽，不无遗憾。且地方行政应采用省县二级，总理已详昭示，建国大纲与约法亦均有规定，似不宜舍此依据，而随意爱憎也。再就行政效率言，今后亦惟有"缩省"以"实县"，集中人力财力于县，方有兴建，断无"虚省"以"实区"或"设区"以"弱县"而反为行政之梗也。

资料来源：内政部：《本部调整地方行政机构方案意见》（1938年3月20日），中国第二历史档案馆藏，内政部档案，资料号：一二（2）—1189。

内政部礼俗司司长陈念中、内政部参事闻钧天、内政部视察张仲钧3人均提出实化专员制度违反法理，认为"行政院谈话会三原则"之二"行政专员制应予确定并扩充"本身有悖二级制和宪法。内政部参事包惠僧、内政部地政司司长郑震宇、内政部视察何元文3人认为实化专员制度就是减效、增费、增烦扰。内政部统计处统计长黄厚瑞认为专员区为"地方最大行政区域"，与谈话会的原则二"行政专员制应予确定并扩充"不符；"省制完全推翻，并确定省政会为一纯粹中央机关"，与原则一"省主席应为中央驻外监督地方行政之官"不符。内政部代民政司司长陈屯、内政部秘书钟龄、内政部总务司司长彭灼、内政部参事黄家声、内政部秘书曹兴球等5人，认为国难之际不宜剧变。

实际上不止内政部，行政院内部不赞成战时大事改革的，也大有人在。据行政院参事陈克文在日记中说，1937年11月27日，他在西迁的船上与军委会秘书长张群闲谈今后中央及地方政治机构改革问题，张群"举连贯二字为纲要，谓直求能贯，横求能连"，陈克文也同意，认为此言"切中窍要"。12月11日，陈克文与同事彦远闲聊中央及地方政治机构改革问题，发现彦远"主张简单化、权限分明，责任清楚"并将"中央机关之过剩人员，应分派于地方服务，提高县长地位，县长由中央直接委派"。12月29日下午，陈克文与行政院秘书长魏道明也聊政府机构改革问题，魏的态度是，改革"在理论上和事实上都很需要，惟时机未到，勉强做去，恐无结果"；而且认为"此时如改造政府机构，恐遗敌讥笑，对外殊觉不好"[①]。显然，修补性调整是行政院和内政部的主流意见，而不是实化专员制度这种大幅改革。

几个月后的国民参政会决议是"维持现状"。7月6日—15日，国民参政会第一届第一次大会第二期会议审查了政府交议的《改善各级行政机构案》，并与另外三个提案[②]合并为《关于改善各级行政机构加速完成方自治以增强抗战力量各案》。最终，大会给出的决议是省、专、县三级"维持现状"（表5—6），区署"废除"，只有乡镇一级是充实组织、提高职权。而且专员制度在"维持现状"的同时还要减少，"省政府可以顾及之地域，宜不另设行政督察区"。实际参政会会初秉承的审查原则就是：一、"不宜多所纷更"；二、"下层行政机构宜加充实"；三、"改革各级行政，今后更应注意人选问题"[③]。

参政会坚持审查原则并给出上述决议的原因，除了因为该会在汉口召开时正值徐州撤退、武汉危急，炮火连天中人们无心大谈改革外；更主要的是2个多月前的国民党临时全国代表大会通过了战时最高纲领——《中国国民党抗战建国纲领》，根本推翻了"行政院谈话会三原则"的改革方向。

该纲领在"欲求抗战必胜，建国必成"的目标下，制定了外交、军事、政治、经济、民众、教育等七个方面的32条纲领。第12—16条为政治纲领，其中第13条规定："实行以县为单位，改善并健全民众之自卫组织，施以训练，加强其能力，并加速完成地方自治条件，以巩固抗战中

---

① 陈方正编：《陈克文日记：1937—1952》（上册），社会科学文献出版社2014年版，第134、141、150页。

② 参政员褚辅成等22人提《从速实行下级自治以发动民众当兵志愿案》，参政员孔庚等21人提《改善地方下级政治机构加速完成地方自治条件案》，参政员王幼侨等22人提《修正区长任用法取消回避本籍之限制以增进抗战力量案》。

③ 中国国民党中央执行委员训练委员会编印：《抗战以来中央各种会议宣言及重要决议案汇编》，1943年11月，第23—25页；抗战文献刊行社编：《国民参政会第一次大会纪要》，抗战文献刊行社1938年版，第47页。

表 5-6　　　　　　1938 年 7 月第一届第一次国民参政会
《改善各级行政机构案》审查意见

省及专区	县	区	乡镇	保甲
一、关于省及行政督察区者： 1. 各省省政府之行政组织维持现状； 2. 省应设立民意机关； 3. 行政督察专员制度，维持现状，但省政府可以顾及之地域，宜不另设行政督察区。	二、关于县者： 1. 县政府组织维持现状； 2. 县应设立民意机关； 3. 县分等之标准，于面积人口田赋等项外，应兼顾目前军事交通状况，并注意边远贫瘠之县； 4. 县收入不敷开支时，应由省库补助； 5. 县政府得因事实上之需要，设技术巡回辅导团； 6. 县政府内设督导员若干人，督导地方自治事宜。	三、关于区者：废除区署。	四、关于乡镇者： 1. 乡镇区域应视原有区域之广狭，酌量加以扩并； 2. 充实乡镇公所之组织； 3. 提高乡镇公所之职权； 4. 乡镇长制维持； 5. 乡镇以乡镇民大会为权力机关，首事会为议决及设计机关乡镇公所为执行机关，乡镇首事会内分设自卫、保健、救济、财务、合作、教育、建设等股，由各首事分别担任主任，主持各该事项之设计，及推进事宜。	五、关于保甲者： 1. 保甲为乡镇中之编制； 2. 为举办地方公共事业，遇有联合之必要时，得由乡镇公所联合数保办理之。

资料来源：中国国民党中央执行委员会训练委员会编印：《抗战以来中央各种会议宣言及重要决议案汇编》，1943 年 11 月，第 78—79 页。

之政治的社会的基础，并为宪法实施之准备"。第 14 条规定："改善各级政治机构，使之简单化合理化；并增高行政效率以适合战时需要。"① 根据此纲领，地方行政改革应集中于县自治和精简机构。如此，似乎要改变前期的改革方向。随之，有些人对专员制度"一般的论调却已大大改变，有的主张应该提前取消，有的主张不必普遍设置"②。

（四）1938 年 4—6 月政策性调整战区和沦陷区专署权力

相比《中国国民党抗战建国纲领》和参政会决议，此前此后战区的专署和社会舆论却有大相径庭的现实举措和呼声。

一些地处津浦、胶济、平汉铁路沿线的战区和沦陷区省份已默认专署

---

① 《中国国民党抗战建国纲领》，《申报》（汉口版）1938 年 4 月 3 日第 4 版。
② 陈柏心：《告今之言地方制度改革者：提出几件被人忽略的事实》，《国讯》第 194 期，1939 年。

承担实际权力,或白纸黑字规定将专员转为一级政府。如在广东省自 1937 年 11 月日军进占琼崖西北角海面的洲岛开始,军长张达兼任琼崖第九专员区专员及保安区司令,就"总揽全岛军政","斟酌实际环境,随时便宜行事,使权力集中,敏赴机要"。在两个多月的时间里,张专员承担了训练壮丁、成立国民义勇壮丁队、举办义勇警察、完成了保甲、检举汉奸、储粮、广种杂粮等任务。此外,还要承担完成环岛公路,及开辟国防需要的军路等多项实际工作①。

浙江省受淞沪会战的影响,至 1938 年有 15 县市先后被日军全部或部分占领,杭州在上一年 12 月 24 日即沦陷,省府迁至永康②。面对这些情况,一向奉行专署简员、轻权"不使为区风气"③的黄绍竑,在全省正式整体改革前即先行改革专员制,直接将专员规定为"全区行政及地方绥靖最高长官"。1938 年 1 月 16 日公布《浙江省战时各区行政督察专员公署暨区保安司令部合并组织暂行办法》《浙江省战时各区行政督察专员公署暨区保安司令部编制及经费》,明令"行政督察专员兼区保安司令,为全区行政及地方绥靖最高长官","战时各区行政督察专员公署暨区保安司令部应统一组织,合并办公。所有公文政令,均以专员兼司令名义行之。所有原由省派保警督练员军训视察员等,统受专员兼司令之指挥调遣"。行政督察专员公署暨区保安司令部编制 37 人,经费 2155 元④,大大超过此前的十余人编制、千元经费的状况。民国时期公文实行一级政府总收发,如果专员可以收发所有公文,实际也说明专署成为一级政府。1938 年 2 月 1 日,浙江省政府又给了专员一系列大的权力,规定专员"因战时关系""得先行惩儆或撤换派代"辖区县长、行动委员会委员、保警团队长官;"指挥监督"辖区交通机关、金融机关;"迳予逮捕"违抗或阻挠国防紧急命令的人和自治团体;"迳行令饬办理"辖区各县政务;紧急处置"封锁或统制"辖区各县粮

---

① 锡余:《必能守的琼崖》,《战地通讯》第 10 期,1938 年。
② 浙江地方志 - 数字方志馆 http://www.zjdfz.cn/tiptai.web/BookRead.aspx?bookid = 2013 04280001,2022 年 5 月 29 日。15 县市包括长兴、吴兴、崇德、海宁、海盐、桐乡、嘉善、平湖、嘉兴、武康、德清、余杭、富阳、杭县和杭州市。
③ 黄绍竑:《黄绍竑回忆录》,东方出版社 2010 年版,第 298 页。
④ 《浙江省政府公报法规专号》第 2 辑,1938 年。

食交通器材，及其他与军事物品；可"向地方借垫"办理国防及与战事有关费用；五百元以下的辖区各县紧急开支直接命令该县会计主任拨付；"先期请领核转发给"辖区各县行动委员会，及收编警队经费[1]。一言以蔽之，浙江省专员在人事、财政、军事上完全实权。不仅如此，11月30日规定再增编制至39人、经费增至2685元，专员兼区保安司令"督察指导全区行政，及主持全区地方绥靖事宜"[2]。

山东省政府溃败最为严重，随之把大部分管县事务丢给了专员。1937年12月27日，韩复榘未放一弹弃守济南，全省陷于瘫痪；"全山东的专员、县长，弃职携款而潜逃的""在百分之九十以上"[3]。1938年1月24日，即韩复榘被枪毙的前一日，海军第三舰队司令兼青岛市市长沈鸿烈调任省主席。此后鲁省府在曹县、东阿、寿张县、惠民、利津、鲁南辗转流徙，难以有效行使政权。而"行政督察专员多兼游击部队司令、支队长或保安师、旅长等该地区军事主管，既统军又主政，集其实际控制地区的党政军财大权于一身，这就使得行政督察区实际上成为一级政区"。相应的，专员区也不再按全省地理形势、历史关系划分，而是依据抗战力量、游击部队间的人事关系，随时分割或组合。专员区的数量从1937年的8个，逐渐增多，1938年1月增设第十、十二区，3月增设第九区，6月增设第十一区[4]。

山西省建立了政军一体化的专署。晋省是华北、西北的屏障，平绥铁路纵贯其间。日军7月攻陷平、津后沿平绥线发动进攻，晋北成为主要战场。1938年5月山西战场配合津浦线大会战，举行全面反攻。"全省分成9个行政区，每区设督察专员，指挥全区政治军事"，管理全省105个游击县长。专员协助省政府在上党区、在晋西区、在西北区、在东北区、在

---

[1] 《浙江省战时各区行政督察专员兼区保安司令职权行使准则》，《浙江省政府公报法规专号》第2辑，1938年。

[2] 《修正浙江省战时各区行政督察专员公署暨区保安司令部合并组织暂行办法》，《浙江省政府公报法规专号》第4辑，1939年。

[3] 陈明：《山东抗日民主政权工作与当前任务》，载山东省档案馆、山东社会科学院历史研究所《山东革命历史档案资料选编》（第四辑），山东人民出版社1982年版，第361页。

[4] 《民国山东通志》编辑委员会编：《民国山东通志》第1册，山东文献杂志社2002年版，第293页。

黄河三角区，把大部的敌人肃清了，使日军退守在少数据点①。

湖北省也允许专员对战时政务"先行处置"。1938年6月6日，湖北省规定"战时处理要政，不能立即请示者，授权专员及县长相机先行处置。专员如查有县长玩忽要政，以及县长潜逃或通敌等情事，则分别情节，从重处罪"②。

同时，各界舆论从不同角度出发，建议增强专员权力、充实专署组织。内政部职员陈柏心从实际需要的角度，提议给予专员"全责"。他说：专署"职责本重在督察，不过这样我们觉得还不够，若干事务，不仅应给专员以监督权，而且应给以指挥权，由专员就近指挥办理……现行省政府组织应酌量缩小，省政府的工作着重在设计和统筹，而将缩小下来的人员，补充到行政督察专员公署去，行政督察专员的组织应扩充，职权也要扩增，使担负一区行政的全责，这或者较合于时势的需要"③。

江西省和陕西省也提案要求强化专员制度。在国民党临时全国代表大会上，江西省党部呈交《改革地方政治机构，以整刷地方政治，增加行政效能案》，从"现行之行政督察专员形同虚设，无关紧要"和缩省预备的角度，建议"扩大专员公署组织"，增加专员呈荐任免县长职权；建议设秘书二人，并分设民政、财政、教育、经济等四科及视察员若干人；"今后省政府职权，要特别缩小"④。

陕西省政府提交《充实行政督察专员兼区保安司令之实力亦应非常时期之需要案》，从专员参与作战需要的角度，建议增加专员的武力和督察实权。认为"现值非常时期专员制度尤关重要"，但"专员兼区保安司令之本身并无实力，仅能指挥监督属县之团队，殊难收集中力量之效果"；建议"增加保安司令实力"，"各区须编练保安团以一团之兵力直接

---

① 《山西战局鸟瞰》，《申报》（汉口版）1938年7月25日第2张。

② 《非常时期应变　鄂省府昨颁布纲要　明定专员县长权责》，《申报》（汉口版）1938年6月7日第2版。

③ 陈柏心：《战时的地方政府（续）》，《中山周刊》第12期，1938年。

④ 《国民党中执会秘书处为临时全国代表大会代表詹朝阳等所提关于紧缩政治机构提案致行政院函》（1938年4月），中国第二历史档案馆编：《中华民国史档案资料汇编·第五辑·第二编·政治·（一）》，凤凰出版社1998年版，第20—23页。

归专员指挥";"增强专员督察力量",应恢复过去的紧急处分权。对此,行政院秘书处函至内政部,要求"函令有关各机关依照迅办"。中央执行委员会秘书处也"原则通过",指示"交行政院详拟实施办法"①。

不久,国民政府陆续对战区和沦陷区的专署等行政机构进行了政策性调整。1938年5月5日,行政院颁布《战区各县县政府组织纲要》,命令战区专署代行省府职能。该文件规定:"战区各县,如与省政府隔离时,得由该管行政督察专员公署迳行指挥监督,如与原管行政督察专员公署隔离时,得由邻近之行政督察专员公署指挥监督"。战区各县"筹设行署"的"计划",也要"呈请该管行政督察专员核准"。此筹设计划中需要专员核准的事项包括12项,基本是原来由省府批准的。如县行署的组织及人员、原县治的防守、国民抗敌自卫团的调度、壮丁的召集及补充、老弱妇孺的迁移及收容、被占区域内之秘密留守人员与县政府各机关职员的疏散及集合、地方公款及钱粮的保管、县政府印信与有关财政簿册串票及其重要文卷的移置与保管、军事设备及可供军事物资的处置、监狱囚犯的处置、文化教育机关的处置②。

6月6日,内政部不分战区还是非战区,统一公布《战时内务行政实施方案纲要》(35条),"督促各省增设专员公署,调整管辖区域,照章改正组织,专员并一律免兼县长",并按《抗战建国纲领》的要求简化、裁并省府事业和"专管机关",移充县政府③。

6月23日,行政院针对沦陷区颁布《沦陷区域行政统一办法》,统一规定沦陷区省、专、县的行政办法,扩大专员的人事任用和军事权。该文件规定沦陷区的专、县设置流动办公机关,县在边境或邻县境内秘密设置临时办事处,"行政督察专员区,应由原任行政督察专员择定适当地点,

---

① 行政院秘书处:《奉谕军委会稿送后方勤务会议决议案五件嘱查照核办一案关于充实行政督察专员兼保安司令之实力以应非常时期之需要案应交内政等部参考抄同原件函请查照由》(1938年4月28日),中国第二历史档案馆藏,内政部档案,资料号:一二(6)—6578。

② 《战区各县县政府组织纲要》,中央训练团编印:《中华民国法规辑要》(第一册),1941年12月,第189—193页。

③ 《内政部为拟具战时内务行政实施方案纲要与行政院秘书处往来文书》(1938年5—6月),中国第二历史档案馆藏:内政部档案,资料号:一二(6)—6359。

秘密设置行署，督率所属各县，办理各种抗战工作"，"专员或县长应选富有军事学识抗战情绪及地方行政经验之干员充任"。专员、县长自行选用"专员行署或县政府临时办事处之干员"；统一指挥"所有该区内或县内之党务工作人员及一切地方团队武力……如有少数之国军或散兵在该地者亦归该专员或县长指挥"；办理抗战工作所需经费由省政府筹拨，如省库确属无力支给时，呈请中央核拨①。

在中央政策调整之后，受徐州会战、武汉会战影响，辖县沦陷半数的安徽省也将专署规定为政军一体化实权政府。日军1937年11月5日在杭州湾金山卫登陆后，与原上海派遣军合编为华中派遣军，主力沿太湖走廊西犯安徽。1938年7月，日军占领津浦、淮南铁路沿线城镇并侵占长江沿岸城镇②。在此前后，皖省主席先后更换了4人：刘尚清（1937年11月20日免）、蒋作宾（1938年1月26日免）、李宗仁（9月29日免）、廖磊（1939年10月死）③，省政府和省党部由安庆迁往六安（1月13日），10个专区所辖61个县中有31个县相继沦陷，第二、第四、第十专区辖县全部失守，不得不进行撤销或合并④。在这种情况，不得不发挥专员的作用。据第十区专员厉德寅说，他1938年正月上任时，恰好"宁国已失守，本区正在第三战区的前线"，他当时除了"依照现存政令计划行政，督察行政，并且于必要时，应实施行政的机关"，还"担负唤起民众，组织民众，训练民众，以便随时领导区内武力，实行游击战，而与正规军的攻守战相呼应"的工作⑤。12月23日，安徽省政府下令将保安司令部与专员公署合并为政军合一的组织，规定其主要任务包括：（1）筹划、指导、督促、考核各县战时一切行政；（2）督促、整理及考绩各县区乡（镇）

---

① 《内政部奉行政院令制定沦陷区域党政设施、联系方法及有关文书》（1938年5—6月），中国第二历史档案馆藏，内政部档案，资料号：一二（6）—8673。

② 傅林祥、郑宝恒：《中国行政区划通史·中华民国卷》，复旦大学出版社2007年版，第184页。

③ 刘寿林等编：《民国职官年表》，中华书局2006年版，第719—721页。

④ 安徽省大事记（民国二十七年、二十八年）106.54.10.148：8083/dfz//static/plugin/pdf/web/hehe.html? bookId = 16e3f23e566942e4a7987da089a6c1bd&file = http：//106.54.10.148：8083/dfz/book/16e3f23e566942e4a7987da089a6c1bd/0.html&bookName = 大事记，2022年5月29日。

⑤ 厉德寅：《我如何做专员》，《服务月刊》第2卷第2期，1939年。

保甲组织；（3）查察、检举及依法惩办贪污土豪劣绅；（4）整理及监督县地方财政；（5）编练、整理、指挥、调遣辖县自卫总队所属常预后备队及其他一切武装组织；（6）袭击敌人、剿除奸伪及辖区内绥靖；（7）指挥及考察辖县民众组织训练宣传动员；（8）促进辖县战时教育及文化事业之发展①。同时增加督导员，但编制和经费因战时吃紧，并未大增，由1937年的34人调整为甲、乙、丙三等35人、34人、34人，经费由1937年的2799.30元降为甲、乙、丙三等的2482元、2318元、2238元②。

江西省在1939年之前，暂未出现省府流亡或丧失行政能力的局面。首府南昌是1939年3月28日被日占领。此前武汉会战期间，九江、瑞昌等赣北、赣东多地也遭到轰炸攻击，但总体没有发生如山东省、浙江省、安徽省那样的大范围沦陷。因此，1938年4月，江西省制定地方行政纲要16条，主要是改善区乡镇保甲组织，提高县长职权、充实县府组织，改进并训练各级行政人员及乡镇保甲长，提高区乡镇人员待遇，建立地方自治基础等③。也因此，前述江西省党部在临时全国代表大会提案上说，"现行之行政督察专员形同虚设，无关紧要"，其强化专员制度也是从制度弊端和缩省预备的角度而论，而不是从战争需要的角度④。后来，江西境内有薛岳组织南浔会战（1938年7月）奋力抵抗和万家岭战斗大捷（10月10日），所以，在1939年以前江西省的战场形势稍好，改革专员制的需求不强烈。因此前述江西党部在临全大会上的提案仅建议扩大专员对任免县长的呈荐权和专署组织。

与江西省相同，福建省在1938年5月中旬遭到日军突袭、占领厦门

---

① 《安徽省战时各区行政督察专员公署组织暂行办法〔廿七年十二月廿三日本府第七一九次常会通过〕》，安徽省政府秘书处编辑：《安徽省战时单行法规汇编》，安徽省印刷局1939年版，第6—8页。

② 《安徽省各区行政督察专员公署三年来员额经费比较表（二六年至二八年）》，李品仙编：《安徽省二十八年度统计年鉴》，第88页。

③ 《调整地方行政机构 赣积极革新 已确定纲要十六条》，《新蜀报》1938年5月22日第2版。

④ 《国民党中执会秘书处为临时全国代表大会代表詹朝阳等所提关于紧缩政治机构提案致行政院函》（1938年4月），中国第二历史档案馆编：《中华民国史档案资料汇编·第五辑·第二编·政治·（一）》，凤凰出版社1998年版，第20—23页。

外，其余时间也未受大型战役影响，所以各专署与1937年以前一样，还"往往偏于文书方面"，专员"有时""赴辖区巡视"。12月27日，省政府决定给专署及区保安司令部每月增加100元旅费，专员的任务仍是"宣达省政""指导县政""维持治安"①。

---

① 《县政消息：计划调整行政督察专员制度》，《闽政月刊》第3卷第5期，1939年。

第六章 1939—1941年：又一个制后不宣的隐性实化草案

1938年10月21日、25日广州陷落、武汉撤退后，抗日战争转入相持阶段，国民政府盲目乐观地以为"敌人在军事上，已经是进退维谷，一天天的窘迫，一天天的彷徨了"[1]，抗战进入了转守为攻、转败为胜的阶段，他们称之为二期抗战阶段[2]。基于此，国民政府提出，一期抗战是纯粹的军事行动，以防守为主，二期抗战需要政治与军事同时进行[3]。《中央日报》社论道："新阶段开始后全盘抗战的局势，军事以外，一切政治经济文化，都须更努力的'从头做起'。"[4] 模仿1932年的"三分军

---

[1] 《议长蒋中正开幕词》，重庆市政协文史资料研究委员会、中共重庆市委党校编：《国民参政会纪实》（上卷），重庆出版社1985年版，第411页。

[2] 对抗战第二期或曰二期抗战的划分标志，当时还有不同的划分方式：（1）以徐州会战结束为标志。楼质明认为七七事变至南京、太原（1937年11月8日、12月12日）失守是抗战第一期，保卫徐州（1938年4月中旬至5月19日）防止日军打通津浦线是抗战第二期，中原大会战至保卫武汉（6月3日—10月25日）为抗战第三期（楼质明：《认识第三期抗战》，《自卫战》1938年8月20日）。（2）以徐州会战开始为标志。朱德提出1938年3月为二期抗战的开始，他说："敌人第二期进攻是占领武汉南昌及西北要镇，以阻断我整个战线及封锁海洋与陆地的外援；作战方针与步骤就是打通徐州后占领郑州，以一部分兵力控制陇海路，把主力转移到华北来。"（朱德：《第二期抗战与我们的任务》，《群众》第23期，1938年）。（3）以第一届第一次国民参政会为二期抗战结束标志。西园将1938年7月6日国民参政会第一届第一次会议视为第二期抗战的结束，保卫武汉是第三期抗战的开始（西园：《国民参政会论》，《申报》香港版1939年5月22日第1张第2版）。

[3] 《第二期抗战》，《中央日报》（贵阳版）1938年12月27日第2版。

[4] 《社论—第二期抗战》，《中央日报》（重庆版）1938年12月27日第2版。

事，七分政治"，国民政府制定1939年至1941年二期抗战方针转向政治和游击战。而专员制度的改革原则由上一阶段的"确定并扩充"一条，细化为"一、充实组织；二、确定职权；三、减少单位"三条。

一 "第二期战时行政计划"与"改进专员制度三原则"

（一）蒋对专员制度改革的再关注

鉴于一期抗战后有14个省沦为战区（江苏、浙江、福建、安徽、江西、湖北、湖南、河北、河南、山西、山东、绥远、察哈尔、广东），已统计的12个省（察、粤二省未上报）960个县中有336个县被日军占领（其余"624县是完整的"），占35%，"大部分是城市陷落，乡村仍然掌握在我们手里"①。1938年11月25—28日，蒋介石在军事委员会南岳军事会议上，提出第二期抗战方针是"政治重于军事，民众重于士兵，精神重于物质，游击战重于正规战"。具体对策是，在军事上，要用三分之一兵力用于正面战场防御、三分之一兵力进入敌后进行游击战争、三分之一兵力调后方整训补充。而在政治上，要"调整各级行政机构，整饬国家纪纲，以提高行政效率，健全边疆政治，以巩固团结；培养地方自治，养成法治精神，以准备全民政治之渐次实现"②。全民动员、游击战、发展边疆成为二期抗战地方政治的重点。

动员民众、开展游击战和发展边疆，无论在战区还是后方，在当时的省县二级制下都需要专员。自专员制度建立以来，蒋介石一直都有使专署成为一级正式政府的意图，上一阶段的"行政督察专员制应予确定并扩充"因《抗战建国纲领》而停止，现在有了继续的契机和必要。蒋对此也有关注与思考，其在1939年1月22日至6月9日的日记中7次提到了"专员"（表6-1）。如此高频率仅出现于1936年两广事变后、划一专员制前的9月份。在这一个月内，蒋日记也是7次提到"专员"。这是蒋日记中对专员制的态度表达仅有的2次特殊现象，不难揣测蒋的用意。

---

① 何键：《抗战时期中之内政》，《中华评论》第1卷第12期，1939年。
② 黄埔出版社编：《抗战建国纲领释义》，新新印刷社1940年版，第266页。

1月22日、2月10日、3月15日3天的日记，尤其表露出在蒋心目中，专员制在二期抗战"政治重于军事"的调整与改革中不可或缺，而且对专员制的变动意向至少是扩大职权。如1月22日说计划"各省设立副主席或加重专员责任"；3月15日说要着手"缩小省区，与调整专员区，与边区之研究"，说明蒋欲通过整体研究后决定具体改革办法。

表6-1　　　　1939年蒋介石日记述及"专员"的时间与内容

日期	日记内容
1月12日	预定：一、约会稽述庚、鲜英（南充专员）。
1月22日	预定：一、各省副主席制或加重行政专员责任。
2月10日	预定：五、各区专员兼团管区司令，另以军官为副。
2月16日	预定：七、委张炎、邓世增为专员。何彤为民厅，李汉魂兼建设。
3月15日	预定：九、缩小省区，与调整专员区，与边区之研究。
5月2日	预定：十一、松理懋专员。
6月9日	注意：三、松理懋专员人选。

资料来源：《蒋介石日记》，1938年1月1日—1940年1月1日，美国斯坦福大学胡佛研究所档案馆藏。

在7天的日记中，有3天是在记述四川专员，是因为刘湘（1938年1月）死后，川军将领群龙无首，暂时掌理和代理主席的张群（1938年1月22日—8月2日）和王瓒绪（1938年4月27日—1939年9月9日）均难以压众。而此时"川省一隅，已成为吾国民族最后复兴根据地"，关系到国家西部国防前线，是国民政府筹划开辟康、缅、滇、青国际交通线的重要地区。这也是后来蒋介石亲自兼任川省主席（1939年9月19日—1940年11月15日）[①]的原因。蒋5月2日和6月9日的日记提到的"松理懋"就是指四川第十六专员区，该区辖松潘、理番、懋功、茂县、汶川、靖化等县；"南充"是指四川第十一专员区，该区辖南充、岳池、西充、蓬安、营山、仪陇、南部、武胜等县。两区地理位置都十分重要，前者位于川西的藏族聚集区（今属阿坝藏族自治州）；后者位于川北，区域

---

① 刘寿林等编：《民国职官年表》，中华书局2006年版，第775—777页。

内部分地区曾是中国共产党川陕革命根据地的活动范围①。

2月16日的日记提到"专员",则是因吴铁城主粤期间广州、惠州失陷,蒋决定以李汉魂任主席,改组粤省政府,因此涉及部分专员重新委任的问题。

总之,不论是对开展游击战的广东省,还是对大后方的四川省,蒋介石第二次高度关注了专员制度。

(二) 第二期战时行政计划②与"改进专员制度三原则"

为落实二期抗战方针,1938年底—1939年初,国民政府进行了"中央及地方党政军大整理"③。在中央,改组国防最高会议为国防最高委员会,作为战时党政军统一指挥机关,代行中央政治会议职权,蒋介石兼任国防最高委员会委员长军事委员会参谋总长,张群任秘书长④;在地方则成立军事委员会战地党政委员会分会⑤。

在中央机构改革的同时,行政院制定了第二期抗战行政计划。1938年12月19日,蒋介石口头要求"各部会非有一两年计划不可,于是各部会即根据这一句话起草计划"。转年1月22日,行政院将各部会上交的计划汇编为"第二期战时行政计划"⑥。当时也有人称之为"战时第二期行政计划"⑦。因为该计划准备1939、1940年两年完成,也有人称之为"战时二年行政计划"。

---

① 蓬安县的部分地区,营山县、南部县的大部分地区和仪陇县,曾属川陕根据地苏维埃政权(1934年12月—1935年3月)。参见《四川省志·政务志》(上册),方志出版社2000年版,第497页。

② 据笔者目力所及,目前有关"第二期战时行政计划"和《第二期战时行政计划实施方案》的公开资料仅有教育部、财政部和蒙藏委员会的,而内政部的二年计划仅在民国已刊论文中有3人提及这一文件名,内容极其简略。

③ 《孔院长在参政会报告中央地方党政(续昨)》,《申报》(香港版)1939年2月28日第1张第3版。

④ 《社评——祝国防最高委员会》,《时事新报》(重庆版)1939年2月9日第2版。

⑤ 国防最高会议第113次常务委员会议修正《军事委员会战地(即游击区)党政委员会组织纲要》暨《军事委员会战地党政委员会分会组织纲要》(1939年1月16日),中国第二历史档案馆编:《国民党政府政治制度档案史料选编》(上册),安徽教育出版社1994年版,第543页。

⑥ 陈方正编:《陈克文日记:1937—1952》(上册),社会科学文献出版社2014年版,第332、339页。

⑦ 郑彦棻:《论行政督察专员制度》,《大公报》(重庆版)1943年11月4日第3版。

内政部的二年计划，至今尚无公开完整资料。据后来《申报》报道和档案简单记述，"内政部第二期战时行政计划"的内容是提出了实区虚省的行政改革四原则："一、使省政府在行政上改处于监督地位；二、加强行政督察专员职权，使在行政上直接对中央负指挥地方行政之全责，同时对省政府之监督系统，负直接监督县政府之责任；三、提高县长职权，予以相当保障，人口满五十万以上者，列为特等县；四、变更区乡保甲制度，以适应新机构"①。后来，内政部视察汪振国在一份报告里也说："本部第二期战时行政计划中，关于调整行政机构部份，规定'省政府为执行中央法令并监督地方行政之机关''主席厅长及委员为中央派驻地方之高级官吏，其俸给由中央支给之'"②。由此推测，内政部二年计划确有将省改为中央的派出机构，专署替代省府升为省级单位的内容，这可算是行政院谈话会三原则的继续。

2月12—21日，国民参政会第一届第三次大会审议了各部会的第二期战时计划，肯定"内政部第二期战时行政计划""简切扼要"的同时，提出了一串质疑："计划中调整地方行政机构方面，各级职权之划分应如何厘订清楚，至允至当，始能提高行政效率。改进行政督察专员制度，是否嫌其职权过大？尤其是将专员所属县长改为简任，是否相宜？此种变革，是否可普遍推行？特等县之设置，置财赋及地理关系于不顾，而仅以人口为标准，是否不尽妥当？一切办法之规定，是否应采弹性，以期推行无阻？"参政会意指专员在"行政上直接对中央负指挥地方行政之全责"的设计不够"至允至当"，专员上升为省级职权过大，即反对虚省实区。最后建议对上述问题"缜密擘划，以期尽善"③。

而会间的2月13日，行政院院长孔祥熙在国民参政会上作政治报告，其中对专员制的改革办法却与内政部计划不同，而是延续1938年政策性调整的基调，不改省府的地位，"省主席是执行中央法令，宣扬中央德

---

① 《抗战建国中对于内政之新设施》，《申报》1939年5月18日第2张第7版。
② 《内政部咨送视察汪振国签呈视察贵州地方行政报告书摘要请教育部及黔省政府查酌办理案》（1939年7—10月），中国第二历史档案馆藏，内政部档案，资料号：一二（6）—7001。
③ 中国国民党中央执行委员会训练委员会编印：《抗战以来中央各种会议宣言及重要决议案汇编》，1943年11月，第78—79页。

意，抚辑省内人民，并代表中央监督地方政治的长官"，但在沦陷区和战区则以专员为管县实际主体。"作战区域"的"行政督察区，要依据国防交通经济状况，重新划分，确定专员不兼县长，充实专员公署的组织，使尽专员指挥地方行政机关的责任"；"在次前线的区域以内……加重县长或专员的职权，使他们便宜行事独立抗战，在别的地方如有几个行政督察区与省政府所在地相隔太远、交通又常受×人的阻扰……准设行署（或办事处）"①。

3月，各部会根据"第二期战时行政计划"制定"第二期战时行政计划实施方案"②，将一期抗战"行政院谈话会三原则"之一的"行政督察专员制应予确定并扩充"，细化为"改进专员制度三原则"："一、充实组织；二、确定职权；三、减少单位"③。后来有知情论者解释说，"确定职权"是指确定专员对县长的指挥考核权、辖境内保安团队警察及其他自卫武力的指挥调遣权、县财政监督权三项④。"减少单位"则代表增加专区的数量。

6月23日，为督进各部会"第二期战时行政计划"的实施，国防最高委员会在秘书厅下特成立一个高级别的监督考核机关——"第二期战时行政工作考核团"，负责实地考察、审核、研究各机关实施"第二

---

① 《孔院长在参政会报告◇最近行政调整（续昨）三月政治报告之三》，《申报》（香港版）1939年3月1日第1张第3版。

② 罗志渊和郑彦棻二人对行政院此文件具体名称的表述有一个"与"字之差：前者为"行政院战时第二期行政计划与实施方案"，后者为"行政院战时第二期行政计划实施方案"。《赤金兑换法币奖励办法　浙江省政府快邮代电》（《前方周报》第9、10期，1939年）中，提到的名称为"第二期战时行政计划实施方案"。行政院第二期战时行政计划实施方案发布的确切时间不详，现有公开可查的"财政部第二期战时行政计划实施具体方案"出现的最早时间是1939年3月，标示的是"极密第56号"[中国第二历史档案馆编：《中华民国史档案资料汇编·第五辑·第二编·财政经济·（一）》，凤凰出版社2000年版，第19页]。

③ 《内政部颁发各省实施县各级组织纲要监督考核方案及战时各省行政督察专员公署组织暂行条例等有关文件》（1941年7月），中国第二历史档案馆藏，内政部档案，资料号：一二（2）—1425。

④ 罗志渊：《行政督察专员制度改造问题商榷》，《服务》第6卷第2期，1942年；郑彦棻：《论行政督察专员制度》，《大公报》（重庆版）1943年11月4日第3版；萧文哲：《行政督察专员制度改革问题》，《东方杂志》第37卷第16号，1940年。

期战时行政计划"的工作进展、工作报告与财力物力经济使用情况等。考核团的团长为国防最高委员会秘书长（此时为张群），团员包括中央政治委员会各专门委员会副主任委员、国防最高委员会秘书厅第二处处长第三处处长、国民政府主计处岁计局局长统计局局长、行政院政务处长、监察院指派委员二人、铨叙部甄核司司长、建设事业专款审核委员会指派秘书一人①。

在本目最后需要补充说明一点，"内政部第二期战时行政计划"的改革四原则和孔祥熙报告提到的内政改革方向，应不是内政部部长何键的本意。因为1939年1月12日的《中央周刊》发表了何键的《调整省以下行政机构管见》一文。文中何键仍在坚持1938年时维护省制的意思，反对实化专署，主张"因势利导"的"调整"，而不是虚省实区改革。与1938年初相比，该文略有变动的是，这次他没再对专员制度避而不谈，而是要将专员变为省府驻外（外派）人员。何键在文中写道："在军事尚未平定时期，倘遽推翻现制，根本改造，人事之纷更过甚，或为环境所不许可。"然后提出五条"调整原则"：（1）"应绝对维持省县两级制。以符建国大纲之规定……不得于省县两级之外，新增级数"；（2）"紧缩省组织，充实县组织，以纠正过去头重脚轻之缺点"；（3）设立各级民意机关，并加强民众自动之下层政治机构；（4）县以下之地方机构，维持现制之原则；（5）沦陷区及战区各省之地方机构，拟依照各该地实情，准予略加变通。他提出"调整办法"41条：省制9条、专员制6条、县及区署制13条、县以下自治机构13条。何键希望按上述原则及办法，"分别订定非常时期调整地方行政机构之补充办法"②。大致总结一下，对专署的调整方法是专员"为省政府内部之一员"、扩大辖区至20—35县、流动办公、不承转公文、专员不兼县；对省的调态办法是省府紧凑组织、集中权力；对县的调态办法是县府独立县税与财政、自定单行规则、增编增机构、提高待遇。对此，郑彦棻一针见血地指出：此办法"将专员定为省府内部编制，派在离省较远或有特殊情形的地方，代表省府督察县市

---

① 《民政厅令各县局督办为奉发第二期战时行政工作考核团组织规章一案令仰一体知照》，《云南省政府公报》第12卷第4期，1940年。

② 何键：《调整省以下行政机构管见》，《中央周刊》第1卷第23期，1939年。

政",表面"是废署存职,但实际上也就是等于废除专员制度,加强省府视察职权"①。中央政治学校行政法学教授林纪东则指名批驳何键是"不想补救的办法,而欲从根本推翻,流于因噎废食",并进一步说:"我们对于何先生的意见,亦有许多不敢苟同的地方,尤其是其中的(1)暂时维持省政府委员制,(2)行政督察专员设置的方式及其管辖区域,(3)行政督察专员不兼县长三点。"②

基于上述,笔者推测,最后上交参政会的"内政部第二期战时行政计划"应是被修改过的。据陈克文的日记载,包括内政部在内的各部计划初稿上交行政院后,曾被修改过几次。1月17日先经过院长孔祥熙"批了定稿",然后孔"把这计划给几个私人看了……便又要修改";21日因"蒋委员长说,油印得不好,模糊不清洁",于是改为铅印;23日,孔祥熙在五届五中全会上看到军事机关的报告采用大幅图表,就回来要求"行政院各部会赶制图表";26日,孔又自己动手"把各部长官所拟定的计划随随便便更改";28日,负责组织抄誊、印刷等总务工作的陈克文"把原稿和已经铅印的《第二期战时行政计划》比对,竟不相同,例如省主席不负实际行政责任,实际行政责任由各厅厅长负之,便是铅印本所没有的"③。换言之,此句话是孔祥熙后删除的。因此,孔祥熙在参政会报告的政府改革计划不是内政部二年行政计划的原文。

而且在短短1个月的时间内,何键不可能出现由"护"省"压"专(区)发展为"弃"省"挺"专(区)的大反转,但当时无人关注何键发表的《调整省以下行政机构管见》一文与内政部二年计划的差异及其背后缘由。因为何键对省政府的维护与当时缩省论主流舆论不符,更与蒋介石实化专员制的意图相逆,而其行政管理能力的风评也不好。陈克文日记中有几处记载了行政院参事们对何键才不配位的评价。

1938年12月5日"院里纪念周请内长何键来报告。来过这里做报告

---

① 郑彦棻:《论行政督察专员制度》,《大公报》(重庆版)1943年11月1日第3版。
② 林纪东:《调整地方行政机构之商榷:评何芸樵先生"调整省以下行政机构管见"》,《民意》(汉口)第64期,1939年。
③ 陈方正编:《陈克文日记:1939—1952》(上册),1939年1月19日、1月21日、1月23日、1月26日、1月28日,社会科学文献出版社2014年版,第337、338、339、341、342页。

的部长,大概何键是顶不漂亮的一个了,不只自己对于自己所管的事情没有理论的解释,没有彻底的明白,[而且]说出来模模糊糊,吞吞吐吐,尽对着稿子不断不续的读。怪可怜的,连一句清朗明白的说话也没有,始终满口湖南土腔,'省'和'县'这些字音说不出来,竟难分别。谁也听不完全他说的是甚么。如此内长,谁说会能够办得好内政呢?"第二日,陈克文与陈之迈"月旦行政院各部部长",陈"之迈说,国民参政会的一般意见是经济部的翁咏霓(翁文灏——引者注)、交通部的张公权最好,两人未可轻加轩轾。若从最不好方面来说,则教育部的陈立夫第一,内政部的何云樵(何键的字——引者注)第二"。陈克文认为"从好这方面说,翁张两人是很不错的,从不好那方面说,应该是内何第一,外王(外交部长王宠惠——引者注)第二,教陈最多不过第三"。7日下午在行政"院里,大家闲谈,说到各部部长的高下,仍一致以内何为最不成器,教陈虽不能说最好,绝不能是最坏"①。

因此,尽管何键对专员制的主张与同为军事委员会战地党政委员会委员②的梁漱溟相似,梁也主张"大体不事纷更","行政专员不得为省以下之一级",不普设且流动办公,不实化,回归督察职权③。但何键受其差评所累,无人关注其异常。

二 军政部增加专员军事职能与专员制改革搁浅

"改进专员制度三原则"提出3个月后,因内政部改组、新县制推

---

① 陈方正编:《陈克文日记:1939—1952》(上册),社会科学文献出版社2014年版,第309—310页。

② 军事委员会战地党政委员会是根据二期抗战方针成立的地方统一指挥机关,负责统筹战地党政军的设施,战地党政工作的设计、指导、监督及考核。(国防最高会议第113次常务委员会议修正《军事委员会战地(即游击区)党政委员会组织纲要》暨《军事委员会战地党政委员会分会组织纲要》1939年1月16日,中国第二历史档案馆编:《国民党政府政治制度档案史料选编》上册,安徽教育出版社1994年版,第543页)。军事委员会战地党政委员会正式成立于1939年3月22日,由李济琛任副主任,委员为甘乃光、何键、徐堪、陈诚、翁文灏、陈立夫、徐永昌、张定璠、周恩来、屈映光、蒋作宾、胡宗铎、李杜、黄炎培、王葆真、梁漱溟等为委员,邵力子为秘书长。(《战地党政会即将成立》,《申报》香港版1939年3月23日第1张第3版)

③ 梁漱溟:《谈兵役问题兼及调整地方行政机构》,《西南导报》第2卷第1期,1938年。

行、行政院院长换人、省制研究报告面世,其落实进程搁浅。

(一) 1939年5—10月军政部增加战地专员的征兵、筹饷等职责

国民政府为适应战场需要,在"改进专员制度三原则"规定的专员对县长的指挥考核权、辖境内保安团队警察及其他自卫武力的指挥调遣权、县财政监督权之外,规定战区专员再增筹饷、征兵等军事职能。

兵员征募与训练管理是抗战的政府急务。关于后备兵的指挥管理权,此前国民政府《兵役法》(1936年3月1日)和军政部《团管区司令部组织暂行条例》(8月17日)虽"无法规明文规定"专员兼团管区司令,但实际"所有全国设立团管区所在地之专员,系属军人出身者,均兼任团管区司令"了①,由此导致有的地方对国民兵团指挥系统关系不明。1939年5月,河南省军管区司令程虞役电询军政部,要求予以明示。军政部回复:"国民兵团在担任地方警备勤务或战时各种补助军事上工作时,受各区专员兼保安司令之指挥"。此话实际明确了专员对后备兵国民兵团的指挥权。赣省主席熊式辉6月1日即训令全省专员执行②。

7月,专员又增添游击队经费筹发之责。游击队经费本来由军政部核发,所属战区或省政府筹拨,但受战争影响,有些省无法供应或根本"未发经费"。而按惯例,"游击队多就地筹饷……必须由地方供给"。战地党政委员会指导员沈亮节提议"由专署统筹发给"。由于没有先例,7月29日,军政部就此事咨询内政部:地方补助的团队似有专款开支,"并未准电就地自筹。应否由各专署统筹发给"?8月14日,内政部回复:"游击部队,如归该管专署指挥调遣者,所需经费,似应由专署统筹发给,藉免骚扰。"③ 无形中,战地专员又增加了财政负担。

---

① 周必璋:《改进行政督察专员制度刍议》,中央政治学校研究部1941年版,第97—98页。

② 《江西省政府训令:泰民二役字第二六四八号(中华民国二十八年六月一日):令各区行政督察专员公署、各县政府:准军政部电告国民兵团受各区专员兼保安司令之指挥等由令仰遵照》,《江西省政府公报》第1126号,1939年。

③ 《军政部电请查照地方游击部队经费由专署统筹发给案》(1939年7—8月),中国第二历史档案馆藏,内政部档案,资料号:一二(6)—14639。

内政部将游击队经费筹发推给专署，实际是此时的专署有一定的收入（表6-2），但数额不及省市、县市收入的十分之一，筹发游击队经费可谓不小的负担。具体此收入何来、明细为何，还需日后进一步考探。

表6-2　　　　　　　1939年各省行政督察区岁入　　　　单位：万元

省名	区名	岁入约数	省名	区名	岁入约数	省名	区名	岁入约数
江苏省	一	341.5	浙江省	一	93.1	湖南省	一	321.8
	二	809.6		二	263.9		二	296.7
	三	274.1		三	418.0		三	26.0
	四	440.5		四	145.0		四	66.3
	五	359.9		五	115.1		五	204.7
	六	237.2		六	294.0		六	155.1
	七	222.5		七	101.7		七	49.4
	八	117.0		八	149.3		八	144.6
	九	255.8		九	75.4		九	97.7
	平均	339.79		平均	183.94		平均	151.37
	本省市岁入总额	3069.48		本省市岁入总额	3947.45		本省市岁入总额	2400.6
	本省县市岁入总额			本省县市岁入总额			本省县市岁入总额	1692.77
安徽省	一	85.8	江西省	一	113.1	湖北省	一	120.1
	二	138.7		二	155.7		二	149.7
	三	97.2		三	94.9		三	151.9
	四	98.0		四	68.5		四	167.8
	五	172.8		五	149.8		五	95.6
	六	63.7		六	86.2		六	84.7
	七	159.4		七	114.8		七	51.2
	八	55.2		八	47.7		八	57.7
	平均	108.85		平均	103.84		平均	109.84
	本省市岁入总额	1578.23		本省市岁入总额	3659.02		本省市岁入总额	2573.28
	本省县市岁入总额	793.63		本省县市岁入总额	746.04		本省县市岁入总额	

续表

省名	区名	岁入约数	省名	区名	岁入约数	省名	区名	岁入约数
河北省	一	72.9	陕西省	一	17.9	广东省	一	530.6
	二	85.5		二	10.4		二	118.0
	三	38.7		三	11.3		三	117.6
	四	67.5		四	11.0		四	118.7
	五	52.8		五	28.3		五	133.8
	六	63.4		六	133.3		六	67.0
	七	67.7		七	42.9		七	92.0
	八	94.7		八	100.7		八	68.5
	九	106.5		九	66.3		九	89.9
	十	106.8		十	106.1			
	平均	75.65		平均	52.82		平均	148.46
	本省市岁入总额			本省市岁入总额	2083.99		本省市岁入总额	3007.04
	本省县市岁入总额			本省县市岁入总额	997.50		本省县市岁入总额	2865.17
福建省	一	155.6	甘肃省	一	44.4	山东省	一	117.4
	二	83.1		二	31.7		二	121.0
	三	69.0		三	44.0		三	109.9
	四	182.9		四	84.1		四	130.8
	五	137.5		五	7.8		五	130.5
	六	54.5		六	16.8		六	116.0
	七	55.2		七	10.9		七	90.9
	平均	105.4		平均	34.24		平均	116.64
	本省市岁入总额	3038.21		本省市岁入总额	1135.5		本省市岁入总额	
	本省县市岁入总额	1310.51		本省县市岁入总额	624.75		本省县市岁入总额	1108.66
四川省	一	75.7	河南省	一	89.7	广西省	百色	81.4
	二	86.1		二	56.5		天保	57.6
	三	70.2		三	64.4		龙州	65.8
	四	56.2		四	67.6		庆远	79.1
	五	24.0		五	75.9		南宁	271.1
	六	33.2		六	85.5		柳州	102.2
	七	54.6		七	55.2		浔州	128.2

续表

省名	区名	岁入约数	省名	区名	岁入约数	省名	区名	岁入约数
四川省	八	21.2	河南省	八	58.6	广西省	郁林	116.6
	九	25.5		九	48.5		桂林	114.3
	十	59.3		十	51.1		平乐	140.1
	十一	40.1		十一	36.3		梧州	164.6
	十二	84.1		十二	56.9			
	十三	78.4		十三	55.9			
	十四	12.6						
	十五	25.5						
	十六	0.9						
	平均	46.73		平均	61.7		平均	120.09
	本省市岁入总额	6192.7		本省市岁入总额	1446.53		本省市岁入总额	3080.35
	本省县市岁入总额	3841.47		本省县市岁入总额	1192.09		本省县市岁入总额	1834.80
贵州省	一	12.1	绥远省					
	二	10.6						
	三	11.6		一	22.3			
	四	5.0		二	25.2			
	五	15.7		三	8.9			
	平均	11		平均	56.4			
	本省市岁入总额	1038.82		本省市岁入总额				
	本省县市岁入总额	820.81		本省县市岁入总额	29.21			

资料来源：(1) 内政部统计处制：《各省行政督察区辖境面积人口及岁入统计表》(1939 年 7 月)，中国第二历史档案馆藏，内政部档案，资料号：一二(6)—19839。(2) 国民政府财政部编纂处：《财政年鉴》续编第 12、13 篇，商务印书馆 1945 年版，第 14—16、73—74、110—111 页。转引自焦建华《中华民国财政史》(下)，湖南人民出版社 2013 年版，第 820—823 页。(空格处无资料)

一个月后，专员再增无管区国民兵团的管辖权。根据兵役法（1938 年 4 月）的规定，各地要建立师、团管区两级征（募）兵体制[①]，即师、团

[①] 《兵役法施行暂行条例修正草案》（军事委员会四月五日办一字第九六九号指令核准），刘晓桑编著：《中国国民兵役史略》，商务印书馆 1940 年版，第 105—106 页。

两级兵役管区。但"边远数省尚未设立（兵役）管区，及游击区域（兵役）管区业已撤销"，无法执行。于是，1939年10月，军政部代电规定："凡无管区之国民兵团隶属省政府及行政督察专员管辖。"① 后来，兵役管区由师、团两级改为军、师两级。在第三次全国内政会议上（1941年12月），军政部提议专员升为师管区征（募）兵官，并为杜绝专员"不明法令，以事非主管，莫不关心"，明定专员兵役责任8项：（1）督导所属切实奉行兵役法令；（2）督导所属切实调查户口，务期新兵来源明确；（3）督导所属切实办理出征抗敌军人家属之优待；（4）督导所属随时随地协助兵役宣传；（5）查察所属有无违反兵役法令行为，并随时奖惩；（6）查察所属干部，对奉行兵役法令，是否努力确实，如有敷衍塞责，应随时惩处之；（6）查察所属民众，有无拒报服兵役之征兆与行动，并须预为消弭；（8）师管团司令商请督察事项。转年2月28日，内政部咨请各省推行②。

（二）1939年6—9月内政部重组、新县制推行与重划专员区计划搁置

何键受到参政会的质疑之后，不及制定新的方案，即被蒋介石调离内政部。蒋为"激励"西南地方实力派抵御日寇，5月18日，任命云南省政府委员、龙云的老师、64岁的周钟岳③为内政部部长，而何键则调任军事委员会抚恤委员会主任委员④。桂林行营秘书长张维翰接替凌璋任内政部政务次长⑤。8月30日，广西民政厅长雷殷接替黄季陆任内政部常务次长⑥。陈克文介绍了雷殷和周钟岳的特点。他说雷殷是"纯粹广西式的政

---

① 军政部：《兹规定凡无管区之省国民兵团隶属省政府及行政督察专员管辖特电查照由》（1939年10月），中国第二历史档案馆藏，内政部档案，资料号：一二（6）—14784。

② 《准内政部咨为关于第三次全国内政会议军政部提请明定行政督察专员对兵役行政应负督察责任一案转饬遵照由》，《浙江兵役》第69至第78期合刊，1942年。

③ 周钟岳，字惺甫，云南剑川县人，前清癸卯科解元。辛亥改革，充云南军都督府秘书长，民国元年任云南教育司司长，二年任滇中观察使，四年任全国经界局秘书长，六年任靖国联军总司令部秘书长，八年代理云南省长，十一年任云南盐运使兼省府秘书长，十五年任云南民政厅长，十七年奉国令任命为云南省政府委员，二十八年五月奉国府特任为内政部部长。（《新内长周钟岳发表◇内部施政方针》，《申报》香港版1939年6月20日第1张第3版）

④ 《何键改任抚恤委会主委》，《申报》（香港版）1939年5月27日第1张第3版。

⑤ 《新内长周钟岳发表◇内部施政方针》，《申报》（香港版）1939年6月20日第1张第3版。

⑥ 刘寿林等编：《民国职官年表》，中华书局2006年版，第513页；陈方正编：《陈克文日记：1939—1952》（上册），社会科学文献出版社2014年版，第398页。

第六章 1939—1941年：又一个制后不宣的隐性实化草案　185

治人物，不尚理论，专重实际。简朴刻苦，为其特长"①；而对周钟岳的记述是："周部长是六十以上的老头子，长着稀疏的长长的白胡子，面孔瘦骨岩崟，精神似乎还不是老态龙钟的样子。各部会长官中，养着长胡子的现在他是独一无二的了"，并直言他之所以能任此职，是因为"龙云曾和汪有过往来，完全是拉拢龙云的意思"②。据当代学者说，本在昆明龙云灵源别墅修志的周钟岳从无意任渝府事，此前都以修志不能中断和身体不好为由推辞了蒋介石的多次邀请，此次全因龙云"殷切希望先生应邀前往"。1938年12月18日汪精卫由昆明转道入越南，转日发"艳电"叛国。所以，龙云对周钟岳说："对于汪精卫从昆明逃离中国云越南河内发'艳电'，谣言纷起。如果先生再不答应云重庆中央政府任事，怕重庆方面会对我们产生误会"③。

周钟岳执掌内政部后采取保守稳妥的态度，对省制和专员制，既不谈虚化也不谈实化，只谈落实抗战建国大纲。在奉委当日，他对记者发表施政方针讲话说："积极推进地方政务以适应战时需要"，"切实修明内政以树立建国基础"，"调整地方政治机构以促进行政效率"，"训练行政人员以完成训政工作"④。

不仅如此，内政部重组不久，既定的由民政司重划专区的计划在内部也被"暂缓"了。重划专区本是1939年1月6日国防最高会议《军事委员会战地党政委员会分会组织纲要》所定。该文件规定："战地各省之行政督察区得因山川形势及作战之便利重新划定，并扩充其范围"⑤。而且内政部也在"两年计划内订有整划行政督察区之方案"。此时，离既定的"两年计划，为期已过三分之一"；而且重划专员区确有现实需要，因为

---

①　陈方正编：《陈克文日记：1939—1952》（上册），1939年5月17日，社会科学文献出版社2014年版，第398页。

②　陈方正编：《陈克文日记：1939—1952》（上册），1939年6月19日、1939年12月8日，第414、488页。

③　王明达：《云岭风骨》，云南人民出版社2017年版，第107—108页。

④　《新内长周钟岳发表◇内部施政方针》，《申报》（香港版）1939年6月20日第1张第3版。

⑤　国防最高会议第113次常务委员会议修正《军事委员会战地（即游击区）党政委员会组织纲要》暨《军事委员会战地党政委员会分会组织纲要》（1939年1月6日），中国第二历史档案馆编：《国民党政府政治制度档案史料选编》（上册），安徽教育出版社1994年版，第541页。

"往昔并无正确之标准"，战时各省请求重划的"日见繁多"，民政司"因无所依据，只得视各省之需要，予以核准"。现下，民政司"拟根据人口、面积、财赋、经济、国防、交通等要素，重行划分或整理"。由于考虑到制定督察区标准"兹事体大"，须慎重，民政司计划"会同本部技术人员，先行草拟划区标准图，然后集合专家、关系机关代表、各省政府代表、及本部高级职员，组织审查委员会，予以审定呈经行政院核准后，再行发交各省，作为改划行政督察区之标准"。民政司估算整个工作"预计须一年方可完成"，且这一切"所需费用，亟须专案呈院核发"。于是，1939年8月，民政司草拟出《本部两年计划关于行政督察区制定标准图实施方案》和《本部两年计划关于行政督察区制定标准图经费概算》，提出8条内容的实施方案，预算劳务费、办公费""绘图印刷费""旅费""招待费"共计28420元。8月31日，民政司将方案及预算呈内政部鉴核。9月2日，内政部常务次长雷殷批示："督察区之存废，正在议论中，不应舍本逐末，即使确定继续设置，照规定由省绘拟呈核，以事实论，亦应如此办理，方为洽当。"言外之意，民政司此举有些多事。内政部政务次长张维翰在雷殷之后批示："本件应□缓议"。最后，内政部部长周钟岳也批示："所议甚是应从缓议。"① 这也说明，重组后的内政部上层采取谨慎、观望态度。

上述雷殷所说"督察区之存废，正在议论中"的根据应是1939年4月至7月内政部组织的17省考察的结果。本年3月22日，内政部"派员参加军事委员会壮丁检阅团，顺便考察地方行政"。当时安排的考察人及省份是：张继周负责湖北、河南，萧明新负责四川、西康，侯滉负责云南，汪振国负责贵州，周中一负责广西、广东，吴锦涛负责福建、浙江，郭仲融负责江西、安徽，杨君励负责甘肃、宁夏、青海②。汪振国4月5日至6月13日考察贵州省后就上交了反对调整改革专员制的报告。他说："省政府之体制应暂维持现状"；"行政督察专员之任务，应仅限于县政之

---

① 《内政部两年计划关于行政督察区制定标准图实施方案及有关文书》（1939年8—9月），中国第二历史档案馆，内政部档案，资料号：一二（6）—6579。
② 《内政部派遣九省厅长考察各级地方行政机构现状的有关文书》（1939年3—9月），中国第二历史档案馆藏，内政部档案，资料号：一二（6）—6955。

督导，以符合督察制度之本旨"，"应限于距省府过远，交通不便，或特别繁冲难治之区域，不必普遍设置"。尽管专员制"几年来演变之结果，已变为省以下纵的组织"，但毕竟"原非设置行政督察区之本旨"①。可见，汪振国也是谨遵二级制的治政理念。所以，"改进专员制度三原则"在内政部就没有推行。

9月19日，行政院公布《县各级组织纲要》60条，改革县制，要重划县为三至六等，充实县府组织为7科，设县参议会、乡镇民代表会、保民大会、户长会议等机构；原由省处置的税收改由县乡镇处置，作为自治经费的来源②。此后直至抗日战争胜利，推行新县制成为历年内政方针的重点。

（三）1939年11月—1940年4月行政院院长调整和省制研究报告的滞缓

1939年冬，行政院院长的变动再次滞缓了专员制度改革的进程。由于在中央"既有军事委员会，又有国防最高委员会，又有行政院，同时发命令，往往形成一国三公"，作为行政院院长的孔祥熙夹在其间很难开展工作。为了"以蒋名义，好应付许多困难"③，11月24日，孔祥熙请蒋介石兼任行政院院长，自己为副院长④，原副院长张群改任国防最高委员会秘书长。

行政院内一些官员得知蒋介石即将兼任院长后，随之改行观望状态。据陈克文说，行政院秘书长魏道明以"拖延"为秘诀，不积极开展工作。当陈克文12月7日提出计划修改早前预定的处务规程时，魏"说这事并不重要"。再当参事陈之迈请示魏如何补救国防会取消县各级组织纲要中各县应设警察局这一"和现时许多地方的事实及政府过去的政策不符"的问题时，魏说："中国政府的法令不应看得太严重。如

---

① 《内政部咨送视察汪振国签呈视察贵州地方行政报告书摘要请教育部及黔省政府查酌办理案》（1939年7—10月），中国第二历史档案馆藏，内政部档案，资料号：一二（6）—7001。

② 《浙江自治》第23—24期，1939年。

③ 陈方正编：《陈克文日记：1939—1952》（上册），1939年11月20日、21日，社会科学文献出版社2014年版，第480、481页。

④ 刘寿林等编：《民国职官年表》，中华书局2006年版，第401页。

一时发生困难，过了相对的时间便自然成为无关重要，自然无人注意，到那时不解决自解决了。"①

而刚上任几个月的内政部部长周钟岳自然更会静待蒋介石的安排，不会贸然采取措施，由此，整个战时行政进展滞缓。

除上，影响"改进专员制度三原则"落实的，还有省制研究委员会的缩省报告。前已述，研究缩小省区问题是蒋在1939年3月15日日记中"预计"的三件事之一。该年8月，行政院专门成立省制问题设计委员会，政务处长蒋廷黻为主任委员，中央大学教授、地理学专家胡焕庸担任设计，行政院参事邓介松、端木恺、陈之迈，内政部次长张维翰、雷殷，内政部民政司长陈念中，交通部次长彭学沛等为委员。11月17日，第五届中央执行委员会第六次全体会议通过了彭学沛等18人提的《请决定即行缩小省区案》，大会决议由国防最高委员会继续研究拟具方案②。省制问题设计委员会经过8个月的研究，于1940年4月完成"设计报告书"③。"设计报告书"的余论部分讨论了专员的存废及实行缩小省区的时机与手续等问题，但因正值"对倭战争方殷、中原板荡"之际④，国民政府最终没有付诸实施。方案虽被束之高阁，而其废除专员制度的建议在当时产生了不小的影响。

当时主张废除专员制度的，除了缩省论者，还有废省论者。作为缩省论旗手的胡焕庸，是省县两级制的坚决维护者。他公开承认："本人始终主张：吾国政区，必须维持省县两级制，中央与省之间不可再有总督与巡阅使一类职位，省与县之间，亦不可再有行政督察区以及道府州厅一类制度，其理由十分简单，即行政层级，不宜过多。"⑤而如钱穆、张友渔、

---

① 陈方正编：《陈克文日记：1939—1952》（上册），1939年12月7日，社会科学文献出版社2014年版，第488页。

② 中国第二历史档案馆编：《中华民国史档案资料汇编·第五辑·第二编·政治·（一）》，凤凰出版社1994年版，第464—465页。

③ 陈红民主编：《中华民国史新论 经济·社会·思想文化卷》，生活·读书·新知三联书店2003年版，第23页。

④ 陈主懋：《宪政时期行政督察专员制度之存废问题》，《政治建设》第2卷第4期，1940年。

⑤ 胡焕庸：《缩小省区辖境与命名之商榷》，《青年中国季刊》第1卷第3期，1941年。

李德林等废省论者，认为省区制本身"是不适于抗战的，尤其不适于沦陷区域的游击战"。张友渔从"军政合一"的战时需要出发，主张"根本废除省区制，而代以战区制或军区制"；对于"行政专员区，同样，也应该废除"①。缩省声浪的高涨也与此时舆论乐观认为1940、1941年"是我们中华民族的胜利年"②不无关系。

总之，至1940年，国民政府对专员制度的改革基本无甚进展，所以，内政部在1938—1939年的工作总结中，相关专员制的只写了三条：一是在沦陷区域行政督察区设置行署；二是核定了4个省（豫、湘、川、陕）的行政督察专员公署办事细则；三是批准了7省（川、湘、浙、赣、闽、鲁、苏）改进专员公署组织的办法。在省制方面做的"最重要"工作是厉行省政府合署办公和战区各省设置行署，县制方面主要是推行新县制③。

内政部的无甚工作可做，从其内部蝇营狗苟的行政生态也略可一窥。据陈克文说，"没有工作的机关偏多这种无纪纲无秩序的情形"，"内政部里写匿名函件互相攻讦的事情顶多"，各司司长也是钻营、赌博高手。礼俗司长闻钧天上位时就采用不正当手段设计排挤他人，后来又"想做民政司司长，于是不断的设法捣民政司司长的蛋，鼓动一些人在小组会议里质问民政司司长，加以恶意的批评"。"内政部的赌风亦十分利害。礼俗司的司长是一个有名的头家，许多中下级职员的薪俸都流入他的手里了"④。

（四）若干省份继续强化专员制度和军委会的支持

在中央规定之外，各省自行调整、改革专员制度的现象仍在持续。1940年，内政部发现，"抗战以来，为时代实际之需要，专员公署之性质已有重大之改变，各省政府为配合此种需要，纷纷将内容加以改进。其改

---

① 张友渔：《废除沦陷区域的省区制》，《全面抗战》第74期，1939年。
② 张家望：《敌国何以必败——最后胜利必属于我的铁证》，泰和《大路半月刊》第1卷第9期，1940年；吴忠亚：《一年来抗战胜利总结》，《九政月刊》第2卷第1期，1941年"新年特大号"；黄素民：《迎接抗战胜利年——为庆祝民国三十年元旦而作》，《粤联会抗战月刊》第2卷第2、3期合刊，1941年。
③ 《内政部关于地方行政制度廿九年度核定各省县各级组织纲要单行法规一览表》（1940年2月），中国第二历史档案馆藏，内政部档案，资料号：一二（6）—9648。
④ 陈方正编：《陈克文日记：1939—1952》（上册），1940年1月15日，社会科学文献出版社2014年版，第509页。

进大体，不外组织加强，及专署于保安司令部组织之合并，以求效率增加，与指挥统一"①。具体已强化或要求强化专员制度的省份，分为以下几种情况。

一是战区省份。如广东省广州，惠阳、惠州、中山、佛山、三水、深圳等地1938年10月相继失陷后②，省府发动全民武装实施游击战，把全省警察、保安队、税警、盐警、各县基干队、壮丁常备队等，一概改编为游击队③。1939年1月，李汉魂任粤省主席兼全省游击总指挥后，将全省22个游击区改并为9个专区，以"富有军事政治识验名望人员"充任专员④，专员兼任游击司令；将专署1936年初设时的10余人、经费每月2000至3000元⑤，扩大为：甲等设4科、员额41人、月支4920元，乙等设3科、员额34人、月支4070元，丙等设2科、员额25人、月支2900元，高于三等县的编制与经费（一等县4科编制39人经费3308元、二等县4科编制31人经费2670元、三等县4科编制25人经费2063元）⑥。在职权上，除按1936年"10月条例"的规定，还额外"授权各区行政督察专员代核"原由省政府暨禁赌委员会核办判决的各县市局赌案⑦。

广西省1940年才归顺中央，废除行政区监督制，开始实行专员制度，3月颁布《广西省战时行政督察专员公署暨区保安司令部合并组织暂行办法》，将全省划设为12个专员区，"专员兼区保安司令部秉承广西省政府及广西绥靖主任公署之命，推行法令督察指导全区行政及主持全区地方保

---

① 《内政部关于地方行政制度廿九年度核定各省县各级组织纲要单行法规一览表》（1940年2月），中国第二历史档案馆藏，内政部档案，资料号：一二（6）—9648。

② 广东省地方史志编纂委员会：《广东省志·大事记》，广东人民出版社2005年版，第418—432页。

③ 《粤省发动游击战》，《申报》1938年11月28日第2张第6版。

④ 《适应战时需求军政一元化》，《申报》（香港版）1939年1月16日第1张第3版。

⑤ 《粤省设置各区行政督察专员全省划分九个行政督察区域公署组织及专员人已决定》，《申报》1936年10月8日第2张第8版。

⑥ 《行政督察专员公署经费分等表》《改订一等县行政经费预算表》《改订二等县行政经费预算表》《改订三等县行政经费预算表》，广东省政府秘书处统计室：《广东统计汇刊》第1期，1939年。

⑦ 《广东省各区行政督察专员公署辖属办理赌案统计表（二十八年六月至二十九年五月底）》，广东省政府秘书处统计室：《广东统计汇刊（1939—1940）》，第2期，1940年。

安事宜,所有对外公文均以专员或司令名义行之"①。比行政院1936年10月规定的"专署员额表,超过一倍以上"②,专员公署暨保安司令部合计编制为47—54人,经费"比前约增五倍以上",1941年编制甚至达到55—62人③。

此时基于专员在战场上重要作用的事实,强化专员制度在军事委员会看来,也是理所应当,反之即是不合理的。1940年7月,流亡中的山东省政府呈核该省未强化专员制度的"各区行政督察专员公署战时组织通则",军事委员会战地党政委员会就不予通过,认为山东省该强化专员制度却不强化。战地党政委员会提出,"战时组织通则,顾名思义,尤应为一组织健全、职权充实、运用灵活、完全能适应抗战需要之办法",而山东省的通则"殊去上述标准甚远";认为该省本来"在敌骑纵横之下,省县联系极难维持,为增强行政抗战效能,行政督察专员公署职权,应予提高,使之确可在省县失却联络时,能代替省政府行使职权",但"此在原通则内亦无规定"④,所以不予通过。

而对于下级部门送来的强化专员制度的提案或建议书,军事委员会也很乐意上呈。如1940年8月12日,军事委员会向行政院转呈了第四战区政治部所写《行政督察专员工作改进计划刍议》。该计划建议专署增加视察2至4人、技正技士各2人,分设视察室与技术室;经费上,除经常费十足发给外,增拨占总经费30%以上的视察及研究等经费;在业务上,应以推行地方自治及国民经济建设为中心工作;在职权上,后方地带的专员对于区以下人员负有考核与调整之专责,其县长及其佐治人员之考核与去留省府亦须尊重其意见,游击区的专员对于县长以下人员之考核与去留,省府应援以处理之职权的同时,"至少须拨一团以上兵力归其完全节

---

① 《广西省战时行政督察专员公署暨区保安司令部合并组织暂行办法》(1940年3月27日),《广西农业通讯》第1卷第2期,1940年。
② 《广西省政府呈转广西省临时参议会建议改善行政督察专员制度一案》(1941年11月),中国第二历史档案馆藏,内政部档案,资料号:一二(6)—6595。
③ 广西省政府十年建设编纂委员会编印:《桂政纪实(民国二十一年至三十年)》,1946年,第53—55页。
④ 《山东省各区行政督察专员公署战时组织通则及有关文书》(1940年7—8月),中国第二历史档案馆藏,内政部档案,资料号:一二(6)—8701。

制，并有指挥区属内旅团以下之驻军之特权"①。

1941年4月，军事委员会命令战区行文将专员直接按一级政府对待。规定"在战区内作战之军师长，对其作战区内之专员县长，为便利指挥作战，在军事上有指挥之权"；警备司令或戒严司令、军管区司令对于驻在区内的专员、区保安司令及县长"指挥兵事用令"，"团管区司令如兼任专员，对于区内县（市）政府用令"，其余平时一概用代电或公函②。

二是与中国共产党毗邻的省份。如陕西省陕北的三个专员区所辖23县中21县由中国共产党占据，"有占全部或一部分的，占全部的等于完全沦陷"。而陕西省"集权省府，专员公署的权利，皆属渺小"；专署仅列丙等编制，平时"在防范地方上的小偷，与处理其他很简单的事务，或可勉强应付，但在边区一带，共军与匪盗时常扰乱的时候，就不敷运用了，运作情报的能力，都够不上"。1941年3月，许维汉建议"陕北一带的行政机构，不能与普通一般看待，应按照江西剿匪时代，或现行战区的组织去改进"，"组织党政委员会，以当地驻军首长、专员、省党部办事处主任为委员，使党政军权集于一处，党政方面的事项都由专员负责，各县仿此成立党政分会"③。这明显是想要恢复或效仿1932年江西剿共时的党政军一体的党政委员会分会制。

三是长期压制专员的省份。如四川省政府对专员权力仍一如抗日战争以前，靳而不予，所以该省频繁有人提议强化专员制。如1939年3、4月间，第一区专员陈开泗和第十二区专员黄绶向内政部反映专员"行使职权束缚太甚，无从施展"；专署"机关组织极不合理，无法运用"④。曾担

---

① 《行政院秘书处通知军事委员函送李钰建议行政督察专员工作改进计划案奉渝交内政部参考由》（1940年8月12日），中国第二历史档案馆藏，内政部档案，资料号：一二（6）—6588。

② 《军政部代电奉军委会令第三战区股司令长□电以军师长对于防区内之专员县长在军事上有无指挥之权及少将上校两级军事长官对所在地之专署县政府之行文程式规定三项请查照由》（1941年4月18日），《内政部咨询师长对防区内专员县长有无指挥权及行文程式与行政院、军政部的来往文书》（1940年12月—1941年10月），中国第二历史档案馆藏，内政部档案，资料号：一二（6）—8705—39。

③ 许维汉：《改进陕北行政督察专员制刍议》，《西北研究》第3卷第8期，1941年。

④ 《四川省现行专员制度之检讨及第十二区行政督察专员公署建议等有关文书》（1939年3—4月），中国第二历史档案馆藏，内政部档案，资料号：一二（6）—6581。

任过浙省第四区专员①的四川省民政厅长胡次威还邀请十余迁川高校联合对全省 38 县进行考察，历数四川专员职权太小之象："各专员对于所属县长政绩之优劣，纵有意见，亦殊不为省方所重视；关于财务方面，除将属县地方预算为之照转外，余实无权过问；至于治安事项，保安队早已统一于省，各专员并无可以直接掌握之兵力。法令上所谓：县政之监督，财务之考核，与治安之维持，悉等具文，专员所余之工作，实际上，惟有省县间公文之承转而已。"后来考察人员分裂为废除和调整两派意见，废除派主张"现制行政督察专员，应一律裁撤"；调整派主张强化专员制，"提高其职权，充实其组织，使其相当于省政府之行署"②。在此局面与压力下，1940 年 3 月，四川省政府会议决定，专署分为乙、丙两等，乙等 38 人额定经费 4650 元实支经费 4140 元，丙等 35 人额定经费 4240 元实支 3810 元。比之本省新县制下的县组织与经费，专署经费超过了一等县，但员额还不及第六等县（一等县员额 105 人额定经费 3953 元实支 3725 元，二等县员额 91 人额定经费 3516 元实支 3303 元，三等县员额 77 人额定经费 2984 元实支 2905 元，四等县员额 74 人额定经费 2627 元实支 2455 元，五等县员额 58 人额定经费 2266 元实支 2120 元，六等县员额 56 人额定经费 2161 元实支 2018 元）③。第二年 1 月 28 日，四川省璧山县政府秘书陈一就从与新县制下县府各机关要与专署对口的角度，向行政院建议专署设 5 科，"民（兼社）、财（兼地）地、建、军五科，团管区司令部、区保安司令部等业务即并入军事各科办理"④。

---

① 《行政院决议通过　甄用毕业学生办法　张自忠继任津市刘汝明任察主席　邱仰浚鲁荡平任晋民厅长豫教厅长》，《申报》1936 年 6 月 24 日第 2 张第 5 版。

② 四川省民政厅编：《四川省政府民政厅联合在川各大学考察县政总报告·弁言》，四川省民政厅 1939 年版，第 1—2 页。

③ 《四川省行政督察专员公署行政经费月支数》，《四川统计月刊》第 5 期，1940 年。

④ 《陈一拟具"在新县制实施中所感到的九大问题及其解决之道"致行政院报告》（1941 年 1 月 28 日），中国第二历史档案馆编：《中华民国史档案资料汇编·第五辑·第二编·政治·（一）》，凤凰出版社 1994 年版，第 111 页。

三 实化"条例草案"与最后一个专员组织法

在二期抗战计划还有五个月就要结束之时,周钟岳执掌的内政部才拿出了落实"改进专员制度三原则"的第一个改革草案。与一期抗战时期包括省专县在内的整体办法草案不同,这是一个直接修改专员条例的草案,虽然它"生逢好时机",但"下场"却与前三个办法草案并无二致。

(一) 1941 年 7 月实化条例草案

1941年7月,内政部完成了《战时各省行政专员公署组织暂行条例草案》,先从"事实""性质""职权""组织""武力""区域"等方面,列出修订"专员条例"的 8 条"理由",然后草拟出 23 条条例内容(表6-3)。

该"条例草案"是一个隐性实化的草案,设计思路是一举多得,同时实现前述省制研究委员会倡导的缩小省区、战区要求的强化专员制、舆论要求的不突破二级制。草拟者一方面表示"恪守"省县二级制,在草案里明确规定专员为"为省政府辅助机关",并强调:"为确定省县两级制起见,将某某区行政专员公署之上冠以某某省政府字样,即表明为省政府之分机关";另一方面小心谨慎地落实了第二期抗战行政计划所定的"加强行政督察专员职权,使在行政上直接对中央负指挥地方行政之全责"和"使省政府在行政上改处于监督地位"[①]。他们想到的"毕其功于一役"的方法是"所有各省行政督察专员公署、区保安司令部、团管区司令部、及省政府行署一律裁撤,所遗职权统归行政专员公署办理"。专员制的强化在该条例草案中,具体通过以下四点来实现。

(1) 专员地位比肩省府委员,专署是超越行署的副省府。该"条例草案"第三、第七条规定专员"在所辖区内代行省政府职权,必要时得以省政府主席名义行文,由行政专员附署"。专员区的划设机关由1936年"10 月条例"规定的省政府改为行政院、内政部、军政部,最后报备的机

---

① 《内政部咨送视察汪振国签呈视察贵州地方行政报告书摘要请教育部及黔省政府查酌办理案》(1939 年 7—10 月),中国第二历史档案馆藏,内政部档案,资料号:一二(6)—7001。

关则是国民政府及国防最高委员会。第四、五条规定专员"由行政院院长遴选合格人员提请国民政府简派之,以由省政府委员兼任为原则","每年应到中央述职一次"。为何如此规定,草拟者解释说是"为考验专员之能力并使其明了中央政策"①。自古以来到中央述职的就是中央直属官员或中央派出官员,如汉代中央派出的部州刺史每年"八月巡行所部郡国……初岁尽诣京都奏事"②。专员到中央述职意味着专署是对中央负责、是直属中央的机关。这与前述专区的划设、专员的简派机关级别是内在一致的。专署内的处长都是"由行政院提请国民政府简派"。这些基本类似于省主席"由国民政府就省政府委员中任命"和省政府各厅长"由行政院就省政府委员中提请国民政府任命"③。可见,此点竟在以专署替代省府。

(2)专员辖区扩大。第二条规定"将各省划为二区或四区,……暂以不打破现有省界为原则"。对此,草拟者解释,这是"因在战时为保持国民之地理历史观念……以免纠纷起见",同时也为实现"战时二年计划"中减少单位的要求。但此点显然是为缩省作准备。

(3)独立的行政权。第六、十三、十五条规定在行政会议上应讨论各县市应行兴革事宜,"确定行政计划方案"。而过去专署行政会议只"审核及统筹"各县市行政计划或中心工作④。"条例草案"还规定专署自行决定设立"临时专管机关或委员会";有直辖保安团队,"专员全权主持"其人事经理。这也不同于过去的保安团队的人事经理归省府保安处。第六、十一、十四条规定有独立的事业费,"各省省政府应酌量本省财政情形每年划拨各专署事业费若干,中央认为兴办某省某区某种大规模建设计,亦得拨款补助";"迳令动支"各县市建设需要的预备费。这实

---

① 《内政部颁发各省实施县各级组织纲要监督考核方案及战时各省行政督察专员公署组织暂行条例等有关文件》(1941年7月),中国第二历史档案馆藏,内政部档案,资料号:一二(2)—1425。

② 《后汉书》志第二十八百官(五)。

③ 国民政府公布《修正省政府组织法》(1931年3月23日),中国第二历史档案馆编:《国民党政府政治制度档案史料选编》(下册),安徽教育出版社1994年版,第325、327页。

④ 《行政院令:第三三号(二十五年十月十五日):修正行政督察专员公署组织暂行条例由》,《贵州省政府公报》第2179期,1936年。

际给专员在财政上的全权。再有,规定专员"先行撤职或免职"或"派员代理"贪污违法或不称职的县市长,代替过去的出具考语和建议奖惩等虚权。同时规定专员荐任秘书、科长、视察、技士,自行委任、参谋、军法官,过去专员可自行委任的只有技士、科员、事务员。

(4)编制和经费陡增。该"条例草案"附有"行政专员公署编制经费分等表"(表6-4),甲、乙两等专署经费分别定为15665元和11851元,编制113人和88人。这一人数较之1936年的"10月条例"增长了59%—69%,具体员额除专员、参谋外,其余均有增加。"办公费""旅费""特别费"单项数额,已超过当时河北省一个专署经费的总额。

表6-3　　　　1941年5月内政部《战时各省行政专员公署组织暂行条例草案》的"理由"和内容

"理由"	条例内容
(一)按行政,督察专员其执行之职务多于其督察职务。此就事实言应改革者一。 (二)行政督察专员公署既为省政府辅助机关,即系省府横面扩张,非纵体层叠,为明朗确定省县两级制起见,故原有名称应予取消,机关改为"某某省政府某某区行政督察专员公署",名称改为"某某省政府某某区行政专员"。(如河南省政府洛阳区行政专员之类)冠以省政府字样,即表示系省府之分机关,冠以地名以明公署之所在。此就性质言,应改革者二。 (三)现行制度专员对于所辖县市长无黜陟奖惩实权,对于各县市请示案件无权核定,对于财政又无权动支,徒拥监督指挥之空名,因威信不立,故指挥不灵。此就职权言,应改革者三。 (四)现在各省专署,因财政困难,多为丙等编制,仅设秘书一人、科长二人科员二人技士一人,事务员三人,事繁人少,影响区政推行甚大,且专署与司令部分立,又多增人数事之摩擦。此就组织言,应改革者四。 (五)专员例兼区保安司令,驻区团队,系统有别,指挥不灵,绥靖地方、参加战争,均感力量不足。此就武力言,应改革者五。	第一条　行政院为整顿吏治,绥靖地方,增进行政效能,适应战时情况,并筹划战后复兴工作,以利抗战建国起见,得就各省划定行政区,设置行政专员公署,为省政府辅助机关,并以地位适中、交通便利、工商发达,或形势之险要之名都大邑为公署所在地。前项区之命名则以公署所在地之县市名称定之,区上并冠以某某省政府字样。 第二条　各省行政区之划分,由行政院召集内政、军政两部会同军事委员会依照各省面积、地形、户口、财赋、经济状况、人民习俗、历史文化、国防交通、战区形势,及行政管理之便利,并参酌过去地方行政区域沿革,酌将各省划为二区或四区,分报国民政府及国防最高委员会备案。前项区域之划分,暂以不打破现有省界为原则。 第三条　行政专员公署秉承省政府之命令,在所辖区内代行省政府职权,必要时得以省政府主席名义行文,由行政专员附署。 第四条　行政专员公署设专员一人,由行政院院长遴选合格人员提请国民政府简派之,以由省政府委员兼任为原则,总理公署事务,监督所属职员与机关,专员除因特殊情形,不得兼任其他职务,其人选审查办法另定之。战区内之专员人选,得征求军事委员会及兼()席之战区司令长官或其他军职人员意见。 第五条　行政专员每年应到中央述职一次。

续表

"理由"	条例内容
（六）现在各省专署除贵州第一区管辖二十县外，大多数管辖七、八县，且有仅辖四县者，在后方不足以统筹建设，在前方不足以袭击敌人。此就区域言，应改革者六。 （七）现各省主席多由战区司令长官或其他军职人员兼任，本政治重于军事之旨，分设行政专员，辅助省政府增强政治力量，俾司令长官或其他军职人员得集中力量领导抗战。此就军事言，应改革者七。 （八）专署组织扩大，专员职权提高后，即可就近督导新县制，促进地方自治，培植宪政基础。此就实施新县制言，应改革者八。	第六条　行政专员之职权如左：一、辖区各县市长遇有贪污违法或不称职时，得由专员先行撤职或免职，呈报省政府另委合格人员接替，如遇有紧急处分之必要时，并得先行派员代理，呈报省政府核委。二、各县市之预备费呈准专员公署即可动支，省政府及专署为统筹各县市建设需要，亦得迳令动支。三、专署应有直辖保安团队，其人事经理，均由专员全权主持，各区直辖保安团队之多寡，由各省省及……（此后档案缺页）。二十、关于辖区内各县市对敌经济斗争事项。二十一、关于辖区内各县市发动民众督率团队协助抗战及剿除奸伪事项。二十二、关于筹划战后复兴工作事项。除上列特权外，各省省政府得按各该省实际情况另订省与专署职权划分补充办法，呈准行政院施行。关于专员筹划战后复兴工作应根据各该区实际情形随时拟具方案呈报省政府转呈行政院核夺施行。 第七条　行政专员公署设左列各处：一、秘书处。二、政务处。三、军事处。每处各置处长一人，由行政院提请国民政府简派之。 第八条　秘书处掌理事务如左：…… 第九条　政务处掌理事务如左：一、关于民政事项。二、关于财政事项。三、关于教育事项。四、关于建设事项。 第十条　军事处掌理事务如左：一、关于保安事项。二、关于兵役事项。三、关于地方武力之组织训练及指挥调遣事项。四、关于发动民众协同抗战事项。五、关于防空及救护事项。六、关于情报事项。七、关于军法事项。八、关于其他军事事项。 第十一条　行政专员公署设秘书一人至二人，科长四人至七人，视察二人至三人，技士一人至二人，由行政专员遴选合格人员，呈请省政府咨由内政部转请荐任。参谋二人，由行政专员就合格军官呈请省政府咨由内政军政两部转送军事委员会审查后，函由行政院呈请任命。军法官一人，科员十三人至十八人，办事员十人至十四人，均由行政专员委任，呈报省政府备案，侦探员二人至四人，书记十人至十二人。 第十二条　行政专员公署得就辖区各县市士绅中聘任参事五人或七人，参赞署务，或委托分赴各县市任调查或指导之职务。前项参事应以负时望而能办地方事业者充之，为无给职。必要时得酌给伕马费。 第十三条　行政专员公署，因事实之需要，得呈请省政府核准设立临时专管机关或委员会，但于其任务完毕或无存在之必要时即行裁撤。 第十四条　为普遍发展地方事业起见，各省省政府应酌量本省财政情形每年划拨各专署事业费若干，中央认为兴办某省某区某种大规模建设计，亦得拨款补助。

续表

"理由"	条例内容
	第十五条　行政专员得随时召集辖区内各县市长，暨本公署处长、秘书、科长、视察、技士、参事、参谋、举行区行政会议讨论各县市应行兴革事宜，确定行政计划方案，遇必要时，各县市办理地方自治事业或国民兵团副团长及地方团体代表与负有声望并热心公益之人士，经行政专员之邀请亦得列席。区行政会议议决案件，应呈报省政府查核并由省政府分别呈咨行政院暨主管部会署查核。 第十六条　行政专员对于辖区内各县市地方行政，除派署内处长秘书科长视察技士参谋科员考察外，并应随时亲赴各县市乡镇巡视，并将巡视情形及成绩特别优良之县市长胪列事实呈报省政府并转报行政院存备选擢任用。 第十七条　行政专员对于辖区各县市长及所属工作人员成绩，应每年考核一次，拟定奖惩意见，呈报省政府，如所属各县市长有违法失职行为，应随时密报省政府核办。 第十八条　行政专员公署之编制及经费，依照附表所定标准，分为甲乙两等，由各省省政府斟酌各该行政专员区实际情形，分别拟定等次，编制概算，依法呈送核定，由省库拨付之。 第十九条　行政专员公署之关防，由国民政府依照颁发印信条例制发，其文曰"某某省政府某某区行政专员公署之关防"。 第二十条　行政专员公署之行文，对省政府用呈，对行政院由省政府转呈，对所辖县市政府用令，对其他机关用咨或函。中央院部会署令饬或函请办理之事项，得直接呈复或函复，但须同时呈报省政府备查。 第二十一条　行政专员公署办事通则由内政部定之，呈报行政院备案。 第二十二条　……所遗事权，统归行政专员公署办理。 第二十三条　本条例公布后，其施行区域与日期以命令定之。

资料来源：《内政部颁发各省实施县各级组织纲要监督考核方案及战时各省行政督察专员公署组织暂行条例等有关文件》（1941年7月），中国第二历史档案馆藏，内政部档案，资料号：一二（2）—1425。

除了上述四点实现了"加强行政督察专员职权，使在行政上直接对中央负指挥地方行政之全责"，此"条例草案"还在专署名称上做了形式落实。"战时各省行政专员公署"，抹掉了代表专署是虚级身份的"督察"二字。草拟者给出了随行就市的合理解释："按行政，督察专员其执行之职务多于其督察职务"已是客观"事实"①。郑彦棻则有另一种解释,他说"督察二字稍嫌近于消极,或就称为行政专员,似较适合"②。但笔者认为,此举更可能是为避免像1938年《郡组织法》规定"郡为地方最大行政区域"一样,太过明显的实化意图招致群起反对。

表6-4 1941年5月内政部《战时各省行政专员公署组织暂行条例草案》和1936年10月行政院《行政督察专员公署办事通则》编制与经费

职别		1936年10月行政院《行政督察专员公署办事通则》			1941年5月内政部《战时各省行政专员公署组织暂行条例草案》	
		甲等	乙等	丙等	甲等	乙等
员额（人）	专员兼司令	1	1	1	1	1
	处长				3	3
	秘书	1	1	1	2	1
	科长	4	3	2	7	4
	视察	1	1		3	2
	技士	2	2	1	2	1
	科员	4	3	2	18	13
	事务员	6	5	3		
	雇员	8	6	5		
	公役	14	12	10		
	副司令	1				
	参谋	2	2	2		
	军法官		1	1		
	副官	2				
	办事员	4	14	10		
	侦探员		4	2		
	书记	2	12	10		
	文书军士	2—4				

---

① 《内政部颁发各省实施县各级组织纲要监督考核方案及战时各省行政督察专员公署组织暂行条例等有关文件》(1941年7月),中国第二历史档案馆藏,内政部档案,资料号:一二(2)—1425。

② 郑彦棻:《论行政督察专员制度》,《大公报》(重庆版)1943年11月4日第3版。

续表

职别		1936年10月行政院《行政督察专员公署办事通则》			1941年5月内政部《战时各省行政专员公署组织暂行条例草案》	
		甲等	乙等	丙等	甲等	乙等
员额（人）	传令兵	1	10	8		
	卫兵	6	10	10		
	号兵	1				
	公役	2—3	12	10		
	炊事兵（伙伕）	2	6	6		
	饲养兵（马伕）	1	3	2		
	马乾		3	2		
	编制合计（人）	71—52	113	88		
经费（元）	薪酬（元）	3520	2870	1950	12465	9371
	办公费	450	400	350	1200	1000
	旅费	450	400	350	1000	800
	特别费	200	150	100	1000	800
	准备费	300	250	150		
	合计（元）	4920	4070	2900	15665	11851

资料来源：(1) 内政部：《行政督察专员公署办事通则》，《内政公报》第9卷第10期，1936年。(2) 行政院：《修正区保安司令部组织暂行条例》，《内政公报》第9卷第11期，1936年。(3)《内政部颁发各省实施县各级组织纲要监督考核方案及战时各省行政督察专员公署组织暂行条例等有关文件》（1941年7月），中国第二历史档案馆藏，内政部档案，资料号：一二（2）—1425。（空格处无资料）

相比前4个或强化或实化专员制度的草案，这个条例草案不仅能一举多得，还额外具有公开与推行的"大好"时机与条件。除了符合二期抗战行政计划和战场的客观需要外，此时省级财政取消所带来的省地位的下降，无疑是"千载难逢"的"好"机会。为应对财政困难[①]，增强战时国家对财政的统筹力量和促进地方自治的发展，五届八中全会4月1日通

---

① 杨荫溥：《民国财政史》，中国财政经济出版社1985年版，第102页；张公权：《中国通货膨胀史（1937—1949）》，文史资料出版社1986年版，第242页。（历年财政赤字：1937年73.27%、1938年40.2%、1939年74.44%、1940年75.09%、1942年78.5%、1943年71.92%、1944年78.91%、1945年87.65%）

过了孔祥熙等 27 人提案建议的将 1935 年以来的中央—省—县三级制①，改为国家财政和自治财政两级制，"原属省预算之一切收入，概划归中央管理"②。6 月 16 日，第三次全国财政会议正式决定"省级财政并入国家财政，原有省收支，容纳于国家总预算，省级预算不复存在"③。由此，在时人看来，"省的地位，业已'贬值'……省已一变而为代表中央监督地方自治的一个机构。再不复为高级的地方自治团体，甚至亦不复再为地方行政之一实级"④。这无疑有利于专署在不破坏二级制情况下，名正言顺上位为一级政府。

为此，社会舆论还提供了两种实施办法，一是缩省预备的方式。因为省制的这一变化，使缩小省区之议再起。有不少人认为"现在之行政督察区，以其地位言，以其职权言，实与缩小后之省区情形颇相似，稍加调整，乃轻而易举之事"，"调整改划目前各行政督察区扩大专署组织，提高专员职权，以为将来缩小省区张本"是"缩小省区最简捷便利之方法"⑤。此前，萧文哲就多次提出强化专署以备缩省，主张"扩大专署辖区，务期够为缩小省区之张本"；"提高专署职权，务期能够发挥专署为省府横面扩张的效能"；"充实专署组织，务期能够适合专区扩大与职权提高后的需要"；同时将专署名称"改称省府行署或道尹公署"⑥。后来在第三次全国内政会（1941 年 12 月）上萧文哲还曾为此提案。王冠英等 40 名参议员在 1941 年 3 月 1—10 日国民参政会第二届第一次大会上，联名提出"改专员为区行政长，不得兼任县长，并规定行政长公署在其辖区内代行政府职权，原有专员所兼区保安司令及团管区司令之职权，并为区行政长公署固有之职权"；公署内分设行政长办公室及民政、财政、经

---

① 国民政府公布《财政收支系统法》（1935 年 7 月 24 日），中国第二历史档案馆编：《国民党政府政治制度档案史料选编》（下册），安徽教育出版社 1994 年版，第 236 页。
② 《八中全会决议案：（四）改进财政系统筹整理分配以应抗建需要而奠自治基础藉使全国事业克臻平均发展案》，《政声》第 2 卷第 10—12 期，1941 年。
③ 第三次全国财政会议秘书处编：《第三次全国财政会议汇编》，1941 年，第 4 页。
④ 田镐：《关于省之问题》，《东方杂志》第 40 卷第 2 期，1944 年。
⑤ 张耀枢：《行政督察专员制度之检讨与改进》，《服务月刊》第 10 期，1943 年。
⑥ 萧文哲：《行政督察专员制度改革问题》，《东方杂志》第 37 卷第 16 号，1940 年。

济、教育、保安五科①。

另一种是直接实化专员制度。周必璋从适应新县制和历史上三级制多于两级制的角度，主张专署"确定为地方政制之纵的中间行政机关，为承上启下之枢纽，取销为省政府辅助机关之规定"②。行政院第□战区经济委员会主任秘书③陈主懋提出只要"有裨于实际"，可以将专员"爽快地改为省与县之间的中间阶级，使其成为正式的联络机关，作为纵体的制度"，也可以"成为'一省中之民政分厅，保存其横面扩张的原则"④。

尽管时机有利，但这个草案终究没有面世，而今分析其原因，一是当时的社会舆论中实化论的支持者极少。当然，不仅此时，整个民国时期主张变为三级制的都是少数。笔者目力所及1939年、1940年、1941年，这三年里发表的23篇专题论文、出版的2本专著中，真正主张实化专员制的仅有周必璋。废除论者也是少数，仅有竹君。他片面基于江苏省专员实际效能"简直是微乎其微"，就认为"行政督察专员的制度，实在没有存在的必要"⑤。与江苏省同属省区不辽阔且经济、交通较为发达的浙江省，同样也不支持实化或强化论，而是倾向回到最初的"行政院条例"。1941年2月，浙江省民政厅长沈雨乔因为经费支绌和本省事务"省政府自可管理，无庸代庖"，提案建议按照1932年院颁专员条例"恢复旧制"⑥。

二是抗战建国大纲定的政治基调是机构"简单化""合理化"和建立县自治，强化或实化专员制度根本不在其列，甚至属于唱反调。尽管有二年计划及"改进专员制度三原则"支撑，但专员制度改革不在国民政府施政方针内，历年的施政重点基本不离新县制。如1941年的内政重点除

---

① 《行政院秘书处抄发内政部国民参政会第二届第一次大会建议改善行政督察专员制度促进省区缩小案》（1941年5月14日），中国第二历史档案馆藏，内政部档案，资料号：一二（6）—9180。

② 周必璋：《改进行政督察专员制度刍议》，中央政治学校研究部1941年版，第100页。

③ 《第战区经委会 举行一周年纪念 陈主懋报告年来工作概括》，《工商日报》（西安版）1941年7月28日第2版。

④ 陈主懋：《宪政时期行政督察专员制度之存废问题》，《政治建设》第2卷第4期，1940年。

⑤ 竹君：《改行政督察专员为绥靖督办的建议》，《江苏旬刊》第5期，1940年。

⑥ 《浙民政厅计划恢复 行政督察专员制度 拟具办法提经民政会议通过》，《杭州新报》1941年2月18日第1张第2版。

了"推行新县制发展国民教育"外,还增加了应对财政困难和补充兵源等任务①。所以,本年6月,战地党政委员会第三十一集团军党政分会提案建议"行政督察区内所有团队及民众物力统归专员指挥"的同时,不忘强调"专署组织力求简单灵活,俾便适宜军事",划小专区,"辖区以三县至七县为限"②。

因此,周钟岳上台后的第一个专员制度改革草案虽开创了一种直接修改专员条例的新模式,但未见天日。3个月后,一个与《战时各省行政专员公署组织暂行条例草案》内容没有丝毫关系,甚至相差悬殊的新条例却公布了,并实行至国民政府结束。

(二) 1941年10月颁布最后一个专员组织法

1941年10月22日,行政院以勇壹字16531号训令颁布《战时各省行政督察专员公署及区保安司令部合并组织暂行办法》(以下简写"暂行办法")。如若让笔者以一个字形容它的话,那就是空前绝后的"绝"。这是国民政府最后一个有关专员制度的组织法,也是专员制度史上最简条例(仅有10条③)。除了形式外,其内容更显其"绝"。

其一,既不承前,也不启后。不但丝毫没有吸纳此前强化、实化专员制度的一众草案的内容,而且还"一键"删除了1937年后专员已经新增的职责。"暂行办法"第三条规定专员兼司令"督察指导辖区行政暨指挥团队绥靖地方事宜"④,比之1936年规定的"推行法令并监督指导暨统筹辖区内各县市行政",删掉了"统筹"。甚至不及1932年"剿总条例"规定的"综理辖区内各县市行政及剿匪清乡事宜"⑤,基本回到了1932年

---

① 《民国三十年度政府对内对外重要方针案》,中国国民党中央执行委员会训练委员会编印:《抗战以来中央各种会议宣言及重要决议案汇编》,1943年,第259—261页。

② 《行政院秘书处通知重划行政督察专员区一案及内政部办理情形》(1941年6月),中国第二历史档案馆藏,内政部档案,资料号:一二(6)—6591。

③ 1932年"行政院条例"17条、"剿总条例"23条,1936年"3月条例"17条、"10月条例"17条。

④ 《战时各省行政督察专员公署及区保安司令部合并组织暂行办法》,《行政院公报》第4卷第20期,1941年。

⑤ 《剿匪区内各省行政督察专员公署组织条例》,《湖北地方政务研究周刊》第1卷第7期,1933年。

"行政院条例"规定的"辅助省政府督察"①。至于保安司令部，除了明令与专署合并外，其职责定为"指挥团队绥靖地方事宜"，也比1936年规定的"掌理辖区内保安团队及其他有关军务事项"和"监督指挥""辖区内水陆警察及一切武装自卫之民众组织"②，至少取消了掌理军务。而1937年后新增的职责也被"无视"了。如1938年4月5日军政部《修正兵役法施行暂行条例》规定的专员"掌理"团管区征（募）兵事务③。1938年5月5日行政院《战区各县县政府组织纲要》规定的战区专署"迳行指挥监督"战区各县，"核准"县行署的一系列事务④。1938年6月23日行政院《沦陷区域行政统一办法》规定的沦陷区专员自行选用"临时办事处之干员"，统一指挥"所有该区内或县内之党务工作人员及一切地方团队武力"，甚至"如有少数之国军或散兵在该地者亦归该专员或县长指挥"⑤。

其二，多处自相矛盾。相比1936年"10月条例"，将专员职权的总体定位退回到督导，但具体职权却没降低。"暂行办法"没有逐条具列专员专署的具体职权（这是它最简的原因），却在第九条规定："本办法未规定事项，依照行政督察专员公署组织暂行条例，行政督察专员公署办事通则，及修正区保安司令部组织暂行条例之规定办理之。"这里所说的条例、通则就是1936年10月的几个文件。此条，一方面是不承认前述1937年后新增的职责，另一方面又默认专员的职权是1936年规定的"九条职权"：

1. 审核及统筹辖区内各县市的行政计划或中心工作。
2. 审核辖区内各县市地方预算、决算。

---

① 《行政院公布行政督察专员暂行条例令》（1932年8月6日），中国第二历史档案馆编：《中华民国史档案资料汇编·第五辑·第一编·政治·（一）》，凤凰出版社1994年版，第101—103页。

② 《行政院令：第三八号（二十五年十月二十四日）：修正区保安司令部组织暂行条例由》，《行政院公报》第1卷第14期，1936年。

③ 《修正兵役法施行暂行条例》，《东阳县政公报》第4期，1939年。

④ 《战区各县县政府组织纲要》，中央训练团编印：《中华民国法规辑要》（第一册），1941年12月，第189—193页。

⑤ 《内政部奉行政院令制定沦陷区域党政设施、联系方法及有关文书》（1938年5—6月），中国第二历史档案馆藏，内政部档案，资料号：一二（6）—8673。

3. 审核辖区内各县市制定的单行法规。
4. 巡视及指导辖区内各县市的地方行政和地方自治。
5. 考核辖区内各县市行政人员的工作成绩。
6. 对辖区内各县市行政人员实行奖惩。
7. 召集区行政会议。
8. 处理辖区内各县市间的争议。
9. 办理省政府交办事项。

而这就出现了矛盾的地方。其中第一条就与"暂行办法"总体定位的"督察指导辖区行政暨指挥团队绥靖地方事宜"有些矛盾。如果说"暂行办法"里还有体现总体职责定位降低而变小的，那就是编制。1936年10月规定"区保安司令由行政督察专员兼任时，司令部与专员公署合署办公"，合并的编制为47—68人①。此"暂行办法"定编为32—41人，仅略多于1936年规定的专署单独部分的25—41人。细细对比可见：精简掉的是专署的"事务员""雇员""工役"和保安司令部的"传令兵""卫兵""号兵""炊事兵""饲养兵"等勤务勤杂人员（表6-5）。这些人精简掉符合《抗战建国纲领》"简单化"的要求，却与实际需要相去甚远。同时，新增会计员1人②。这是顺应既成事实。1937年6月行政院《整理中央行政纲领》和《整理地方行政纲领》要求："整理地方财务行政……并训练财政行政人员"③。随之一些省份陆续配置了1、2名会计员。如浙江省1938年1月配置1人④、安徽省1938年12月配置会计员和会计主任各1人⑤、广

---

① 《行政院令：第三八号（二十五年十月二十四日）：修正区保安司令部组织暂行条例由》，《行政院公报》第1卷第14期，1936年。
② 《勇壹字第一六五三一号训令公布战时各省行政督察专员公署及区保安司令部合并组织暂行办法由》（1941年10月18日），《行政院公报》第4卷第20期，1941年。
③ 《整理中央行政纲领》《整理地方行政纲领》，《行政院公报》第2卷第26期，1937年。
④ 《浙江省战时各区行政督察专员公署暨区保安司令部人员编制表》（1938年1月16日），《浙江省政府公报法规专号》第2辑，1938年。
⑤ 《安徽省战时各区行政督察专员公署组织暂行办法（廿七年十二月廿三日本府第七一九次常会通过）》，安徽省政府秘书处编辑：《安徽省战时单行法规汇编》，安徽省印刷局1939年版，第6—8页。

西省1940年3月配置1人①。这一增设又体现了实际与政策方针的矛盾。

表 6-5　1941 年 10 月《战时各省行政督察专员公署及区保安司令部合并组织暂行办法》与 1936 年 10 月《行政督察专员公署办事通则》编制对比　　单位：人

职别	1941 年 10 月《战时各省行政督察专员公署及区保安司令部合并组织暂行办法》	1936 年 10 月《行政督察专员公署办事通则》
合计	32—41	47—68
专员	1	1
副司令	1	1
秘书	1	1
科长	2—3	2—4
视察	1—2	0—1
技士	1	1—2
技佐	1—2	
科员	4—6	2—4
办事员	6—9	2
事务员		3—6
会计员	1	
佐理会计员		
雇员		5—8
公役		12—17
参谋	2	1
副官	2	2
军法助理员	1	1
军法官		1
书记	8—9	2
文书（军士）		2—4
卫兵、卫兵		6
传令兵		1

---

① 《广西省战时行政督察专员公署暨区保安司令部合并组织暂行办法》（1940 年 3 月 27 日），《广西农业通讯》第 1 卷第 2 期，1940 年。

第六章 1939—1941年：又一个制后不宣的隐性实化草案　207

续表

职别	1941年10月《战时各省行政督察专员公署及区保安司令部合并组织暂行办法》	1936年10月《行政督察专员公署办事通则》
号兵		1
炊事兵		2
饲养兵		1

资料来源：（1）《勇壹字第一六五三一号训令公布战时各省行政督察专员公署及区保安司令部合并组织暂行办法由》，《行政院公报》第4卷第20期，1941年。（2）《行政督察专员公署办事通则》（1936年10月20日），《内政公报》第9卷第10期，1936年。（空格处无资料）

但接下来又出现了一件矛盾到"离谱儿"的事情。按照蒋介石1932年以来的一贯做法，颁布一个专员条例必定配发一个编制经费表，其编制应大致不离条例所定的范围，但内政部却拟制了一个比"暂行办法"所定范围超出70%的编制经费表。而且以往的经费表均由中央直接制定颁发，而"暂行办法"第八条规定："行政督察专员公署及区保安司令部合并组织及经费之支配，由省政府分咨内政军政两部转呈行政院核定之。"①也许是由于此时省级财政取消，原来1936年规定专署经费由省筹拨，现在改由中央拨款了。此举似乎为表"尊重"省府仍是地方最高行政单位，也有尊重地方实际需求，于是，行政院一面要求各省呈报本省预计的专署组织编制，另一面命令内政部草拟新的经费表。11月18日，行政院训令内政部：会同军政部"参照"1936年10月20日颁布的《行政督察专员公署办事通则》中附带的《行政督察专员公署经费分等表》另订经费分等表。两天后，内政部商同军政部开始研制，历时一年多，于1942年12月29日完成《战时各省行政督察专员公署及区保安司令部合并组织经费编制分等表草案》和《战时各省行政督察专员公署及区保安司令部合并组织经费编制分等表草案说明》。而这期间，甘、陕、粤、湘、闽、川等六省于1942年4月至11月上呈了各自制定的专署兼保安司令部的编制与经费表。

最终内政部军政部完成的《战时各省行政督察专员公署及区保安司令部合并组织经费编制分等表草案》中的编制增加了不止50%，经费也

---

① 《战时各省行政督察专员公署及区保安司令部合并组织暂行办法》，《行政院公报》第4卷第20期，1941年。

"提高四倍至六倍"。"暂行办法"规定32—41人，此编制表草案中的甲、乙、丙三等专署编制分别为54人、64人、73人（表6-6），增加了68.8%—78%。即使比照行政院规定应参照的1936年的规定也增加了7.4%—10.2%。至于经费部分，由于效法《暂行文官官等官俸表》中废除以县等之高低裁定县行政人员俸给多寡的做法，对专署行政人员的薪饷同样"不作硬性之规定，由省政府按其本人之资历及各该区事务之繁简酌定其俸给"。所以，实际表中并无俸薪酬定额及专署合计经费总额，具体经费数由各省自定。而已定的甲、乙、丙三等专署的办公费、差旅费、特别费、准备费四项之和，就分别已高达7200元、5900元、4900元，较1936年10月规定的相同四项之和（1400元、1200元、950元），已"提高四倍至六倍"①。

表6-6　　1942年12月《战时各省行政督察专员公署及区保安司令部合并组织经费编制分等表草案》与1936年10月《行政督察专员公署经费分等表》编制经费比较

项别	1942年12月《战时各省行政督察专员公署及区保安司令部合并组织经费编制分等表草案》			1936年10月《行政督察专员公署经费分等表》			1936年10月《修正区保安司令部组织暂行条例》
	甲等	乙等	丙等	甲等	乙等	丙等	与专署合署办公
编制（人）	73	64	54	41	34	25	24—27
俸薪饷（元）				3520	2870	1950	纳入省政府编制预算。
办公费（元）	2000	1600	1200	450	400	350	
旅费（元）	3000	2600	2200	450	400	350	
专员兼司令特别费（元）	1000	800	700	200	150	100	
副司令特别费（元）	800	600	500				纳入省政府编制预算。
准备费（元）	400	300	300	300	250	150	

① 《军政部、内政部为奉交拟订战时各省行政督察专员公署及区保安司令部合并组织经费编制分等表一案经已拟具会呈签核示遵由》（1942年12月5日），中国第二历史档案馆藏，内政部档案，资料号：一二（6）—8302-33。

续表

项别	1942年12月《战时各省行政督察专员公署及区保安司令部合并组织经费编制分等表草案》			1936年10月《行政督察专员公署经费分等表》			1936年10月《修正区保安司令部组织暂行条例》
	甲等	乙等	丙等	甲等	乙等	丙等	与专署合署办公
经费合计（元）				4920	4070	2900	
除薪俸饷之外合计（元）	7200	5900	4900	1400	1200	950	

资料来源：(1)《军政部、内政部为奉交拟订战时各省行政督察专员公署及区保安司令部合并组织经费编制分等表一案经已拟具会呈签核示遵由》（1942年12月5日），中国第二历史档案馆藏，内政部档案，资料号：一二(6)—8302—33。(2)《行政督察专员公署办事通则》，《内政公报》第9卷第10期，1936年。(3)《行政院令：第三八号（二十五年十月二十四日）：修正区保安司令部组织暂行条例由》，《行政院公报》第1卷第14期，1936年。（空格处无资料）

为何大增经费与编制，草拟者自称是"参照行政督察专员公署组织暂行条例、行政督察专员公署经费分等表、修正区保安司令部组织暂行、区保安司令部编制表暨战时各省行政督察专员公署及区保安司令部合并组织暂行办法所规定之最高额拟订"①。笔者认为，这一"最高额"实际来自上述六省。六省上报的编制为48人—79人不等（表6-7），经费合计为4700元—14927元不等，除薪俸饷之外的经费之和为1436.5元—9565元不等，平均为4646.9元。新编制表草案的编制为54人—73人，除了薪俸饷之外的经费合计为4900元—7200元，基本取六省上报的平均数或中位数。

表6-7 1942年甘陕粤湘闽川六省专员公署暨区保安司令部编制经费统计

项别	甘肃省		陕西省	广东省		湖南省	福建省	四川省
	甲等	乙等		甲等	乙等			
编制（人）	48	51		79	72	63	49	63
俸薪饷（元）	3563.5		3996	5362	4962	5918	4528	4931.5
办公费（元）	696.5	596.5	1040	6800	6300	2600	467	1000

① 《军政部、内政部为奉交拟订战时各省行政督察专员公署及区保安司令部合并组织经费编制分等表一案经已拟具会呈签核示遵由》（1942年12月5日），中国第二历史档案馆藏，内政部档案，资料号：一二(6)—8302—33。

续表

项别	甘肃省 甲等	甘肃省 乙等	陕西省	广东省 甲等	广东省 乙等	湖南省	福建省	四川省
特别费（元）	120		240	860		800	450	600
旅费（元）	500	300	720			1500	1300	2000
准备费（元）								150
乾缠（元）		120		240	180			
官兵医药费（元）				14.4	13.8			
士兵教育费（元）				3.4				
士兵草鞋费（元）				40.8				
士兵副食费（元）				221		378		
官兵主食金（元）				936	897			
经费合计（元）	5000	4700	6196	14927	13888	12862.6	6745	9681.5
除薪俸饷之外合计（元）	1436.5	1136.5	2200	9565	8926	6944.6	2217	4749.5

资料来源：(1)《甘肃省政府咨送内政部各区行政督察专员兼保安司令公署员额经费分配表案》(1942年6—11月)，中国第二历史档案馆藏，内政部档案，资料号：一二（6）—6558。(2)《陕西省行政督察专员兼保安司令公署编送会计报表及有关文书》(1942年5—6月)，中国第二历史档案馆藏，内政部档案，资料号：一二（6）—6606。(3)《广东省政府战时各区行政督察专员公署与保安司令部合并实施计划纲要暨名称、管辖县市及所在地一览表、经费预算表等有关文书》(1942年4月—1945年2月)，中国第二历史档案馆藏，内政部档案，资料号：一二（6）—6600。(4)《湖南省第〇区行政督察专员兼保安司令公署三十二年度编制概算表》(1942年7月)，中国第二历史档案馆藏，内政部档案，资料号：一二（6）—6597。(5)《福建省各行政督察专员公署暨保安司令部经费案》(1946年6月—1947年11月)，中国第二历史档案馆藏，内政部档案，资料号：一二—206。(6)《战时各省行政督察专员公署及区保安司令部合并组织暂行办法（附表）》，《四川省政府公报》第100期，1942年。(注：因原文献未一一详列所有单项经费的数额，所以表中"合计"数额不一定是该列数字之和。)（空格处无资料）

当然，各省上报的专署编制经费数字变大，最主要原因是严重的通胀。财政史研究表明，1942年6月的物价指数是1937年6月的36.49倍，而相隔半年后，即此编制草案拟就的1942年12月的物价指数已是1937年6月的61.16倍[1]。1942年国库支出的245.11亿元法币仅能折合成1937年相同比值下的6.28亿元，贬值了39倍[2]。以此推算，草案中新经

---

[1] 贾秀岩、陆满平：《民国价格史》，中国物价出版社1992年版，第189页。
[2] 杨荫溥：《民国财政史》，中国财政经济出版社1985年版，第102页；张公权：《中国通货膨胀史（1937—1949）》，文史资料出版社1986年版，第242页。

费数字即使涨10倍，比之1942年36.49—61.16倍的物价指数和1/39的折合币值，算不得杯水车薪，也还是很少的。

除了通胀原因外，笔者推测，地方可能有故意做大数字"报复"中央之意。因为省已转为中央的预算单位，省级的所有支出完全由中央负担，那么何不多做专署编制与经费挪作省府之用呢？前后比较一下不难得出此结论。前后比较一下不难得出此结论。向前比，如前述广东省1939年规定专署甲等41人4920元、乙等34人4070元、丙等25人2900元①，至此时隔两年，规定专署甲等79人14927元、乙等72人13888元，编制涨了1.9—2.9倍，经费涨了3—4.5倍。再如四川省1940年规定专署乙等38人4650元、丙等35人4240元②，至此时隔一年，规定专署63人9681.5元，编制涨了1.7倍，经费涨了2.1倍。两省都是经费比编制涨幅更可观。再向后比，如甘肃省此时规定专署编制48人，1945年却降至29人③。福建省此时规定专署49人，1949年却降至34—39人④。两省都基本减少了10人。所以，很难让人相信省政府是"坦诚"的，没有"做手脚"。而且时人皆知的取消省级财权一事，人们普遍以为省政府丧失了财政收入。而内政部民政司第二科科长汪振国视察湘、粤、闽、桂等省后却发现：地方实际"并未因中央对于省预算之直接控制削弱了省的财政权，各省关于财政上的裁量权仍是相当庞大的，最明显的事实就是现在各省差不多都握两种法宝……一种是省银行，一种是省企业公司，各省因为操有这两种法宝，所以在财政上仍可以运用自如"⑤。即官营事业收入是省财政的额外来源，这是省府隐瞒不报的。

---

① 《行政督察专员公署经费分等表》、《改订一等县行政经费预算表》《改订二等县行政经费预算表》《改订三等县行政经费预算表》广东省政府秘书处统计室：《广东统计汇刊》第1期，湖南耒阳正文印务局1939年版，第143—146页。

② 《四川省行政督察专员公署行政经费月支数》，《四川统计月刊》1940年第5期。

③ 《甘肃省行政督察专员公署及区保安司令公署办事通则及有关文书》（1945年5—7月），中国第二历史档案馆藏，内政部档案，资料号：一二（6）—8315。

④ 《各省行政督察专员兼保安司令公署组织编制与组织规程》（1947年4—9月），中国第二历史档案馆藏：一二（2）—578。

⑤ 《内政部民政司汪科长视察湘粤闽桂等省报告》（1943年10月8日），中国第二历史档案馆藏，内政部档案，资料号：十二（6）—19625。

最终，1941年"暂行办法"实行了，而这个本应配套的新编制经费草案却未予公布。1941年12月20日，国民党第五届中央执行委员会第九次全体会议通过《增进行政效能厉行法治制度以修明政治案》，要求精简机构："现存之政府各种机构及国营省营事业机关，有业务性质相同而系统分歧者合并之，业务因战时原因而失去原来对象者裁撤之，业务与抗战无重要关系者缩编之……既经调整之后，无论中央地方任何部门，非经特许，不得擅自添置机构。"[①] 所以，"暂行办法"规定的32—41人编制是中央对专署员额的最后规定。而专署的经费等于无规可依。

[①] 《中国国民党第五届中央执行委员会第九次全体会议通过重要议决案》（1941年12月20—23日），中国第二历史档案馆编：《中华民国史档案资料汇编·第五辑·第二编·政治·（一）》，凤凰出版社1994年版，第576页。

第七章　1942—1945年：又一个胎死腹中的强化草案

1941年12月，日本偷袭珍珠港，美国对日宣战，日军部分兵力被牵制在太平洋战场，中国战场压力稍减，国民政府制定了新的政治方针与计划，但对专员制度如何处理，没有再出台类似前两个阶段"行政院谈话会三原则""改进专员制度三原则"的改革原则。而舆论和蒋介石弱化省府的意图使行政院又筹划了第五个，也是最后一个改革专员制度的草案。

一　改革舆论高涨与蒋介石再发弱化省府之声

国民党第五届中央执行委员会第八次全体会议（1941年3月24日—4月2日）通过《战时三年建设计划大纲》，在"抗战必须争取最后胜利，建设必须达到国防绝对安全"原则下，提出了1942年1月至1944年底的三年建设任务。由于认为上一阶段抗战的政治经验是确立宪政基础和推行地方自治。因此，"三年建设计划"确立六项任务中的两项政治任务都是延续此经验，如规定"加强政治组织，并特别注意于基层政治机构之建立，以奠定民治之基础"和"依据本党之政纲政策，调整一切政治经济社会之组织，使其机构、人事、法令、规章，能成为动员国防力量之枢纽"[①]。

后来国民政府制定的内政方针基本都围绕自治和民众动员，无涉专员制度。如1942年的内政方针重点是新县制、城市土地测量、户籍行政机

[①]《战时三年建设计划大纲》，《闽政月刊》第8卷第4期，1941年。

构、边疆和战地禁烟、蒙藏文化发展与事业救济①。1943年的施政方针重点是推进新县制、充实警察机构整顿各省保安队、督行户口清查、肃清后方沦陷区边区烟毒、蒙藏经济教育卫生事务②。1944年的施政方针重点还是新县制,此外还有调整中央与省政府的关系、改善公务员待遇、整理现行法规③。1945年的施政方针是"健全并发展各级民意机关,促进地方自治厉行法治,奠定宪政基础"④。

"三年建设计划"中并无再改专员制度之意,而1942年前后改革专员制度的舆论高涨。各方虽然出发点不同,具体"意见并不一致",但"大家都认为现行的行政督察专员制度必须加以改革"⑤。1941年12月5—7日在重庆召开的第三次全国内政会议上,强化专员制度的提案即有4个(表7-1)。福建省专员陈世鸿从缩省预备的角度,提议"将省府指挥监督各县之权限,择要委托各区专员公署代为行使"。同样坚持以专员制度改革为"缩小省区之张本"的还有萧文哲等的提案。甘肃专员贾沛城和钟竟成二人从行政需要出发,提出"专员保荐"县长,审核"各县市之行政计划中心工作、单行法规、预算决算、及预备费之动支",辖区以6县至10县为原则等。河南省民政厅长方策主张"战区及接近战区或有特殊情形之地方……重行划定辖区,分别设置专员公署,应提高职权,充实组织,增加人员经费";"距省较近及安全区域,无设置行政督察专员制必要"的应"一律裁撤"⑥。1942年2月,琼崖行政督察专员丘岳宋和守备司令王毅也呈请军事委员会转电请行政院:对于专员,要"给予抗战时期内人事及

---

① 《民国三十一年度政府对内对外重要方针案》,中国国民党中央执行委员会训练委员会编印:《抗战以来中央各种会议宣言及重要决议案汇编》,1943年,第271页。
② 《民国三十二年度政府对内对外重要方针案》,中国国民党中央执行委员会训练委员会编印:《抗战以来中央各种会议宣言及重要决议案汇编》,1943年,第311—312页。
③ 《政府交议三十三年度国家施政方针案审查意见联合报告》,中国国民党中央执行委员会训练委员会编印:《抗战以来中央各种会议宣言及重要决议案汇编》,1943年,第351—352页。
④ 《三十四年国家施政方针总方针中央设计局秘书长熊式辉在中枢纪念周报告》,《安徽驿运周刊》第55期,1944年。
⑤ 郑彦棻:《论行政督察专员制度》,《大公报》(重庆版)1943年11月1日第3版。
⑥ 第三次全国内政会议秘书处编纂组:《第三次全国内政会议报告书》,内政部印行1942年版,第237—240页。

行政上紧急处置之特权,俾便遇事权宜处理,以应事机"①。

表7-1　1941年12月第三次全国内政会议四个强化专员制度的提案

提案人和提案名称	提案主要内容
1. 福建省第三区行政督察专员陈世鸿提《调整改划行政督察区,扩大专员公署组织职权,以为将来缩小省区之准备案》	在未实行缩小省区以前,省府机构应逐渐紧缩,将所节余经费分别充实各区专员公署。将省府指挥监督各县之权限,择要委托各区专员公署代为行使。规定专员对于县长之任免有向省府建议之权。
2. 专家会员萧文哲等十人提《拟请改善行政督察专员制,以便增加行政效率,促进省区缩小,实现省县二级制案》	改行政督察专员为区行政长,撤销专署,设立区行政长公署,专署扩大组织,增加人员,并将辖区扩大,俾为缩小省之张本。
3. 甘肃省行政督察专员贾沛城、钟竞成提《改善现行专员制度案》	专员之任免奖惩,应以尊重省府主席之意见为原则;专员驻在地之县长,应由专员保荐,其成绩并应由专员负连带责任;专员根据考核结果,提出奖惩县长及其所属工作人员之意见,省政府应予重视;专员辖区内各县市之行政计划中心工作、单行法规、预算决算、及预备费之动支,必须经过专员审核之程序,并赋予专员核准所辖各县市动支预备费每次若干之权。限其最高额,由各省政府自定之,但不得少于300元;省政府命令各县市政府办理之事件,或对县市政府之请求有所指示时,除有特殊情形及必须由专员公署转行者外,一律以迳行令县为原则,但每一件事,均须同时令行专员知照;督察区域应规定以六县至十县为原则。
4. 河南省政府民政厅长方策提《行政督察专员制度应因地制宜,分别存废案》	距省较近及安全区域,无设置行政督察专员制必要者一律裁撤,由省政府随时直接派员监督。战区及接近战区或有特殊情形之地方,由各省政府详查实际,重行划定辖区,分别设置专员公署,应提高职权,充实组织,增加人员经费。设置专员公署区域,俟其任务终了,或县政府机构健全,无设置之必要时应即裁撤,以减少层级,增进效率。

资料来源:第三次全国内政会议秘书处编纂组:《第三次全国内政会议报告书》,内政部印行1942年版,第237—240页。

　　此时,蒋介石对专员制度另有新的计划酝酿。继1941年6月取消省级财政之后,蒋介石再次提出弱化省政府之意。就在第三次全国内政会议

---

① 《行政院秘书处通知单:军委会电为核准琼崖守备司令及行政督察专员在抗战期内人事及行政上紧急处置之特权由》(1942年2月12日),中国第二历史档案馆藏,内政部档案,资料号:一二(6)—15264。

后几天，在 1941 年 12 月 15—23 日国民党第五届中央执行委员会第九次全体会议上，蒋提出《调整省县机构确定权责范围简化业务程序以增进行政效率案》，说："财政收支系统改革之后，则省政府之实质，即无异行政院在省之一行署，省主席及各厅处长即均系中央之直属干部，自应受中央各机关之共同使用。"基于此，他提出调整省制，重修省政府组织法具体要完成三件事。一是由国防最高委员会根据建国纲领的原则及现实需要明确"省政府之法律地位与其权责"。二是精简省政府机构，"各省应将原有机构积极裁并"，只能设 6 个一级机构（秘书处、民政厅、财政厅、教育厅、建设厅、会计处），"除以上各单位外，不再设置其他直属机构。关于粮政、地政、社会、赈济、农林、水利、卫生、人事、统计等事项，分别归并如于以上各厅、处之内"。省政府这一配置，相比当时县政府设立 7 个直属机构（秘书室、民政科、财政科、教育科、军事科、会计室）还少 1 个。三是缩小省府权责范围，中央各部、会、署对于省政府颁布的关于举办事业、须动用经费追加预算的法令，"应由行政院命令省政府遵办"，"凡两部、会以上颁行之法令，有相抵触者，由省政府请示行政院决定"。这意味省政府丧失了部分经济建设和行政自主权。对此提案，第五届中央执行委员会第九次全体会议决议"交常务委员会详细研究"①。转年 12 月 14 日第五届中常会第 216 次会议讨论："公决施行"②。

　　1937 年以来蒋弱化省府之意早有表露，此次直白地想用修改省组织法强硬解决，与抗日战争以来调军、筹款问题上的央地矛盾直接相关，此番是因征粮问题再次凸显，蒋在日记中屡次恼恨地提及。1941 年 5 月 31 日，蒋在日记中写道："军粮可虑，各省地方军阀之把持作恶，与军事、政治、社会皆无基础，而欲保持如此抗战之重大局势，自知为蚁负山，其危殆万状。"即对地方实力派对征粮问题的不配合痛心疾首。因此在当日的"上星期反省录"中说："中央与地方人事仍未能决定，为可愧耳。"对此，蒋的一贯解决办法就是更换不听话的省主席。所以，他在 6 月"本月大事预定表"中的第二条写的就是"闽、浙、陕、鲁各省主席调

---

① 内政部：《省政改革方案（附有法令）》，1947 年 7 月，第 5—7 页。
② 中国第二历史档案馆编：《中国国民党中央执行委员会常务委员会会议记录》（第 35 册），广西师范大学出版社 2000 年版，第 412 页。

换"。计划第一周"陕主席内定熊斌，与铭三（蒋鼎文——引者注）对调"，"鲁主席定牟（牟中五行——引者注），以沈（沈鸿烈——引者注）内调"，然后再"研究闽浙主席"。6月1日当天改为"预定""陕闽主席速决，或先解决陕主席"；并且说"川省粮食之症结在潘（潘文华——引者注）"，提醒自己"注意""邓（邓锡侯——引者注）、潘应否召见，在此二月内应再加忍耐，不宜操急。"6月7日写道："对邓鸣阶以粮食腾贵得意忘形，小人放肆，可鄙。余以沉默严对之，使之知戒，但此仍是余不合克己复礼、即物穷理之道，卒致自惭不置。"可见，蒋对他们又恨又无奈。6月9日蒋又写道："如果俄德开战，则以后我之对内对外政策其先后轻重之间更应彻底研究，不可再蹈民国十九年冬之覆辙。当时讨平阎冯叛乱以后，乘战胜之余威，应先积极统一各省军民财各政。"[①] 显然，蒋追悔中原大战后没有乘胜追击彻底削夺省府、集权中央，此时他设想如果日本与他国开战，就一定利用此机完成这一夙愿。所以，孔祥熙在五届八中全会提案各省田赋暂归中央接管、撤销省级财政，只是蒋介石再次弱化省府的信号。说"再次"是因为在战前已经有过，其中就包括借助专员制度，实化专署分夺省权。当然孔在提案中并未露骨地表达中央的真实意图，而是从抗战财政客观需要的角度立论。他说："自民国十七年颁行国地收支划分标准，以田赋划归地方，各省遂为收入之大宗，每有需用，大都增加田赋，以供支应，遂致赋则分歧，附加杂出，轻重失其平衡，人民病其烦扰……近来粮价高涨……尤非整理田赋，无以裕国计，而济民心。"[②] 由此收回了各省手中的田赋这一大宗收入来源。

此时，蒋还是打算采用熟悉的"配方"弱化省府。在五届九中全会提案后半年，行政院科长沈乘龙呈交了一份陇东、陕北的视察报告，提议"扩大各该区域内行政督察专员公署组织"。1942年6月2日，蒋介石阅后训令内政部"研究具体办法具报"[③]。由此揭开谋求再次改革专员制度的新篇章。

[①] 《蒋介石日记》，美国斯坦福大学胡佛研究所档案馆藏。
[②] 《八中全会决议案摘要（二）》，《大公报》（香港版）1941年4月5日第2张第7版。
[③] 《陇东陕北专员公署组织办法草案》（1942年6月—1943年1月），中国第二历史档案馆藏，内政部档案，资料号：一二（2）—1531。

二 1942年秋行政院征询各省改进专员制意见

为了获悉各省是否有改革专员制度的意愿及具体要求和意见，1942年秋，行政院电令各省政府：研究专员制度，将研究结果拟具意见限期报核，备中央确定改进方案①。年底，蒋介石又电询各省主席三个问题："（一）各省实施督察专员制度以来利弊若何，（二）督察专员是否有加重职责之必要，如须加重，应加重者为何种职权，（三）督察专员区是否须减少"。有17省陆续做出了回复（表7-2）②。

表7-2　　　　　　　　1943年1月17省回复原文

姓名	行政督察专员制之利弊		行政督察专员职权是否须加重	行政督察专员区是否须减少
	利	弊		
湖南省薛岳	（一）清剿匪患，维持治安，易著成效。（二）专员巡视各县乡镇，直到工作，察吏贤否，确能促进县地方行政及自治之推行。（三）专员对违法失职之县行政人员，密查检举，报府核办，可收澄清吏治之效。	（一）专员未能充分运用规定之职权，统筹辖区行政，事事呈府核办，转使专署流为公文承转机关。（二）专署未能与省府各厅处局会密切联系，不克充分发挥监督指导及统筹各县行政之效能。（三）部署合并后，同一官署而文武职员待遇不同。指挥督促均有困难。	（一）人事：1. 各县之中央暨省府所属机关，如田赋税捐等机构，考察难周，应责成专员就近督导，行文并得用令。2. 县各级干部之成绩优异者，应由专员保荐升用，其违法失职者，如为县长则密呈省府核办，余则迳令主管调整或惩办。（二）经费：1. 专员对于辖县财政整理及各机关经费支用情形，得随时抽查审核，报请主管机关核办。2. 专员旅费及其他必要开支，得依实核列。	

---

① 《政院令各省研究行政督察专员制》，《解放日报》1942年10月1日第2版。

② 行政院：《检发各省政府主席对于行政督察专员制度改进意见应由该部妥为研究拟定办法令仰遵照限于文到两星期内呈复由》（1943年1月8日），中国第二历史档案馆藏，内政部档案，资料号：一二（6）—8303—27。

第七章 1942—1945年：又一个胎死腹中的强化草案 219

续表

姓名	行政督察专员制之利弊		行政督察专员职权是否须加重	行政督察专员区是否须减少
	利	弊		
湖南省薛岳	（四）专员以其资望与地位，对县长不能解决之问题助其解决，如检举惩办土豪劣绅，为民除害。	（四）专署编制太简，组织亦欠合理，不足适应业务需要。（五）专员常驻一县，考察有所偏重，不克充分发挥行政效能。	（三）编制：1. 部署合并文武职员一处办公而待遇不同，难于督导，应将保安令部名义撤销，其职权改由专员行使。2. 专署业务日增，应增设科室及人员，以应需要。3. 各专管机关如有分区设置督察性质机关，应尽可能纳入专署组织内。4. 专署得酌设保安队或警察队，以便直接指挥调遣。	
广西省黄旭初	（一）省区远阔、交通不便，省府对各县行政督导难周，专员就近督察，诸多便利，并可沟通省县意见，对战时急务之处理，亦较为敏捷，边区尤然。（二）专员兼任保安司令，辖有常备保安队，并有指挥调度各县团警之权，易收绥靖地方之效。	（一）行政层级增多，减削行政效率，就公文言，省府下行文必用分令，县府上行文必须分呈；就工作言，省府派赴各县市察督导人员与专署所派者，指导要领，每不尽同，致县之一级无所适从。（二）权责未能划清，专署明系行政督察机关，如仅行使督察权责，可望有效，如按照组织条例第三条之规定，而责以行使省府本体之职权，则无法完成，如勉强行之，则不免政令分歧。	专员职权在范围上不必再有所扩充，应以督察为主，至兼保安司令之职权，可仍其旧。惟应本分层负责之精神，由省政府依据法令，确定某某等事应归专署主持。专署应充实组织，增加经费，专员人选以由不兼厅处局长之省府委员兼任为原则，并应增加技术及督导人员，又省府之督导机构与专署之间应适当分配督导任务。	专署以在边远及特殊情况之地区设置为宜，余由省府分区直接督察为便，专署撤销后应将省府及专署内原有督导人员调整分配，原有专员改为省府内部人员，称"某某省政府行政督察专员"。所有专员及督导人员应经常前往指定地区工作，每两三个月回省一次，每满一年，得酌换其督察区域。

续表

姓名	行政督察专员制之利弊		行政督察专员职权是否须加重	行政督察专员区是否须减少
	利	弊		
广西省 黄旭初		（三）组织不够充实，专署人员、经费两皆不足，督察任务无力达成，本省专署人员经费均较定额为多，其效尤未大著。		
四川省 张群			为加强行政督察适应目前需要及准备将来缩小省区计，专员制实有改弦更张之必要： （一）名称：专员改称"行政长"仍兼取保安司令，设副司令一人佐理之，不另设司令部，公署改称"行政长公署"。 （二）组织：行政长公署设政务、保安两处及秘书、视察两室，政务处长一人简派，保安处长由副司令兼任，秘书视察两室各设主任一人兼任。 （三）职权：县长以下人员及团队官长之任免考核奖惩，辖县施政计划、地方概算及单行法规之审核、地方自治之监督、地方经济之开发、干部之训练、团队之组训指调、兵役之征退、在乡军人之管理、军法案件之审理等，均宜列举规定，俾有依据，并得制定单行法规，呈府转报主管备案施行。 （四）行文：中央或省决定之通案，由省直接令转并分行行政长，县直接秉承省府处理之事件，及中央或省颁法令疑义之解释，由县直接呈省并分呈行政长，并于奉指令后补报行政长查核，	

续表

姓名	行政督察专员制之利弊		行政督察专员职权是否须加重	行政督察专员区是否须减少
	利	弊		
四川省张群			其应由行政长统筹或处理及受省府委任处理之事件，省县公文均由行政长承转，俾免分歧。	
贵州省吴鼎昌	（一）省县之间有专署秉承督察政令推行较为顺利。（二）专员随时巡视，对于各县情形考察特详，指示兴革，能切实际需要。（三）专员兼又保安司令职务，于区内绥靖事宜统筹指挥，易于收效。	专署无固定权限与专受业务，对辖县民财建教等政务之指示，如遵行决定，有时不免侵越省府各厅权限，或有重复，抵触之嫌，如一一承转，则省县之间徒增转折，反减弱行政之敏捷性，本省为预防此弊，凡省府设施，均使专员彻底明了，尚无指示两歧，权限不清之事。	（一）在剿匪期间，专员对拿获匪首，应准其电呈本省最高军事机关核准，先行枪决后补卷判。（二）专员应授予统筹指挥区内省县团队警壮之权。本省已照此办理，颇具成效。	本省专员区尚无减少之必要。
安徽省李品仙	实施专员制以来，对整顿吏治、绥靖地方，颇收辅助之效，部署合并后，事权统一，功能更甚。		（一）各县施政报告，得由专员详加审核，加具奖惩意见。（二）专员得指挥调遣整训地方自卫武力，如在战区，遇事机迫切，得指挥调遣驻境省保安团队。各县自卫队官佐之违法失职者，应得呈准撤换。（三）各县遇有紧急事件，须动用准备金时，得报由专员核实执行，转报省府备查。（四）辖区县长有调整必要时，得列举事实，向省府提供意见。（五）县各级人员如有违法人员急忽职务者，得先令县分别撤免惩办，报府备案。	（一）安全县份，专员区酌予减少。（二）边区县份，省府直接指挥不便者，得增设专员区，每区辖五县至八县为宜，地方闭塞交通不便者，酌减辖县。（三）为适应军事需要，宜分别酌予增划专员区，俾利控制。

续表

姓名	行政督察专员制之利弊		行政督察专员职权是否须加重	行政督察专员区是否须减少
	利	弊		
陕西省 熊斌	专员辅助省府监督指导及统筹全区行政，俾省府有臂指相承之用，县政人员以其就近督察，不易有蒙蔽之事，尚能达到整饬吏治绥靖地方之目的。	（一）行政层级增加，多所糜费。（二）职权不专。（三）组织欠密，遇事纡缓。	（一）扩充专署武力：各专署须经常有五百名以上之队兵，期能维持地方治安。（二）专员在法令范围内，对县长可升以指挥考核之全权，期能发挥专署为省府横向扩张之效能。	
甘肃省 谷正伦	（一）沟通省县政情：边缘县局，省府鞭长莫及，专员就近督导，对加强行政效率，确手相当功效。（二）澄清吏治：专员随时出巡，县行政人员俱怀戒心，贪污积习大减，廉洁风尚逐渐设立。（三）绥靖地方：专员兼保安司令，各县指挥统一，联系密切，力量集中，于绥靖地方、安定民生，确收实效。	公文多一承转机关，迁延时日，盖专署因权责所限，鲜能直接予以处断。	（一）加强考核职权：专员对于辖县各级行政人员之考核权应予加重，省府对其考核意见亦应尊重，俾县各级行政人员知所惕励。（二）兼督役政职务：主管中下级行政机构人员，因隶属系统各别，屡起摩擦，各师管司令或副司令似宜由专员兼任以利役政。（三）充实专署组织：1. 增设参谋及谍报人员：本省民族复杂，种族间屡因佃故误会而起纠纷，且奸党占据一隅，股匪时有扰乱……。2. 增加视察及边才：本省专署辖区辽阔，交通不便，巡查动辄逾月，人员既苦于奔驰，事机亦每失实效，似宜酌增视察员额。又本省民族复杂，言语不通，政令难于推行，似宜酌设熟悉边情人员，以应需要。	本省员幅辽阔，值此抗战正殷政令频繁之际，需要专员秉承省府命令对各县严加督察，且新治待设者尚多，故专员区尚须增划，不宜再减。

续表

姓名	行政督察专员制之利弊		行政督察专员职权是否须加重	行政督察专员区是否须减少
	利	弊		
河南省李培基	（一）专员就近督导各县县政，诸多便利。（二）省府急需查办之事饬由专员办理，可免延搁。（三）各县工作考核，专员提供之意见，较为切实。（四）专员由县长擢升，奖励贤能，县政可望奋进。	专员之地位、职责不清，何者由专员作主，何者须呈省府核准，法未明定，致有推诿延迟牵制现象；又因无实权，专署形成赘疣机关，行文多一周折，反减行政效率。	（一）应予专员以考核县长之权。（二）增加专署经费致能罗致专才，指拨相当武力，使能指挥调遣，以应紧急事态。	距省会较近之处似可不设专员而设督导人员；游击区及情形特殊地方，专署仍应存在，并加强其组织及职权。
江西省曹浩森	（一）专员地位较高，各县地方阻力，可设法排除。（二）各项重要政务，可就近督促推进。（三）各县临时紧急事件，可就近立予指示解决。（四）县际争议，可为之解决；关联事项，可使之合作。	（一）行政上多一层级，政令承转费时，推行反欠灵敏。（二）专员权力，未明定其行使之界限，则使时有过或不及之弊。	专员职责似无须加重，仅就其原有者明定其行使之界限即可。	专署似可不必普设，仅于离省较远或有特殊情形之地方设置之。
福建刘建绪	专员督导属县推行政令，处理县际纠纷，及维护地方治安，均有成绩。	或因人事不臧而未睹成效，究属利多于弊。	专员制度系为虚级，似无加重职权之必要，惟人事考核及团队指挥之权，可由省府审度情形，酌量付予，似可不必照定限度，但应增加其旅费及办公费，俾能随时出巡。	战时政令繁多，交通不便，各区辖境辽阔，督导难周，正拟增划，似应不宜再减。又专署用序数番号与辖区地名不相联系，宜仿旧府区或道区名称，冠以地名，以利识别。

续表

姓名	行政督察专员制之利弊		行政督察专员职权是否须加重	行政督察专员区是否须减少
	利	弊		
广东 李汉魂	（一）遇战地各县与省府隔离时，专员可达到指挥监督、保持省县之联系。（二）专员对各县重大变故或县际纠纷可就近速彻查处理。（三）专员指导各县兴革庶政，考核工作成绩，可辅省府视导之不及，促进各县工作效能。	（一）政令推行，多一承转机构，不免迟缓。（二）遇有专署于各厅处会局意见相左之事件发生时，增加解决困难。（三）专署无直辖部队，不易负区内治安全责。（四）署内人员无多，经费有限，视导考核工作不能迅速普遍。	本省对专员制曾加改善，似无加重专员职权之必要。	督察专员区与区保安司令不配合，治安事宜，较易推行，如在兵役行政方面与师管区合一或更变利。惟就专员本身言，暂可保持原状。
浙江 黄绍竑	专员制施行以来，尚著称小，有继续存在之必要。		应加重其军事指挥及政治督导考核之权，惟须避免损及省府各厅处职权。	专员区应否扩大，须视地区历史情况而定。
湖北 陈诚	（一）过去剿匪时期，协助剿抚工作，收效颇宏。（二）平时督县推行政令，亦具相当力量。（三）现值抗建时期，庶政殷繁，省区辽阔，耳目难周，分区督导，实有必要，运用得宜，尤属有利。		专员之规定职权，原为适当，只须健全署内人士并充裕其经费即可发挥督察效能。	本省行政督察区之划分，尚能切合战时实际需要，目前似可不必变更。

续表

姓名	行政督察专员制之利弊		行政督察专员职权 是否须加重	行政督察专员区 是否须减少
	利	弊		
江苏 韩德勤	（一）辖区各县指挥统一，剿匪易收成效。（二）各县紧急事件，专员就近处理，因应咸宜。（三）推进政令，得专员督促指导，各县间易收联系合作之效。	（一）专员之平庸者，不但无积极作用，反增行文转折。（二）专员之不称职者，形同虚设，易失人民信仰。（三）县长之能力较强者，易与专员发生摩擦。	（一）应予专员以向省府拟议辖区各县市行政人员任免之权。（二）应予以处决收复地区烟毒犯之权。（三）应令其负督导考核辖区各县市办理新县制或地方行政事宜之责。	（一）本省现划九区，似须减少。（二）接近省会之区，似可不设专员。
云南 龙云	（一）辅助省府督察，政令易于推行。（二）辖区各县行政经专员审核统筹后，呈府核定，无粗率不妥之弊。（三）专员酌情筹划辖区兴革事宜，较省令通饬办理者，更切实际。（四）边区省府考察难周，县长奉行政令，多不免敷衍隐饰，专员可就近考核，对紧急事件，亦可就近从便处理。	（一）监督指挥机关增多，令出多门，推行政务辗转分呈，办事迟缓，效率减低。（二）监督机关增多，权责难明，遇有困难，不免互相推诿。	（一）专员对地方武力，应有指挥调遣之权，以便绥靖地方。（二）专员对辖区县长，应有依法检举之权。	专员区之多寡，应视省之大小而定。附近省垣各县省府便于直接指挥，以不划专员区为宜，边区及情形特殊地方，以增划为便。
山西 赵戴文	专员对政令之转达与督导执行，均有成效。		本省各县多为战区，专员对辖县县长检举弹劾之权，应特予加重，俾收督察之功，以达贯彻政令之效。	本省各县多为战区情况特异，专署事务繁多，督察县份不宜过多，督察区不宜减少。

续表

姓名	行政督察专员制之利弊		行政督察专员职权是否须加重	行政督察专员区是否须减少
	利	弊		
青海马步芳	专员辅助省府推行政令，颇称便利。		（一）专员职权应加重助长地方建设事业及统筹工作，凡各县急需而力难独办者，应由专署统筹办理。 （二）专署经费不足，诸感困难，请酌予增加，以资推进。	本省第七区不仅辖同德一县，无设专员之必要，于二十九年元月奉令撤销，惟因所辖果洛族地面远阔，管理不易，曾于二十九年七月增设和兴和顺二设治局，若有专员就近督导，对地方之开发，实深依赖，拟请将第七区仍准划设，俾便治理。

资料来源：《各省主席对行政督察专员公署组织改进意见及内政部奉令核办行政督察专员制度改进的有关文书》（1943年2月），中国第二历史档案馆藏，内政部档案，资料号：一二（6）—8303。（空格处无资料）

对第一个问题有关专员制度的弊端问题，反馈集中在降低行政效率和权责不清，其次是经费、人员不足和功效不著。有6省（皖省李品仙、川省张群、浙省黄绍竑、鄂省陈诚、晋省赵戴文、青省马步芳）未置评价。其余11省中：（1）提出降低行政效率的有7省（苏省韩德勤、粤省李汉魂、桂省黄旭初、豫省李培基、赣省曹浩森、滇省龙云、甘省谷正伦）；（2）提出权责不清、权限不明的有6省（黔省吴鼎昌、桂省黄旭初、陕省熊斌、豫省李培基、赣省曹浩森、滇省龙云）；（3）提出人员与经费少的有4省（粤省李汉魂、桂省黄旭初、湘省薛岳、陕省熊斌）；（4）提出无甚功效的有5省（苏省韩德勤、湘省薛岳、闽省刘建绪、湘省薛岳、豫省李培基）；（5）提出易生上下级矛盾的有2省（苏省韩德勤、粤省李汉魂）；（6）提出靡费的有1省（陕省熊斌）、无直辖部队1省（粤省李汉魂）。

对第二个问题是否加重专员职权，总体意见是强化。除有4省（粤省李汉魂、桂省黄旭初、赣省曹浩森、闽省刘建绪）提出"专员职责似无须加重""似无加重专员职权之必要""专员职权在范围上不必再有所扩充"外，其余13省主席均各种要求加强职权、充实经费与组织编制等。具体加强何种职权,湘省薛岳、皖省李品仙、浙省黄绍竑、滇省龙云、晋省赵戴文、苏省韩德勤、豫省李培基、陕省熊斌、甘省谷正伦、闽省刘建绪、川省张群等11人均一致主张应特别加强专员对于所属各县市之人事管理考核权。湘省薛岳、川省张群、皖省李品仙、苏省韩德勤等4人均主张专员对于辖区内各县市长人选有保荐权。同时,被战各省则需要武力权,如豫省要求"指拨相当武力,使能指挥调遣,以应紧急事态";陕省要求"扩充专署武力:各专署须经常有五百名以上之队兵,期能维持地方治安";皖省要求"专员得指挥调遣整训地方自卫武力,如在战区,遇事机迫切,得指挥调遣驻境省保安团队。各县自卫队官佐之违法失职者,应得呈准撤换";贵省要求"专员应授予统筹指挥区内省县团队警壮之权";浙省要求"应加重其军事指挥及政治督导考核之权"。这从侧面说明战区省府对专员应对战争的借重程度,也说明1941年"暂行办法"规定专员权"指挥团队绥靖地方"[①],有欠合理,至少缺了"调遣"。

对第三个问题专员区是否减少,排在第一位的意见是区别对待和增设。明确提出减少的仅有苏省韩德勤1人。这与苏省面积较小,具有不普设专员的事实有关。川省张群、陕省熊斌、湘省薛岳3人未置可否。其余13人中,提出不普设的有桂省黄旭初、豫省李培基、赣省曹浩森、滇省龙云4人,建议在远省会地区、边疆地区、游击区、特殊地区设专员,其他则不设。这等同于恢复1932年"行政院条例"所规定的不普设,也大致是这些省1937年的实际状况(河南省除外)。提出增设的有5人,明确提出增设的有4人:甘省谷正伦、闽省刘建绪、晋省赵戴文,皖省李品仙也大致主张增设,青海马步芳要求恢复一个已经撤掉的专员区,实际也是增。明确提出维持原状的有3人:粤省李汉魂、鄂省陈诚、黔省吴鼎昌[②]。这些省份要么已经自行增设,要么地处边远。

总之,扩大专员职权、增设专区即强化专员制度能得到大多数地方的支持。

---

① 《战时各省行政督察专员公署及区保安司令部合并组织暂行办法》,《行政院公报》第4卷第20期,1941年。
② 《各省主席对行政督察专员公署组织改进意见及内政部奉令核办行政督察专员制度改进的有关文书》(1943年2月),中国第二历史档案馆藏,内政部档案,资料号:一二(6)—8303。

三 1943年4月强化条例草案的草拟

1943年1月8日，行政院将上述17省的反馈转交内政部，令妥为研究，拟定办法，并"限于文到两星期内呈复"。

鉴于前几次的经验教训，此次内政部民政司拟稿时不再明目张胆地实化专员制度。经历前序4个专员制度调整与改革草案全部被束之高阁，内政部民政司的参事们逐渐意识到："十余年来，中枢对行政制度，虽曾多方研议，但于中央与县之间迄无多加行政级层之决定，足徵截至现在，尚无重大理由，足以打破二级之原则"①。再者，此次草拟工作完全没有类似"谈话会三原则"、战时二年计划等行政院相关专员制度改革方针的中央政策支持；而且此时的一些端倪显示，中央在规避实化专员制度之嫌。

如4个月前行政院推出（设计—执行—考核）行政三联制，似在刻意避免给别人以专员、专署是一级的印象。在《各级行政机关拟订分层负责办事细则之原则与方式》中，"专员公署"被列入分层负责制中的一级"政务机关"，但"专员"却没有列入"本机关之最高长官"的"第一级官吏"名单中。文件规定，"党务机关"和"政务机关"均应订发"办事通则"随即列出的三级"政务机关"是："（一）五院所属各部、会、署、局"，"（二）各省市（直辖市）政府及所属各厅、处、局"，"（三）各行政督察专员公署，及县市（省辖市）政府"。要求各级"政务机关"要从"第一级官"起，以至下面的次长、秘书长、司长、处长、科长、科员分别拟订各级职员责任。文件也列举了"第一级官吏""第二级官吏""处于幕僚长地位者"及以下人员职务范围名单。但"第一级官吏"中没有"专员"一职，"第二级官吏"和"处于幕僚长地位者"则明确列出了"专员公署秘书"和"专员公署以下之秘书"②。这种做法，刻意的成分过于明显。

新专员条例草案的草拟者也比较小心谨慎，先从当时实化专员制度的两大症结问题逆向思考，然后采取排除法，决定最终方案。他们认为，当

---

① 《各省主席对行政督察专员公署组织改进意见及内政部奉令核办行政督察专员制度改进的有关文书》（1943年2月），中国第二历史档案馆藏，内政部档案，资料号：一二（6）—8303。

② 《各级机关拟订分层负责办事细则之原则与方式》，《盐务月报》第10期，1942年。

时关涉专员制度实化的两大症结问题，一是"省县两级制应否维持？"二是"行政督察区可否为缩小省区之准备？"他们认为第一个问题——不破坏两级制的办法有三：（一）省区为适当之缩小，废除行政督察专员，厉行省县两级制；（二）省区仍旧，废除省政府，改为督察虚级，设置督政使等类之大员，代表中央巡回督导，不负实际行政责任，另分各省为若干郡（或州），设郡政府，为行政实级，废除行政督察专员制；（三）省区及省政府仍旧，各省于必要地方设行政督察专员公署，对现制加以改进。这三种办法，对专员制度而言就是废除、实化、强化。但他们也想到"现在国情，抗战尚未结束，政治需要安定，似不宜遽作重大之改革"，所以"目前仅应采用第（三）项办法"。

再就第二个症结问题——专署为缩省准备，草拟者也发现不可行。原因，一是专员区划数量太多，如果"平均以每省五区计，约为四十五区，合计二百二十二区，单位如此之多，其不可作为缩小省区之准备"。二是专员管辖"区域过于扩大，必将督察不周而失去作用"。而且现有行政督察区域，不能一律扩并，即使可行，相比省制设计委员会所拟的缩小省区方案是全国七十省左右，扩并的范围"亦决难达到缩小省区所要求之限度"。思考的结论是，"行政督察专员之区划与组织……如勉强用作缩小省区之准备，势必顾此失彼"。所以，实化专署作为缩省预备的专员制度改革办法是不成立的。最终，民政司决定："在现阶段之下，对于行政督察专员制度，只可暂就原制加以改进，不宜遽作根本之改革，且不必以其区域作为缩小省区之准备"[①]。这与抗战初期何键的主张，及第一个实化专员制度的《郡组织法》征询内政部的总体意见并无区别，等于转了一圈回到了五年前。

由于已有多次草拟的底稿和经验积累，民政司仅用时1个月，于2月4日即拟出《行政督察专员公署组织条例草案》（26条）及"说明"。但此时行政院所定两个星期的"限期届满"，初稿还未与相关各司会商。于是，2月9日，内政部一面先向行政院要求展期，一面利用2月4日至2

---

① 《各省主席对行政督察专员公署组织改进意见及内政部奉令核办行政督察专员制度改进的有关文书》（1943年2月），中国第二历史档案馆藏，内政部档案，资料号：一二（6）—8303。

月 22 日的时间与警政、户政、会计等司室频繁沟通，然后"将原草案分别修改"。23 日，民政司将《行政督察专员公署组织条例草案》定稿和修改"说明"上呈内政部部长。第二天，务求稳妥的内政部部长周钟岳批示："叫陈参事审议"。"陈参事"就是前述的内政部参事室参事陈屯，即一期抗战何键主持内政部时第一个草案的主笔者。

3 月 11 日，陈屯做出回复，对民政司的草案先予肯定，说："确系研究有素，并非人云亦云，原拟专员制度改进要点八大原则，亦能适合现实需要，非对于此种制度有真知灼见者，莫能道其只字"；而且与 1936 年 10 月的规定"尚能前后联贯，原则上极表赞同"；只是"文字上尚有应行调整之处"。后来，他与民政司司长杨君励多次商量，"对原草案各条条文略有修正"，将 26 条修改为 30 条，名为"行政督察专员公署组织条例草案（参事室修正案）"（表 7 - 3）。3 月 18 日至 22 日，此稿经内政部会计室、民政司第二科、陈屯和民政司长杨君励几方多次交换磋商。最终，于 4 月 7 日以渝民字一九三九号上呈行政院。

表 7 - 3　　　　1943 年 4 月内政部《行政督察专员公署组织条例草案（参事室修正案）》全文

第一条　省政府在距省会较远或有特殊情形地方，得划分行政督察区，依本条例之规定，设置行政督察专员公署，为省政府辅助机关。距省会较近或交通便利，省政府易于直接督察地方，分区而不设署。
第二条　行政督察区之划分由各该省政府按照本省面积、人口、交通、经济、文化等状况，及天然形势、历史关系与行政便利，酌量拟定，并拟具行政督察区名称，开明管辖县市，暨行政督察专员公署驻在地点，绘具详细图说，报请内政部转呈行政院核定，并呈国民政府备案。前项行政督察区名称，以主要之地名定之。
第三条　行政督察专员公署置左列各处室：
一、政务处，二、警卫处，三、秘书室
政务处得设民政、财政、教育、建设四科，警卫处得设警务、保安、户政三科。
第四条　政务处掌左列事项：
一、关于辖区内各县市行政计画或中心工作之统筹与审核事项，
二、关于辖区内各县市地方概算原则之指示及财政收支预算决算之稽核事项，
三、关于辖区内各县市单行法规之审核及原则指示事项，
四、关于辖区内各县市办理自治事务及中央或省委办事务之督导考核事项，
五、关于辖区内各县市长人选之保荐及其迁调事项，
六、关于辖区内各县市行政干部之训练事项，
七、关于辖区内各县市长及其他工作人员之考核奖惩事项，
八、关于辖区内地方经济之开发事项，
九、关于辖区内数县市联合举办事业之统筹事项，
十、关于辖区内各县市争议之处理事项，
十一、关于召集区行政会议事项，
十二、其他中央或省办关于行政事项。

续表

第五条　警卫处掌左列事项：
　　一、关于辖区内水陆警察及保安团队之整训、调遣及监督、指挥事项；
　　二、关于辖区内一切武装自卫民众组织之整训、调遣及监督、指挥事项；
　　三、关于辖区内水陆警察及保安团队水陆警察及保安团队及各县市武装组织各级官佐之考核、奖惩事项；
　　四、关于户籍行政、征兵、征工及其他征发事项；
　　五、关于在乡军人管理事项；
　　六、关于绥靖事项；
　　七、关于军法事项；
　　八、关于防灾事项；
　　九、关于召集区保安会议事项；
　　十、其他中央或省委办关于警卫事项。
第六条　秘书室掌左列事项：
　　一、关于文书之收发分配撰拟缮校及保管事项；
　　二、关于署令公布事项；
　　三、关于典守印信事项；
　　四、关于本署职员进退及考核记录事项；
　　五、关于编制统计及报告事项；
　　六、关于本署经费出纳事项；
　　七、关于本署庶务事项；
　　八、其他不属于政务警卫两处主管事项。
第七条　行政督察专员公署设专员一人，简任，综理全署事务，并指挥监督所属职员及各机关，由行政院院长或内政部部长，遴选有法定简任资格及职务适当人员，提请行政会议决定后，依法转请任命，其选用办法另定之。
第八条　行政督察专员公署设处长二人，秘书主任一人，简任，或荐任，承员之命，分掌各该处室事务，秘书一人至三人，科长五人至七人，视导三人至五人（内一人或二人为警官或军官出身），技正一人至三人，均荐任，承长官之命，分掌主管事务，由行政督察专员遴选合格人员，诚请省政府报内政部依法转请任命，技士二人至五人，科员十人至十八人，承长官之命，分掌各项事务，均由行政督察专员遴选合格人员依法委任，呈报省政府备案。
　　行政督察专员公署，设参谋及军法承审各一人至三人，均中校或少校，承专员之命，并受警卫处长之指挥，分别办理绥靖或军法事务，由行政督察专员遴选合格人员，报内政部军法部依法转请任命，副官二人，上尉或中尉，由行政督察专员遴选合格人员，依法委任，呈报省政府备案。行政督察专员公署得酌用雇员及谍报人员。
第九条　行政督察专员公署设会计主任一人，荐任或委任，办理岁计会计事务，受该管行政督察专员之指挥监督，并依国民政府主计处组织法之规定，直接对主计处负责。会计主任及其名额均由省政府及主计视事务之需要，并就本条例所定委任人员及雇员名额中，会同决定之，会计主任及其佐理人员应依法分别任用或雇佣。在未设置前项人员以前，其岁计会计事务得暂由行政督察专员指定人员办理之。
第十条　行政督察专员公署于不抵触中央及省之法令范围内，对于辖区内行政事项，得发布署令，并得制定单行规则或办法，应视其轻重缓急，分别呈报省政府备案，或由省政府请主管部会署核转行政院备案，但关于限制人民自由、增加人民负担、及变更组织或预算者，非经依法核准，不得执行。
第十一条　行政督察专员得随时召集辖区内各县市长、县市政府各科长或各局长，驻境内各机关长官，各中学校校长，本署荐任（或少校）以上人员，举行区行政会议，讨论各县市应行兴革事宜，确定行政计画及支配预算，遇必要时，各县市地方团体代表与负有声望并热心公益之地方人员，经行政督察专员之邀请，亦得列席。
　　前项区行政会议，至少每年召集一次，于年度终了，或各县市拟定下年度行政计画及预算前举行之，会议议决案，应呈省政府查核备案，并由省政府分别报请主管部会署核呈行政院备案。

续表

第十二条　行政督察专员得随时召集辖区内各县市长、县市政府主管民政及军事科长或局长、国民兵团副团长、驻境水陆空军警长官及其他保安人员，与民众自卫组织人员，暨本署高级职员与业务主管人员，举行区保安会议，讨论辖区内保安事宜，遇必要时，得与区行政会议合并举行。

前项区保安会议决案，应呈报省政府查核备案，并由省政府分别报请内政部军政部核呈行政院备案。

第十三条　行政督察专员对于辖区内各县市办理地方自治事务及中央或省委办事务之督导考核，除随时派遣本署长导及其他重要人员前往外，应每半年亲身轮流巡视辖区内各县市一周，于必要时，并抽巡各县市所属乡镇。

第十四条　行政督察专员对于辖区内各县市长之命令或处分，认为违法或失当时，得以命令撤销或纠正之，其情节重大者，并得先行撤换，一面呈省政府查核。

第十五条　行政督察专员遇有辖区内各县市长出缺时，于不及呈报省政府时，并得先行派代，省政府对于各该县市长之更调，尤应先征询该管行政督察专员意见。

第十六条　行政督察专员对于辖区内各县市长及各机关各团队各学校工作人员，得随时召集，施以短期训练或精神讲话。

第十七条　行政督察专员平时对于辖区内各县市长，及各机关各团队各学校工作人员之工作成绩，与其操行学识，应随时严密考核，根据确实事绩，每月详加记录，并得予以记功记过，呈报省政府及主管机关备案，每年年终举行总考核一次，拟定奖惩意见，密呈核办，如认为成绩特别优异，或特别低劣，及人地不宜，或有其他特殊原因，须立予迁调或撤换人员，亦得随时撮举确实事绩，密呈核办。

第十八条　行政院或内政部对于行政督察专员之奖惩或拟定奖惩，应以该管省政府之考核报告为重要根据，省政府或主管机关对于县市长及其他工作人员之奖惩或拟定奖惩，应以该管行政督察专员之考核报告为重要根据，奖惩之决定及其根据之事实，行政院或内政部应行知该管省政府，省政府或主管机关应行知该管行政督察专员公署。

第十九条　中央办理兵役及其他国家行政，须分区办理，或分区督导考核者，其区划之划分，应与行政督察区合一，在已设有专员公署地方，应将此类职掌，尽量纳入专员公署组织内，或交由该管专员办理，非有特殊情形，不得另设机构，各县市如已设有中央机构，应委托该管专员就近督导考核。

省政府及所属各厅处局有分区办理之政务，及分县市督导考核事项，在已设有专员公署地方，应一并交由该管专员办理，所有辖区内之省立机关与团队学校，应统受该管专员之督导考核。

第二十条　行政督察专员之武力，应予充实，由省政府保安司令部或绥靖公署，依据当地实况配备之，最低限度，每一行政督察专员公署须经常有五百名以上之队兵，归专员直接管带。

第二十一条　行政督察专员兼理军法，在剿匪期间，或战区省分，对于依法确应处决之匪首或烟毒犯，得电呈本省最高军事机关核准，先予执行，再行补判。

第二十二条　各县市遇有紧要事件，须动用准备金时，得报请该管行政督察专员公署核准，先予执行，并由专员公署转呈省政府查核备案。

第二十三条　行政督察专员对于辖区内各县市机关财政收支整理，及金库出纳情形，应随时严密稽核，如有违法舞弊情事，应密报省政府或主管机关核办。

第二十四条　行政督察专员公署之经费，应由省政府编列概算，作为省概算之一部，呈报中央核准后由国库发给。行政督察专员之巡视经费及各视导之出差旅费，均依国内出差旅费规则支给之。

第二十五条　行政督察专员公署之编制表及办事细则，由该省政府分别拟定，报请内政部核呈行政院备案。

第二十六条　行政督察专员公署之关防，由国民政府依照颁发印信条例制发，其文曰"某某省某某行政督察专员公署之关防"。

第二十七条　本条例施行后，各省政府应将本省原有行政督察区之划分，及专员公署之组织，依照本条例酌予调整，报请内政部核呈行政院备案。

第二十八条　各省政府设置行政督察专员公署，如因辖区情形特殊，其组织须特别加强者，得开明理由，报请内政部转呈行政院核准行之。

续表

第二十九条　本条例施行后，行政院二十五年十月十五日修正公布之行政督察专员公署组织暂行条例及其关系法规一并废止之。

第三十条　本条例自公布日施行。

资料来源：《各省主席对行政督察专员公署组织改进意见及内政部奉令核办行政督察专员制度改进的有关文书》(1943年2月)，中国第二历史档案馆藏，内政部档案，资料号：一二(6)—8303。

此草案与上一个未公开的1941年7月《战时各省行政专员公署组织暂行条例草案》同样，一方面顺应和吸纳了各省和舆论的要求与建议，另一方面实现了蒋介石的意图，尽力虚化省府，彰显了内政部参事们的文书智慧。这主要表现在如下几点：

（一）普设专区不普设专员。"条例草案"第一条规定"在距省会较远或有特殊情形地方"划分行政督察区设立专署，"距省会较近或交通便利，省政府易于直接督察地方，分区而不设署"。这是采纳桂省黄旭初、豫省李培基、赣省曹浩森、滇省龙云4省的建议。

（二）壮大组织。"条例草案"第三条规定专署设两处（政务处、警卫处）一室（秘书室）3个机构，编制30人—51人不等，政务处下设民政、财政、教育、建设4科，警卫处下设警务、保安、户政3科。这是缘于湖南、广西、四川的要求，其中四川张群建议设政务、保安两处及秘书、视察两室。

（三）充实武力，建立直属常备兵。"条例草案"第二十条规定"由各省政府保安司令部或绥靖公署，依据当地实况配备之，最低限度，每一行政督察专员公署须经常有五百名以上之队兵，归专员直接管带"。这是采自陕省主席熊斌的建议。湖南省党部秘书丁鸣九也撰文主张"酌予配备保安部队或都察队，以便直接指挥调遣"[①]。

（四）提高人事权。"条例草案"第十四、十五条新增"保荐"辖区内各县市长人选；"先行撤换""情节重大"的各县市长的违法或失当命令（1936年的规定是"撤销或纠正"，不能"更换"）；"先行派代"不及呈报省政府的辖区内出缺县市长；省政府更调县市长"应先征询"专员意见。保荐权是四川、安徽、江苏、湖南的要求。同时，由于建立常备兵

---

① 丁鸣九：《改进行政督察专员制之意见》，《服务月刊》第7卷第1期，1943年。

力，专员有权考核、奖惩武装组织各级官佐。

（五）加重处决匪犯及烟毒犯之权。"条例草案"第二十一条规定"对于依法确应处决之匪首或烟毒犯，得电呈本省最高军事机关核准，先予执行，再行补判"。此为吸纳江苏省的建议。

第二方面主要表现在扩大专员对县市行政的管理权，一切分区办理的事项统归专员。专员的管县权，1936 年的规定是"审核"各县市的行政计划或中心工作、地方预算决算，制定单行法规。该草案第四、五条改为"统筹与审核"内各县市行政计划或中心工作，"稽核"和"原则指示"各县市地方概算及财政收支预算决算，"审核及原则指示"各县市单行法规。增加了"统筹""原则指示"等职责，同时新增"开发""辖区内地方经济"。显然，后者更重要。草拟者认为这是为"加重财政稽核权"。①

可以说，省内分区事务统归专员是 1941 年 7 月隐性实化草案中"所有各省行政督察专员公署、区保安司令部、团管区司令部、及省政府行署一律裁撤，所遗职权统归行政专员公署办理"的升级版。首先，明确中央层面一些职权下放给专署，而不是省府。如"条例草案"第十九条规定"中央办理兵役及其他国家行政，须分区办理，或分区督导考核者，其区划之划分，应与行政督察区合一，在已设有专员公署地方，应将此类职掌尽量纳入专员公署组织内，或交有该管专员办理……各县市如已设有中央机构，应委托该管专员就近督导考核"。其次，强调省内需要分区办理事务交给专员，专员区内的省级行政与事业机关也归专员督导考核。"条例草案"第十九条规定"省政府及所属各厅处局有分区办理之政务，及分县市督导考核事项，在已设有专员公署地方，应一并交由该管专员办理，所有辖区内之省立机关与团队学校，应统受该管专员之督导考核。"可以说，前面几个改革草案或条例草案，要么直截了当实化专员，要么明里暗里虚化省府。这个新条例草案反其道而行，全部由直接改为间接。而这就是草拟者最初所说的：二级制"原则

---

① 国民政府修正公布《省政府组织法》（1931 年 3 月 23 日公布，1944 年 4 月 28 日修正），中国第二历史档案馆编：《国民党政府政治制度档案史料选编》（下册），安徽教育出版社 1994 年版，第 379 页。

之下，省政府与行政督察专员公署不得同时均为行政之实级"的"可循之途径"的深意，即隐蔽性越来越强。

四 强化条例草案的收回

此"条例草案"上交行政院后，仍没有得到公开，但相比此前的无任何表示，此次行政院事后做了一系列"补偿"性规定。

1943年6月2日，行政院令："加强行政督察专员权责办法两项：（一）专员公署经费，关于视察部分应予宽筹，俾可前往各县切实考察，并就地予以指导；（二）专员兼区保安司令，应有指挥调遣省保安团队团长以下人员之实权，俾便负辖区内治安之全责。"[1]

第二年，随着中央和省政府特别办公费"照现行标准加一倍"普涨[2]，行政院将专员的特别办公费由1936年规定的甲等专署200元、乙等150元、丙等100元[3]，提高到一律月支1200元[4]。此举算是或多或少的回应了各省的经费需要，也是回应前述未公布的1942年12月《战时各省行政督察专员公署及区保安司令部合并组织经费编制分等表草案》。不过，这一数额比之通货膨胀的速度，仍远远不及。1943年的物价指数已是1937年的125.41倍、币值贬价125倍[5]，比1942年12月的61.16倍、39倍又膨胀了2—3倍。所以，不久后国民政府又将专员、一等县长及省辖市长特别办公费增至4000元。1946年9月又在其后添加了个"0"，即又涨了10倍[6]，但仍是杯水车薪，因为1945年的物价

---

[1] 《为该部呈拟行政专员公署组织条例草案一案指令知照由》（1943年6月2日），中国第二历史档案馆藏，内政部档案，资料号：一二（6）—8302—40。《行政督察专员权责决予提高》，《时事新报》（重庆版）1943年8月17日第3版。

[2] 《中央各省文职人员特别办公费支给数额调整》，审计部编：《审计法令汇编》，商务印书馆1948年版，第248页。

[3] 《行政督察专员公署办事通则》，《内政公报》第9卷第10期，1936年。

[4] 《专员县长特别办公费 政院规定数额 专员千二百元县列六等》，《浙江日报》1944年7月9日第1版。

[5] 杨荫溥：《民国财政史》，中国财政经济出版社1985年版，第102页；张公权：《中国通货膨胀史（1937—1949）》，文史资料出版社1986年版，第242页。

[6] 国民政府主计处：《改订行政督察专员及县市长特别办公费支给数额表》（1946年10月2日），《主计通讯》第80期，1946年。

指数已达 1937 年的 1631.6 倍①。

不止上述"补偿"，此时对于地方大幅突破最后一个专署组织法的举措，行政院也予以通过。湖北省先是自定"实施战时分级负责实施办法后，专署权责加重，举凡辖区内县政府及省派驻机关学校之指挥监督考核，以及各县动用预算内五千元以下预备金及一万元以下行政罚款等，均由专署负责处理"，这已超出了 1941 年《战时各省行政督察专员及保安司令部合并组织暂行办法》的规定。继而 1943 年 12 月 30 日，湖北省又向行政院呈请扩大专署机构②，与省县对应，要求专署机构由 2—3 科扩为 7 科室（秘书室、民政科、财政科、教育科、建设科、警务科、会计科），编制由委任以上人员设置最高额为 42 名、雇员 9 名共 51 人，改为委任以上人员设置最高额为 47 名、雇员若干名。专署 7 个机构这一数量持平于县政府的 7 科（民政科、财政科、教育科、建设科、军事科、地政科、社会科）③ 和省政府的 6 厅处（民政厅、财政厅、教育厅、建设厅、秘书处、会计处）④。对此，行政院也"准予试办"⑤。

行政院之所以收回实化专署的"条例草案"，做出上述"补偿"或"宽容"，与此时国共力量对比的转变和抗日反攻需要省府全力支持紧密相关。

1944 年，伴随豫湘桂战役的溃败、中国共产党根据地的壮大，国民政府出现更为严重的军事与政治危机。豫湘桂战役是国民党正面战场的第二次大溃退，中国丧失领土 20 余万平方千米，丢掉了洛阳、长沙、福州、

---

① 杨荫溥：《民国财政史》，中国财政经济出版社 1985 年版，第 102 页；张公权：《中国通货膨胀史（1937—1949）》，文史资料出版社 1986 年版，第 242 页。

② 《行政院秘书处通知内政部议复湖北省政府呈请修正省行政督察专员兼保安司令公署组织暂行要点的有关文书》（1943 年 12 月—1947 年 5 月），中国第二历史档案馆藏，内政部档案，资料号：一二（6）—8309。

③ 《县各级组织纲要》，《浙江自治》第 23—24 期，1939 年。

④ 《国民政府修正公布省政府组织法训令》（1944 年 4 月 28 日），中国第二历史档案馆编：《中华民国史档案资料汇编·第 5 辑·第 2 编·政治·（二）》，第 95—99 页。

⑤ 《行政院秘书处通知内政部议复湖北省政府呈请修正省行政督察专员兼保安司令公署组织暂行要点的有关文书》（1943 年 12 月—1947 年 5 月），中国第二历史档案馆藏，内政部档案，资料号：一二（6）—8309。

桂林4个省会和郑州、许昌、温州等146座大小城市，失去空军基地7个、飞机场36个，军队损失六七十万[1]；"国民党政府能够支配调拨的用于维持政府运作的产品，只占全国产品总值的3%"[2]。而中国共产党在1944年的局部反攻中，收复县城16座、国土8万平方千米，解放人口约1200万[3]；1945年根据地的总面积已达95万平方公里，人口9550余万，建立了行政公署24个、专员公署104个、县政府678个[4]。国民政府上下充满了失望，行政院参事陈克文在1944年5月17日的日记中慨叹："现在政府好像走入了断湟绝港之中，无一通路，内政外交军事无不令人失望。"[5] 同时，随着1943年2月斯大林格勒战役的胜利，第二次世界大战发生转折，世界反法西斯战争即将进入反攻阶段。全国总动员以反攻收复失地、战后复兴和日后对决中国共产党的大兵团作战，均须仰赖各省。

因此，中央对省的态度不得不大扭转。1943年9月13日中国国民党第五届中央执行委员会第十一次全体会议第九次大会，即出现了恢复省府地位的风向。会上，陈泮岭等九人提出《缩小省区以利复员建设案》，政治组审查意见是"本案保留"，大会决议是"照审查意见通过"。而马超俊等六人提出放权省府的《调整各级行政机构案》，政治组审查意见则是"本案送国防最高委员会与历届有关案件并案研究"，大会决议"照审查意见通过"。马案中提出对省的3条调整办法的第一条就是"所有行政院所属部会其业务可以委托省府兴办者，应尽量委托省府办理，即必须单设机构自办，其机关亦应并受驻在省府监督考察"[6]。对此，不仅大会决议"并案研究"，而且国防最高委员会法制专门委员会即使表面说此案"内容复杂须经缜

---

[1] 郭雄、夏燕月、李效莲、李俊臣编著：《抗日战争时期国民党正面战场》，四川人民出版社2016年版，第124页。
[2] 陈廷湘：《论抗战时期国民党的政制建设》，《抗日战争研究》1992年第3期。
[3] 孙力、郑德平编著：《第二次世界大战简史》，华南理工大学出版社2020年版，第283页。
[4] 周振鹤主编，傅林祥、郑宝恒：《中国行政区划通史·中华民国卷》，复旦大学出版社2007年版，第541页。
[5] 陈方正编：《陈克文日记：1939—1952》（下册），1944年5月17日，社会科学文献出版社2014年版，第815页。
[6] 中央执行委员会秘书处编印：《中国国民党第五届中央执行委员会第十一次全体会议记录》，1943年，第103、105、107、109、110页。

密研究",但还是"移交中央设计局详为审议",并发函国民政府饬立法院审议①。这一系列操作透露出,中央对省制态度已经变动,意味着:一年多前蒋介石提出的、经第五届中常会第216次会议"公决施行"②的弱省方针即将停止。

1944年4、5月间,中央设计局草拟完成"复员计划纲要"和"国家建设总计划纲领"③,对省政府的定位由1941年蒋说的"行政院在省之一行署",转变为"省政府为一省最高行政机关"。此大变说明,大敌当前,蒋再次暂时放弃了弱省之意。

5月25日,国民党第五届中央执行委员会第十二次全体会议修正通过蒋介石提出的《确立中央与地方行政之关系案》,要重修省组织法,抬高省府地位与职权。提案具体内容为:"一、省政府为一省最高行政机关……综理全省行政事务,并监督地方自治。二、省政府设秘书处及民政、财政、教育、建设四厅,但经行政院核定,得增设其他行政及事业单位。三、……凡依法律应由省政府办理之事项,中央政府机关不得进行办理。四、中央政府各机关设在各省境内之机关,由各主管机关直接监督监督,但其属于行政范围内者,同时由省政府主席予以指导监督,中央设在各省之机关,其主管事务与省政府各厅处职掌重复者,应即将其机关连同经费裁并于各厅处之内。"④ 回想两年半前的国民党第五届中央执行委员会第九次全体会议（1941年12月15—23日）蒋还要求省政府只能设6个一级机构（秘书处、民政厅、财政厅、教育厅、建设厅、会计处）,除外"不再设置其他直属机构";省政府不能自主举办事业、动用经费、追加预算,而是要等"行政院命令省政府遵办"⑤。这一前一后的变化,其背后的政治权衡一目了然。

---

① 《中国国民党第五届中央执行委员会第十二次全体会议国防最高委员会工作报告》,第24页。

② 中国第二历史档案馆编:《中国国民党中央执行委员会常务委员会会议记录》（第35册）,广西师范大学出版社2000年版,第412页。

③ 《中国国民党第五届中央执行委员会第十二次全体会议国防最高委员会工作报告》,第12—13页。

④ 《中国国民党第五届中央执行委员会第十二次全体会议通过重要决议案》（1944年5月25—26日）中国第二历史档案馆编:《中华民国史档案资料汇编·第五辑·第二编·政治·（一）》,凤凰出版社1998年版,第670—671页。

⑤ 内政部:《省政改革方案（附有法令）》,1947年。

最后大会"背书"式决议:"确立中央与地方行政之关系案及收复沦陷地区政治设施之准备案""关系今后之政治者甚巨";"非切实厘定中央与地方行政之关系,无以划清权责……非积极准备收复沦陷地区之政治设施,无以配合军事之反攻及战后之复兴"①。国防最高委员会也说:"凡与军事关系较浅或收效较迟之事业均不得不暂予缓办或缩小其范围以便集中力量完成军事反攻之配备,争取最后之胜利。"因此,依据此原则拟定的国家施政方针草案中,"省政府组织之调整"是"政事方面"应"特别注重"的第一位,其次是"县民意机关之成立、各省市户口之调查登记、警察素质之提高、残余烟毒之肃清"②。

此时,舆论也转向扩权省府。五届十二中全会进行中的5月18日,《大公报》发表社评《调整中央与省的关系——对全国行政会议的一点希望》,"亦主张省政府在省内应具有较完备的行政权",应"清楚的划分"央地职责,"凡有'因地制宜'之必要者,不妨多让地方去办"。该社论还提出了与蒋提案中有较多相似的建议,具体有4条:(1)"在可能范围内给予其(省政府——引者注)对驻省机关以监督稽查之权";(2)"中央政府对省政府指挥监督,宜尽量由行政院以命令行之;各部会非必要时不必对省政府各厅署下令";(3)"中央于核定省预算后,应使省政府在额定限度内具有支配上若干伸缩性";(4)"抗战期间,中央办理的新事业实在不少,其中固太多应由中央政府举办,但亦不无可交由地方办理的"③。

5月29日至6月1日,为研讨落实五届十二中全会的重要决议原则和方针,号称"国民政府成立以来第一次全国性会议"④ 也重点讨论了院长交议的"确立中央与地方行政之关系",为再表重视省府之情,还不忘要额外"增列""此次立法院新订省政府组织法"中没规定的一条内容,

---

① 《中国国民党第五届中央执行委员会第十二次全体会议通过重要决议案》(1944年5月25—26日)中国第二历史档案馆编:《中华民国史档案资料汇编·第五辑·第二编·政治·(一)》,凤凰出版社1998年版,第670—671页。

② 《中国国民党第五届中央执行委员会第十二次全体会议国防最高委员会工作报告》,第3—4页。

③ 《调整中央与省的关系——对全国行政会议的一点希望》,《大公报》(桂林版)1944年5月18日第2版。

④ 《全国行政会议圆满闭幕》,《中央日报》(重庆版)1944年6月2日第2版。

即 1941 年 3 月省政府组织法中曾有的 "省政府于不抵触中央法令范围者，得制定省单行法规，但关于限制人民自由、增加人民负担、非经国民政府核准，不得执行"①。

各省对中央这一态度的转变，较为领情，也表达了配合之意。贵州省政府主席吴鼎昌在全国行政会上作代表发言说，蒋 "主席兼院长，对于赴会之地方官吏宣示有云：只要各省能确实遵行中央法令，中央可付以全权，地方官吏，深感中央信任之深，更觉各个责任之重"②。

如此局势，实化专员制度是完全不可能的，强化专员制度也有可能"触怒"省府，因此即使在沦陷区，专员的地位与职权也开始降低，只能回到虚级，甚至 "不死不活"③ 的状态。1944 年 10 月，国防最高委员会为统一指挥反攻作战，规定在完全沦陷的战地建立省、专、县三级党政联合机构，首次将专员区级纳入党的系统里，设立 "省党部区办事处"。但区办事处并无任何下辖机构（表 7-4），还不如其下的县级可以设立 3 个组④。曾经 1938 年 6 月行政院《沦陷区域行政统一办法》虽然尚未在专员区设立党组织，但却规定沦陷区专员 "统一指挥" "所有该区内……党务工作人员"⑤。

表 7-4　1944 年 10 月《战地党政军组织配合运用办法》省专县三级组织

级别		员额	机构
省级	省党部	主任委员 1 人、书记长 1 人、委员 7—11 人	设组训、宣传、民运、总务四处及情报室，处长由委员兼任
	省政府	主席 1 人、秘书长 1 人、委员 7—9 人	设政务、军事、总务三厅，厅长由委员兼任

---

① 《社论：祝全国行政会议之成功》，《中央日报》（重庆版）1944 年 6 月 2 日第 2 版。
② 《全国行政会议圆满闭幕》，《中央日报》（重庆版）1944 年 6 月 2 日第 2 版。
③ 田镐：《关于省之问题》，《东方杂志》第 40 卷第 2 期，1944 年。
④ 《国防最高委员会第 153 次常会通过〈战地党政军组织配合运用方法〉》（1944 年 10 月），中国第二历史档案馆编：《国民党政府政治制度档案史料选编》（下册），安徽教育出版社 1994 年版，第 389—391 页。
⑤ 《内政部奉行政院令制定沦陷区域党政设施、联系方法及有关文书》（1938 年 5—6 月），中国第二历史档案馆藏，内政部档案，资料号：一二（6）—8673。

续表

	级别	员额	机构
区级	省党部区办事处	主任1人,由主任委员指定委员充任	设办事处
	省政府行政督察区	行政督察专员1人	
县级	县党部	书记长1人	设组训、民运、总务三组
	县政府	县长1人	设政务、军事（游击）、总务三科

资料来源：《国防最高委员会第153次常会通过〈战地党政军组织配合运用方法〉》（1944年10月），中国第二历史档案馆编：《国民党政府政治制度档案史料选编》（下册），安徽教育出版社1994年版，第389—391页。（空格处无资料）

至此，几番折腾的国民政府行政督察专员制度的战时改革运筹告终。此后，时移世易，在与中国共产党的对决中，国民政府每况愈下再无一次类似的改革研制情事。1946年6月8日，为建立举国一致的军事动员体制，内政部分函除东北九省及台湾省之外的24省①政府，计划就"各省行政督察专员公署与区保安司令部合并组成抑或分立机构"征询各省，作为"修订此项办法之参考"②，但最后并无回声、有始无终。

---

① 此24省指苏、浙、皖、赣、闽、粤、桂、湘、鄂、豫、鲁、川、康、滇、黔、冀、甘、陕、宁、新、青、晋、察、绥。

② 内政部：《为修订战时各省行政督察专员公署及区保安司令部组织暂行办法一案函请查照见复由》（1946年6月8日），中国第二历史档案馆藏，内政部档案，资料号：一二（6）—8302—48。

第八章　改与不改：战时演变分析

政制、政事与政治之间有非常复杂的关系①。政治的核心是博弈与妥协，是基于权力与权变的事实；政制的核心是规范与理性，是基于组织与功能的理念；政事是连接两者关系的变量。政制与政治之间有时会出现"遵法"与"违法"的紧张。专员制度与孙中山的政治遗产有不可分割的关系，以蒋介石为中心的国民政府与国民党需要在孙中山政治遗产的庇佑下，完成中央集权和地方治理等一系列重大政事的操作过程，所以专员制度不能跳出孙中山二级制的命题。但作为一个执政党，如完全固守这套遗产无异于画地为牢，必然陷入改还是不改的纠结与困顿。1937—1945年的八年间国民政府因政事的变化，陆续研制了4个试图强化、实化专员制度的方案和1个相对虚化的"绝"案，但因政治考量，唯独那个虚化"绝"案得以公布实施，而这个"绝"案竟是使专员制倒退至战前状态。

一　顶层设计系统性缺失："人谋之不臧"

从第五章至第七章不难发现，国民政府对如何调整与改革专员制度，并无系统的规划和统筹，磕磕绊绊8年，最终还开倒车，回到了1936年的组织法。

可以说基本每个草案都是"轰轰烈烈"的开始，又无声无息地结束，似乎只为"享受"这个草拟的过程和文本结果，不是为真正解决问题。

---

① 卜宪群：《政制、政事与政治：也谈刘贺的立废》，《江西师范大学学报》（哲学社会科学版）2017年第2期。

整个过程体现出顶层设计抓不住要害,分不清主次,"想起一出是一出"的非理性操作。

其一,缺乏连续性、关联性。三个阶段的调整改革方案看不出内在的联系和紧密的逻辑,而且奇葩的是,竟出现了两次反转、否定之否定。第一次是1941年的"暂行办法"。其前的四个改革草案均是或多或少地顺应各地事实。此"暂行办法"推翻前面的所有草案,也不顾忌战场现实,"绝"到自相矛盾。而且这个反转距上一个草案仅5个月。第二次反转就是其后的第五个草案(1943年4月内政部《行政督察专员公署组织条例草案》),居然跳过已公布的1941年"暂行办法",又去追续"前前任"的第四个草案的逻辑。

如此反反复复与颠三倒四,就连草拟者都有风中凌乱之感。1943年内政部民政司在草拟第五个改革草案时就曾说:"近年来每一制度之改订往往另提方案置原法规于不顾,致使发挥不免有紊乱情形。"[①] 行政院参事陈克文说:现在很多都是"事前发令,事后又自行取销,或前后行动互相矛盾者,足见吾人之组织与计划未臻完善也"[②]。同属此情的,还有无视省、专、县三级改革的整体性,以改革专员制度作为缩省准备。

除却专员制度改革这一问题,国家发展的重大计划也是如此,如第二期战时行政计划"最大的缺点便是各部会的计划本身……各不相谋……各部会各自单独起草,没有一个贯通调整的办法"[③],即是个拼盘。曾任行政院政务处长的何廉把这归咎为战争原因,他说:"在战争的非常时期,究竟应采取什么样的政府形式,存在着一些思想混乱。"[④] 笔者认为,这根本是头脑中缺乏系统性思考与长远计划的意识与能力。

[①] 《各省主席对行政督察专员公署组织改进意见及内政部奉令核办行政督察专员制度改进的有关文书》(1943年2月),中国第二历史档案馆藏,内政部档案,资料号:一二(6)—8303。

[②] 陈方正编:《陈克文日记:1939—1952》(上册),1937年9月8日,社会科学文献出版社2014年版,第102页。

[③] 陈方正编:《陈克文日记:1939—1952》(上册),1939年2月8日,社会科学文献出版社2014年版,第347页。

[④] 何廉:《何廉回忆录》,朱佑慈、杨大宁、胡隆昶、王文钧、俞振基等译,中国文史出版社1988年版,第129页。

其二，制度内容表述含混，有欠严谨明晰。如前述 1937 年底"行政院谈话会三原则"之一"行政专员制应予确定并扩充"，一些人理解为要强化专员制、一些人理解为要实化专员制，出现了内政部和行政院截然不同的改革草案。而专员与省、县职责界限不清，伴随专员制度始终，是政学两界逢论必说的话题，更说明专员条例文本表述有含混之处。如 1934 年福建省设专员之初即提出："剿匪区内各省行政督察专员公署组织条例第三条规定：专员受省政府之指挥监督综理辖区内各县市行政及剿匪清乡事宜，这不过是一个笼统的规定"①。后来李廷樾也说："专员的职权应明确规定，尤其与省府职权的界限必须明白的划清，究竟那些事情，专员可以自己做主；那些事情须请示省府应该有一个明确的界限才好。"② 1936 年 5 月十省高级行政人员会议还将此问题纳入六大议题之首，与会人员提出"嗣后督察专员与省政府之权限，应如何明白划？似宜加以确定"③。而"10 月条例"规定的专员职责九条的表述仍有模糊之处，如"关于辖区内各县市行政人员之奖惩事项"，究竟"县市行政人员"是指哪级？是否县长、县级科长局长、科员全部在内？所以，这一问题遗留至全面战争时期，1941 年陈志谦就再次提出该问题："专署与省府之职权，其划分似太广泛笼统。在原则上，仿佛事事可为，而省府又可以事事对之牵制，究竟何事由专署作主，何事须由省府核定，则规定尚欠明确。"④ 1943 年，17 省政府主席对专员制度提出改进意见，给予反馈的 11 省政府主席中，有 6 省主席（黔、桂、陕、豫、赣、滇）质疑专署"权责未能划清""职责不清""专员权力，未明定其行使之界限"⑤。延至 1948 年，陈柏心无

---

① 《福建省政府施政报告二十三年七月九日在广播电台讲播——设置行政督察专员制度之解释》，《福建省政府公报》第 406 期，1934 年。
② 李廷樾：《行政督察专员制度的改善问题》，《政问周刊》第 43 号，1937 年。
③ 《内政部奉令就主管范围拟具议题呈院以备召开苏浙等十省民教两厅行政专员会议案》（1936 年 3—5 月），中国第二历史档案馆藏，内政部档案，资料号：一二（6）—758。
④ 陈志谦：《改善行政督察专员制度之商榷（三）》，《大公报》（桂林版）1941 年 7 月 15 日第 2 版。
⑤ 《检发各省政府主席对于行政督察专员制度改进意见应由该部妥为研究拟定办法令仰遵照限于文到两星期内呈复由》（1943 年 1 月 8 日），中国第二历史档案馆藏，内政部档案，资料号：一二（6）—8303—27。

奈地发现:"几年来行政督察专员制度实施的情况言,省县及专员公署三者之间的权责,实在不易有清楚的划分。"①

黄绍竑在回忆录中特指出了专员职权含混的不利后果,他说:"这个制度实施上稍不注意,很容易发生两种不良的倾向:(一)不愿多做事的专员,必使专员公署成为一个消极的公文承转机关,不仅不能促进行政效率,反因公文承转关系,使工作愈加迂缓,虚縻公帑,犹为小事。(二)勇于负责的专员,必运用其职权,建立本身的事业,形成省县之间的一个行政实体,与国家创制的原意大相径庭。"② 1939年,江苏省第六区专员许孝言戏谑专员是个进退维谷的差使,他说:"行政督察专员这一个职务,据说很难做,上有省府各厅处,下有各县政府,专员夹在中间,多做一点,不是'犯上'便是'欺下';少做一点,那么'饭桶'和'赘疣'的尊号,马上便会加在你头上。"③ 1948年,曾任职内政部的陈柏心也有此论:"在法律上督察专员的职权范围相当广大,但在事实上在此范围内所能行使的实际权力则甚有限,多管事往往增加许多摩擦纠纷,不管事则又有旷废职守的讥评。"④ 总之,职责界限不清,矛盾、"推诿延迟牵制现象"⑤ 等丛生。

不止专员制度,国民政府的政府规制文本表述不清晰也是通盘问题。从战时最高纲领的《抗战建国纲领》也能看出。汪朝光老师曾有评:国民党抗战建国纲领提出抗战与建国并重,自无可非议,并且可以理解为其对战争因应的正确决策。惟建什么"国",如何在战争状态下建这样的"国",既没有提出抗战的最终目标究为恢复七七前之状况,还是恢复九一八前之状况,更不必说摆脱近代以来中国面对日本侵略时的不平等地位及其遭受的所有屈辱。其中所言"制止日本侵略"便显得有点宏达缥缈而不那么贴近实际⑥。

---

① 陈柏心:《论缩小省区》,《世纪评论》第3卷第5期,1948年。
② 黄绍竑:《黄绍竑回忆录》,东方出版社2010年版,第433页。
③ 许孝炎:《我如何做行政督察专员》,《服务》第3期,1939年。
④ 陈柏心:《论缩小省区》,《世纪评论》第3卷第5期,1948年。
⑤ 《检发各省政府主席对于行政督察专员制度改进意见应由该部妥为研究拟定办法令仰遵照限于文到两星期内呈复由》(1943年1月8日),中国第二历史档案馆藏,内政部档案,资料号:一二(6)—8303—27。
⑥ 汪朝光:《抗战与建国——国民党临时全国代表大会研究》,《抗日战争研究》2015年第3期。

其三，工作无主次、轻重缓急之分。亡国灭种当前，包括专员制度在内的政制调整改革，都应是"作内政以寄军政"①，虽然"人们口头上叫'军事第一'，但他们心里却想从事许多与战争毫无关系的事"②。国民政府实化专员制度、缩省、推行新县制等改革，都不是修补型、缓进型的，而是"外科手术"型、急进型的。这种"根本的彻底的改革是事实所不许可的"③。实化专员制度牵涉甚广、兹事体大，显然尚非其时。而且一再研制改革草案，多个部门以调整和改革专员制度为由设计多个方案，分散和消耗了有限的资源和精力。同时，频频制造方案，又搁置一边，致使人心浮动、怠政，更加丧失政治配合军事、迅赴戎机的认同和动力。行政院政务处长蒋廷黻曾举例说：

> 在重庆有许多人为了强调他们所属机关的重要性，于是把"抗战"一词扩大解释。一旦把"建国"增列为首务，于是有如黄河开闸板一样，人力物力就被分散了。战时行政上有一项重大举措，即所谓新县制。一九三九年政府在此一制度上花费了许多实践……依此制度，每乡要设立卫生所，要增设学校，同时要增加县府的工作人员……我发现新县制制度要比过去的制度在经费方面增加一倍……此种制度战时财政将无法负担……即使我们能够筹到经费，我们也很难物色到所需的人才来担任新增设的职位。在一次圆桌讨论会上，我代表行政院出席，席间我见到起草新县制的人员，我尽量诚恳请求他们，希望能将钱和人力集中用到抗战上。他们对我的请求无动于衷。我虽然打了败仗，我仍建议将此制度修改，分期推行。我建议分五期进行，每年实行五分之一县份。起草委员会坚持立即全面实行。最后他们胜利。但是，他们的胜利变成纸上谈兵，因为中央政府没有经费推行。事实上，只是增设了许多没有工作的新机构。④

---

① 黄绍竑：《黄绍竑回忆录》，东方出版社2010年版，第230页。
② 蒋廷黻：《蒋廷黻回忆录》，中华书局2014年版，第232页。
③ 陈柏心：《行政督察专员制度改进问题》，《建设研究》第8卷第1期，1942年。
④ 蒋廷黻：《蒋廷黻回忆录》，中华书局2014年版，第222—223页。

蒋廷黻还提到另一件类似的事：1940年7月，他刚结束西南各省视察回行政院，就接到教育部长陈果夫"要在战时中国地区实行五年义务教育"的提案，"对于平时都没有实行的义务教育制度，欲想在战时实行，我实在不敢想象。教育，特别是小学教育，是非常重要的，但在艰苦的战时推行此一制度显非适机"。更何况此时国家"财政困难，有些军事单位已经三个月没发饷了"，"中国领土只剩下一半，而且是较落后的一半"①。

二 二级制的迷思："除非我们承认这是恢复三级制"

从1936年10月专员制度几近实化，到1937—1938年1个强化、1个实化草案显示的实化的"坚决"；再到1939—1941年1个隐性实化草案、1个虚化定案的"犹豫"，最后到1942—1945年1个强化草案（表8-1），中间虽有波折，但总体还是靠向了不虚置专员制度。时人张梦熊就发现此点，他说："自行政督察专员确立以还，时历十数载，地遍廿余省，政府不惟力求其普及，并力求其强化。"②

但时人的矛盾心理昭昭在目。一方面明知法理和历史都不允许专员制度的存在。如师连舫说："省县两级制，既是总理遗教，又是已定国策，那么破坏省县两级制的现行专员制，自然不应该再使它存在！"③ 在二级制的体制内实行专员制度，本身就意味着冲破二级制。而且历史上所有的派出政府机构，不论是中央派出的，还是省府派出的，最终都实化为一级了。远的西汉部州制、唐代道制不论，"殷鉴不远"的就是民初的道制，其在清代也是省的派出机构，1913年成为省县间的政府一级④。但另一方面30年代"剿匪"的成功又使他们认定专员制度是"为改进地方政治最有力量之一"⑤，是"推动地方政治的一颗救命丹"⑥，"代表中国国家前进之新方向"

---

① 蒋廷黻：《蒋廷黻回忆录》，中华书局2014年版，第226、227页。
② 张梦熊：《行政督察专员制之存废问题》，《地方行政》第19期，1945年。
③ 师连舫：《行政督察制之研究》，《政治建设》第1卷第4、5期合刊，1939年。
④ 《划一现行各道地方行政官厅组织令》，《申报》1913年1月15日。
⑤ 杨适生：《专员制度之研究》，《行政研究》第1卷第1—3期，1936年。
⑥ 马元放：《现行之行政督察制度：对于苏省设置行政督察专员之意见》，《江苏月报》第1卷第2期，1933年。

和"中国政治之新精神"①。所以，国民政府非但不愿意放弃二级制，反而期盼借助专员制度巩固二级制，但又瞻前顾后，不愿意放弃孙中山的政治资源。

表8-1　　　1937—1945年调整改革专员制度的4个未宣草案和最后一个组织法

顺序	时间与草案名称	类型	核心内容	调整与改革依据
1	1937年12月，内政部《非常时期调整地方行政机构暂行办法草案》	强化	专署在"各县市城镇轮流设驻"，不兼厅省府委员兼任专员，遴派贪污违法人员，统筹指导及监督地方行政及地方自治自卫事业，指挥调遣保安团队、地方团体、民众组织，不承转省对县公文。	1937—1938年一期战时改革三原则："一、省主席应为中央驻外监督地方行政之官，二、行政督察专员制应予确定并扩充之，三、县政府应予充实"。
2	1938年1月，军事委员会《接近战区地带地方行政机构改革原则草案》	原则实化	"行政督察区为地方实际行政单位"，行政经费自筹，指挥调遣辖境内一切武力，核准执行处决汉奸及重要盗匪案件，呈准暂缓施行或变更中央及省所颁与现状不适合法令。	
	1938年3月，行政院《调整地方行政机构方案》——《郡组织法》	正式实化	"郡为地方行政区域，管辖十五至三十县（市）"；郡长"综理全郡行政并监督指挥所属各县（市）政府"，郡长兼郡保安司令指挥并管理所辖各县（市）警察团队及民众武力，郡政府在4处（总务、警保、财政、教育）之外还可再设5处。	
3	1941年7月，内政部《战时各省行政专员公署组织暂行条例草案》	隐性实化	行政专员公署"在所辖区内代行省政府职权"，"行政专员每年应到中央述职一次"，有直辖保安团队全权等职权22项；甲等设7科编制113人经费15665元、乙等设4科编制88人经费11851元。	
4	1941年10月，行政院《战时各省行政督察专员公署及区保安司令部合并组织暂行办法》	维持原样	"承省政府主席兼全省保安司令之命，督察指导辖区行政暨指挥团队绥靖地方事宜"；设2—3科编制32—41人。	1939—1941年二期抗战改订专员制度三原则：一、充实组织；二、确定职权；三、减少单位。
	1942年12月，内政部《战时各省行政督察专员公署及区保安司令部合并组织经费编制分等表草案》		甲、乙、丙三等专署分别为73人、64人、54人；薪酬不做硬性规定，办公费、差旅费、特别费、准备费等项之和，甲、乙、丙三等专署分别为7200元、5900元、4900元。	

---

① 陈之迈：《研究行政督察专员制度报告》，《行政研究》第1卷第1—3期，1936年。

续表

顺序	时间与草案名称	类型	核心内容	调整与改革依据
5	1943年4月，内政部《行政督察专员公署组织条例草案（修正案）》	强化	普设专区不普设专员，直接"管带"500名常备兵，专署设3个机构（政务处、警卫处、秘书室，处下设3—4科）编制30—51人，"先行撤换""情节重大"的辖区内各县市长的违法或失当命令；"先行派代"不及呈报省政府的辖区内出缺县市长；省政府更调县市长"应先征询"专员意见；整训、调遣及监督、指挥水陆警察及保安团队和一切武装自卫民众组织；须分区办理、督导考核的"中央办理兵役及其他国家行政"，其区划应与行政督察区合一，此类职掌"尽量纳入专员公署组织内"，或交由该管专员办理，各县市如已设有中央机构，应委托该管专员就近督导考核；省政府及所属各厅处局有分区办理的政务和分县市督导考核事项一并交由该管专员办理，所有辖区内之省立机关与团队学校，应统受该管专员之督导考核。	

资料来源：(1)《内政部函送行政院整顿县市以下组织、调整地方行政机构及改进战时民众训练等内政方案草案》（1937年12月—1938年7月），中国第二历史档案馆藏，内政部档案，资料号：一二（2）—1189。(2)《接近战区地带地方行政机构改革原则草案及有关文书》（1938年1月），中国第二历史档案馆藏，内政部档案，资料号：一二（6）—8687。(3) 内政部：《本部调整地方行政机构方案意见》（1938年3月20日），中国第二历史档案馆藏，内政部档案，资料号：一二（2）—1189。(4)《内政部颁发各省实施县各级组织纲要监督考核方案及战时各省行政督察专员公署组织暂行条例等有关文件》（1941年7月），中国第二历史档案馆藏，内政部档案，资料号：一二（2）—1425。(5)《战时各省行政督察专员公署及区保安司令部合并组织暂行办法》，《行政院公报》第4卷第20期，1941年。(6)《各省主席对行政督察专员公署组织改进意见及内政部奉令核办行政督察专员制度改进的有关文书》（1943年2月），中国第二历史档案馆藏，内政部档案，资料号：一二（6）—8303。

在这种纠结和迷乱中，一边但凡公布一个相关专员制度的条例、办法等，就谨小慎微的表达对二级制的"忠诚"，频繁强调专员是省的辅助机关，在专员官等和印信等政府身份等级的标识物上谨守"临时性之机关"[①]

---

① 《国民政府颁发印信条例》，《中央日报》1929年4月17日第1张第4版。《国民政府颁印信条例》，《行政院公报》第6卷第8号，1943年。

用长方形关防的规矩,历次官等官俸表①中不出现"专员"一职;一边又组织人马一次次研制强化、实化方案,然后又"不敢"公开、公布,使其胎死腹中。时人也察觉到了国民政府的矛盾与为难。施养成在其1946年的著书中说,为了"维持省、县二级制度不遭破坏","规定专员公署用关防而不用印,尤见用心之苦矣"②。黄绍竑也透露:"专员只是临时派遣的职务,而非正式列入国家官制的官员",如列入,则"有违省县两级制的原则……所以直到现在(1945年——引者注),尚未成为定制"③。

匪夷所思的拧巴或自相矛盾的"挣扎"行为背后,一是法统的焦虑,二是不深究中国的历史与国情。整个20世纪30年代,国民政府都面临着政党转型以及如何合法使用政治权力等挑战④。专员制度本不在合法框架之内,如再强行正式变为三级制就更为损耗国民党的合法性基础。这也是为何蒋介石由1932—1936年的不吝二级制指向实化一路飙进,改为战时的犹犹豫豫、畏首畏尾。陈之迈一针见血地指出纠结所在:实化专员制度"这种改革的建议固有相当理由,但是无论在理论抑在事实方面均有相当困难,除非我们承认这是恢复三级制地方行政组织。"⑤

三 执行不良:"人事不减"

民国不少知识精英均发现,专员制度"运用的当否是一个重要关键"⑥,

---

① 《中央政治会议第189次会议通过〈文官俸给暂行条例〉》(1929年7月31日),中国第二历史档案馆编:《国民党政府政治制度档案史料选编》(下册),安徽教育出版社1994年版,第7—8页。《国民政府公布〈公务员任用法〉》(1933年3月11日),中国第二历史档案馆编:《国民党政府政治制度档案史料选编》(下册),安徽教育出版社1994年版,第13页。《暂行文官官等官俸表》(1933年9月),中国第二历史档案馆编:《国民党政府政治制度档案史料选编》(下册),安徽教育出版社1994年版,书后附录。《暂行文官官等官俸表说明部份修正公布》,《中央日报》(重庆版)1946年3月4日第3版。

② 施养成:《中国省行政制度》,上海人民出版社2015年版,第103页。

③ 黄绍竑:《黄绍竑回忆录》,南方出版社2010年版,第297—298页。

④ 陈之迈:《中国政府》,王向民"总序",上海人民出版社2015年版,第1—2页。

⑤ 陈之迈:《中国政府》,上海人民出版社2015年版,第586—587页。

⑥ 陈柏心:《行政督察专员制度改进问题》,《建设研究》1942年第8卷第1期。《内政部民政司汪科长视察湘粤闽桂等省报告》(1943年10月8日),中国第二历史档案馆藏,内政部档案,资料号:十二(6)—19625。

而在某一些地方运用有问题"多由于人事不臧……并不是制度本身的过失"①。

执行不良的最大人为表现是制度沦为央地矛盾的斗争工具。专员制度一方面是蒋对付地方实力派的工具，反过来也是地方反弹、抗衡中央的工具。四川专员"对于法定任务多未达到，致专署形成一种'管官之官'的承转阶级"，其最主要原因就是专员职责"省府防制过严，剥削殆尽"②。凡是弱化省府的办法，在地方都会遭到地方的抵制。如省政府合署办公"常常因为人的不同而使制度变质"，"未能制度化"③；"《省政府组织法》制定已有十一年……而事实上则在许多相当重要的地方与《组织法》的规定不相符合"④。林纪东有论："目前战乱军事，迟迟未奏全功的原因，不在战略，不在兵力，不在兵器，更不由于共产党有什么流窜的力量，遮遮掩掩、偷偷摸摸的国际援助，也不会发生什么决定的作用。其根本原因，实在于政治未能配合军事的一点，以致在积极方面，军机军令，未能运用及时，军需兵源，难保供应无缺，在消极方面，亦难保不发生剿匪时代三省剿匪总司令部所说的'军事剿匪，政治造匪，军事在前方局部剿匪，政治在后方普遍造匪'的怪现象。"⑤

四 环境不宜：区划与行政体制"变更频繁"

从最初1937年底行政院谈话会提出"行政督察专员制应予确定并扩大"，以致后来的所有决策，均非办公室里深思熟虑的产物。1937年11月22日国民政府开始西迁，行政院参事陈克文是该院最后一批撤出者，走得猝不及防。他在11月26日午饭后接到改组苏、浙两省府命令要拟电稿的工作时，"尚未知可以离京"，等他把"从国府命令以至院令，一手

---

① 林纪东：《调整地方行政机构之商榷：评何芸樵先生"调整省以下行政机构管见"》，《民意》（汉口版）第64期，1939年。

② 《四川省现行专员制度之检讨及第十二区行政督察专员公署建议等有关文书》（1939年3—4月），中国第二历史档案馆藏，内政部档案，资料号：一二（6）—6581。

③ 《内政部民政司汪科长视察湘粤闽桂等省报告》（1943年10月8日），中国第二历史档案馆藏，内政部档案，资料号：十二（6）—19625。

④ 陈之迈：《中国政府》，上海人民出版社2015年版，第453页。

⑤ 林纪东：《戡乱建国的大道——三分军事七分政治（上）》，《智慧》第37期，1947年。

包办,于数小时内赶办完毕。到下午六时,始知今夜即可离京"。当天深夜12点就辗转登船。转日他在船上与军事委员会秘书长张群和行政院秘书长魏道明还在"谈今后中央和地方政治机构改革问题"。29日晨在汉口登岸,在江汉路四明银行楼上"急急布置办公处所"。而此时"其他机关均未布置就绪。到汉人员乱哄哄,一团糟,公私建筑,均有人满之患"。据他说,此时国民"政府虽说是迁到了重庆,事实上重要的人物,和重要的活动还在武汉……到处都是彷徨,到处一团糟。好比蚂蚁窝子破,纷扰忙乱,无以复加。从前宋室南渡,明末播迁,当亦不过如是"[1]。专员制度的战时改革酝酿设计即是在此种情状下开始的,此后八年行政院和内政部的办公环境常态是不时的炸弹、空袭、国土沦陷的噩耗和此起彼伏的压抑、绝望。

战争还显见的造成专员区数量无法确计、辖区不定、行政体制混乱多变,国民政府根本无法掌握全国专员制度的基本情况。

(一) 专员区数量和辖县无法确计

战时"各省行政督察区变动太多"[2],"七八年间,各有划区,少则二三次多至五六次"[3],致使专员区数量的统计数字变换不定,无以确计。如关于1937年的专区数量就有如下的121个、126个、140个三种不同说法。

    1937年2月,在国民党五届三中全会上,国民政府内政部的工

---

[1] 陈方正编:《陈克文日记:1937—1952》(上册),社会科学文献出版社2014年版,第134—136、140页。

[2] 《各省划设行政督察区概况及内政部关于绥远省政府设置绥西行署经过情形审核意见》(1949年4月),中国第二历史档案馆藏,内政部档案,资料号:一二(6)—9632。(注:本卷档案标注为1949年4月,内里仅有两个文件,一是本件,一是1949年4月18日内政部公函行政院留京办事处《函为审议绥远省政府代电设置绥西行署经过请备查一案复请查照转陈由》。但考诸本文内容,笔者推测应为1944年。根据有二:一是文中说到1936年10月的行政院条例后说:"七八年间,各有划区……";二是文件最后一段说"现值抗战建国并进之时"。结合两处,按1936年10月后的7年多、不足8年的时间计算,应是1943年11月至1944年9月间,因此,本文视其为1944年文书。

[3] 《各省划设行政督察区概况及内政部关于绥远省政府设置绥西行署经过情形审核意见》(1949年4月),中国第二历史档案馆藏,内政部档案,资料号:一二(6)—9632。

作报告称:"现在全国各省已分区设置行政督察专员者"共有14省建有126个行政督察区(江苏10,先设8区,浙江省9区,安徽省14区,江西省8区,湖北省8区,河南省11区,福建省7区,贵州省8区,山西省7区,甘肃省7区,四川省18区,广东省九9区,湖南省先设4区,山东省先设3区,最近又增设4区,河北省原设2区,现已裁撤)①。

1937年3月底,张富康称,此时有15省建立121个行政督察区(普遍划分专员区的省份,计有:河南11区,现缩为10区;湖北11区,现缩为8区;安徽10区;江西11区,旋改9区,现缩8区;福建7区;四川18区;贵州11区,现缩为8区;陕西6区,现增为7区;甘肃3区,现增为7区;江苏先仅划江北5区,后江南复增5区,惟溧阳及江都2区,因地方接近省会,始终未设置专员。故事实上江苏现仅8区;浙江9区;广东9区,惟第一区南海番禺等十五县直辖民政厅,不设专员。酌量划分专员区之省份:计有河北4区,湖南5区,山东3区)②。

1937年底,陈柏心称,28省中有15省建立了140个行政督察区(苏、浙、皖、赣、鄂、湘、川、冀、鲁、豫、陕、甘、闽、粤、黔)③。

1938年12月底,内政部统计,28省中有17省建立了149个行政督察区④。

1939年10月,中国政治建设学会统计,15省建立了137个行政督察区⑤。

1943年4月,内政部民政司统计,19省设立了177个行政督

---

① 秦孝仪主编:《革命文献》(第71辑),台北:中国国民党中央委员会党史委员会1977年版,第328—329页。转引自谢晓鹏《国民政府行政督察专员制的演变及特点》,《首都师范大学学报》(社会科学版)2009年第2期。

② 张富康:《行政督察专员制之兴起》,《前途》第5卷第4期,1937年。

③ 陈柏心:《中国的地方制度及其改革》,商务印书馆1939年版,第85—87页。

④ 《推行行政督察专员制度省区分布图及全国已划行政督察区域图》(1937—1939年),中国第二历史档案馆藏,内政部档案,资料号:一二(6)—19837。

⑤ 中国政治建设学会资料室:《全国行政督察区之鸟瞰》,《政治建设》第1卷第4—5期,1939年。

察区①。

1944年6月，内政部统计为21个省有16省建立了专员制度（苏、浙、皖、赣、鄂、湘、川、闽、粤、桂、滇、黔、冀、鲁、豫、晋、陕、甘、青、新、绥）②。

1944年9月，行政院人事室刊出的数字是21个省建有专员区195个③。

当代研究者则提出："抗战期间，行政督察专员制度推行至全国22个省，较战前推及之15个省扩大了7个省，行政督察区设置数，亦由战前之128个增加为213个，保安司令部由战前设置之123个增加为213个。"④

与专区数量相比，专署的管理幅度却有些反常的平稳。1934年，全国73个行政督察区平均管理幅度6.97个，4—14个不等，多为4—9个。1937年，内政部统计结果是"自4、5县以至13、14县不等"⑤。1938年，内政部统计结果是各专员区以辖6—7县左右为最多⑥。1940年，萧文哲著述提及各省专署除少数管辖10余个至20个县外，其余多在10个县以下，且辖3、4、5县之专署不少⑦。1941年，内政部统计是4—20个不等，"大多数管辖7、8县"⑧。1944年，内政部再次报告统计结果是：

---

① 《各省主席对行政督察专员公署组织改进意见及内政部奉令核办行政督察专员制度改进的有关文书》（1943年2月），中国第二历史档案馆藏，内政部档案，资料号：一二（6）—8303。

② 内政部：《贵省如有设置行政督察区即请将辖县名称专署驻在地以凭核办由》（1944年6月9日），中国第二历史档案馆藏，内政部档案，资料号：一二—4205—4。

③ 行政院人事室编：《各省行政督察专员姓名及辖区清册》（1944年9月），江苏省档案馆藏，资料号：1001—1—100—79。

④ 孔庆泰等：《国民党政府政治制度史》，安徽教育出版社1998年版，第608页。

⑤ 秦孝仪主编：《革命文献》（第71辑），台北：中国国民党中央委员会党史委员会1977年版，第328—329页。转引自谢晓鹏《国民政府行政督察专员制的演变及特点》，《首都师范大学学报》（社会科学版）2009年第2期。

⑥ 内政部编印《全国行政区域简表》（1938年4月），中国第二历史档案馆藏，内政部档案，资料号：一二（2）—2611。

⑦ 萧文哲：《行政督察专员制度研究》，第69页。

⑧ 《内政部颁发各省实施县各级组织纲要监督考核方案及战时各省行政督察专员公署组织暂行条例等有关文件》（1941年7月），中国第二历史档案馆藏，内政部档案，资料号：一二（2）—1425。

每区辖县少则3、4县,多则20县①。同年,行政院人事室发布的数字是,辖区最少的3县,最多的18县,平均管理幅度为8.2个,6—9个居多②(表8-2)。尽管这一数字与此前所述基本一致,但这种稳定恰证明其不合理。

表8-2　　　　1944年二十三省专员区管理幅度统计

管理幅度（个）	18	16	15	14	13	12	11	10	9	8	7	6	5	4	3
区数（个）	1	2	2	3	4	7	13	13	29	47	28	21	12	12	1
比重（%）	0.5	1.0	1.0	1.5	2.1	3.6	6.7	6.7	14.9	24.1	14.4	10.8	6.2	6.2	0.5

资料来源：行政院人事室编：《各省行政督察专员姓名及辖区清册》(1944年9月)，江苏省档案馆藏，资料号：1001—1—100—79。

笔者认为，使用上述数字需谨慎，因为国民政府很多专员区"徒有其名"。抗日战争期间，国民党、共产党、汪伪三方均推行专员制度，设立专员区，区划重叠和县市易手频繁，在管县数量不变的情况下，专员区不减反增颇为可疑。日伪军侵占长江两岸主要县城和交通要道。国民党军队则控制苏北和长江下游的部分地区。中国共产党在陕甘宁、晋察冀、晋冀鲁豫等抗日根据地各自占领一些省县。在江苏省，新四军和地方抗日武装在大江南北开辟了苏南、苏中、苏北三大块抗日根据地。因此，"实际上，江苏已经形成了由日伪军、国民党军和新四军、地方武装三方所控制的态势。国民党省政府、伪江苏省政府，名义上都继续申称仍维持着抗战前的行政区，但事实上，抗战前的行政体系和行政区已被打破，产生了三种不同性质的政权体系和行政区，三方都设立了各自的行政督察专员区和专员公署……在战时的环境下，三方各自所控制的县区都不很大，且变动频繁，互有交错重叠，同时，在抗日根据地内，设置了不少新县治，因此，很难勾划出三方固定不变的确切的控制县区"。而国民党"江苏省政府北撤（淮阴）后，在名义上省政府没有

---

① 《各省划设行政督察区概况及内政部关于绥远省政府设置绥西行署经过情形审核意见》(1949年4月)，中国第二历史档案馆藏，内政部档案，资料号：一二(6)—9632。

② 行政院人事室编：《各省行政督察专员姓名及辖区清册》(1944年9月)，江苏省档案馆藏，资料号：1001—1—100—79。

撤销战前的原行政辖区，省仍设立9个行政督察区，共辖61县，但实际控制的县境所剩不多。一些行政督察专员公署的政令不能推行，所辖的某些县区形同虚设"①。再如山东省政府早在1937年即已流亡，16个"专员区徒有其名，基本没有有效的行政区域"。1943年6月山东境内已无国民党正规部队，除昌潍等地的保安部队还有些军事力量存在以外，其他大部已非国民党的行政范围。1944年12月，何思源接任鲁省流亡主席时，"17个行政督察专员公署除个别地区外，均已瘫痪或瓦解"。1945年2月在省内设立6个办事处，也"有名无实"②。中国共产党在1939年的文件里即说："我们与友军驻地相互交叉，犬牙交错。"③而在国民党即将溃败的1948年4月，内政部统计处还匪夷所思地统计出全国36个省中23个省（除台湾、辽宁、黑龙江、安东、辽北、吉林、松江、合江、嫩江、兴安、热河、宁夏、西藏）建立了210个专区④。

（二）专署所在行政层级与身份混乱

随着1938年5、6、7三个月行政院连续发文规定战区省政府⑤、专署⑥、县政府⑦均可设流动的"行署"管理辖区事务，各省行政层级的变化更加

---

① 曹余濂编著：《民国江苏权力机关史略》（江苏文史资料第67辑），东南大学印刷中心1994年版，第149页。

② 《民国山东通志》编辑委员会编：《民国山东通志》（第1册），山东文献杂志社2002年版，第290、292、439—442页。

③ 《中共中央关于山东及苏鲁战区工作方针的指示》（1939年12月16日），山东省档案馆、山东社会科学院历史研究所合编：《山东革命历史档案资料选编》（第四辑），山东人民出版社1982年版，第101页。

④ 《内政部关于按期汇送行政院地方行政工作和统计报表等文书》（1948年4—6月），中国第二历史档案馆藏，内政部档案，资料号：一二（2）—783—10。

⑤ 1938年7月22日行政院《战区各省省政府设置行署通则》（《战区各省省政府设置行署通则》，江西省政府秘书处法制室编印：《中央战时法规汇编》下，1939年，第117页），1944年7月19日国民政府《战区各省省政府设置行署条例》（《国民政府公布战时各省政府设置行署条例训令》，中国第二历史档案馆编：《中华民国史档案资料汇编·第五辑·第二编·政治·（二）》，凤凰出版社1998年版，第99—100页），1945年12月30日国民政府废除《行署设置条例》（施养成：《中国省行政制度》，上海人民出版社2015年版，第105、107页）。

⑥ 《内政部奉行政院令制定沦陷区域党政设施、联系方法及有关文书》（1938年5—6月），中国第二历史档案馆藏，内政部档案，资料号：一二（6）—8673。

⑦ 中央训练团编印：《中华民国法规辑要》（第一册），1941年，第189—193页。

复杂频繁，战前的省—（专署）—县虚三级行政体制，演变成虚四级、实三级等不少于6种形式之多。具体包括：省—（行署）—（专署）—县、省—（行署）—（专署）—县、省—（行署）—（专署）—县3种虚四级制；省—（行署）—县、省—（专署）—县2种虚三级制；省—专署—县实三级制。

全面抗战期间，各省为求行政贯通，将全省划为若干区域建立行署，全权代表省政府行使各项职权；或是为策应军事行动加强某一部分行政，在局部区域设置行署。而这个省政府的行署，有的是省政府新设立的，有的是由几个专署合并的，有的是由一个专署改的（也可认为是专署的行署）。省政府的行署建立后，其下的专署有的撤销，而有的还保留。因此行署与专署的关系有的是上下级关系，有的是平级关系。同时，省的行署与专署的行署共存时，谁虚谁实难测，而且存在时间均较为短暂。此外，对于行署的名称，还有"行政主任公署""办事处""行政公署"多种叫法。如果县政府也设立自己的行署，省专县三级均用"行署"一名时，更难以分清它是哪级的行署。

安徽省的行署与专署为上下级关系，实行的是省—（行署）—（专署）—县虚四级制。1938年4月15日安徽省在行政院规定之前，即在屯溪设立皖南行署，下辖4个行政督察区22个县；11月10日在寿县（后移定远）设立皖北行署，下辖2个专署和皖东北各县①。但"行署成立后，因无力控制所辖专署和各县，形同虚设"。1940年3月撤销皖北行署，皖北政务仍由省政府直接管理②，省府的行署存在不足两年时间。

浙江省也曾实行省—（行署）—（专署）—县虚四级制。省政府设立的浙西行署下辖22县及杭州市，包括了第一、第二两个专员区的全部和第三专员区的4个县（富阳、海宁、海盐、平湖）、第四专员区的1个

---

① 安徽省大事记（民国二十七年、二十八年）106.54.10.148：8083/dfz//static/plugin/pdf/web/hehe.html？bookId＝16e3f23e566942e4a7987da089a6c1bd&file＝http：//106.54.10.148：8083/dfz/book/16e3f23e566942e4a7987da089a6c1bd/0.html&bookName＝大事记，2022年5月29日。

② 《安徽省志·人大政府政协志》，安徽地方志http：//60.166.6.242：8080/was40/index_sz.jsp？rootid＝4681&channelid＝33995，2018年2月22日。

县（桐庐县）①。同属此类情形还有山东、广东、安徽、江苏、河南、陕西等省。其中，广东省前期与浙江省相同，在广州撤退后的1938年12月将全省9个行政督察区缩编为4个行政公署，东江行政公署辖原第四、五、六行政督察区，西江行政公署辖原第一、三行政督察区，南路行政公署辖原第七、八行政督察区，琼崖行政公署辖原第九行政督察区②。1939年1月后，李汉魂裁撤4个行署，恢复9个行政督察区，加重各区行政专员职权③，行政体制又改为省—（专署）—县虚三级制。

湖北省政府迁入鄂西山区恩施后不便指挥各地，于1939年12月决定设置临时行署代行省府职权。因宜昌为川鄂咽喉、入川的水陆交通门户，又属第五、九两战区的分野之地，军事、政务接洽事宜繁忙，于是在此地设置行署。由于原第一、二、三专区已沦为游击战区，就撤销第二专员区，设置鄂东行署，指挥第一、三两个专员区的战时行政设施④，就形成了省—（行署）—（专署）—县的虚四级制。

山西省1937年冬季在全省成立7个成立政治主任公署，1938年2月改为专员公署，由省—（主任公署）—县改为了省—（专署）—县虚三级制。1939—1942年由省"派出游击区行署（又称办事处），代行省政府职权"，行署主任由军管区主任兼任，是虚级⑤。此时段山西形成了省—（行署）—（专署）—县两虚两实体制。1940年初，阎管区⑥省政府为巩固在晋西的统治，实行中心县制，县长的权力扩大至可以在该管区自由发展武装，各级行政人员在开展民运工作时，可斟酌地方情形筹措经费，各行政督察专员自行裁撤。三个月后又恢复，撤销原来的一室五科（秘书

---

① 萧文哲：《战区各省政府设置行署之检讨》，《东方杂志》第38卷第17期，1941年。

② 《广东省志·政权志》，http：//www.gd-info.gov.cn/books/dtree/showbook.jsp？stype=v&paths=10707&siteid=guangdong&sitename=广东省情信息网，2013年8月14日。

③ 《粤省府将裁行署 加重行政专员职责》，《大公报》（香港版）1939年1月5日第2张第5版。

④ 《湖北省志·政权》，湖北方志网 http：//wlt.hubei.gov.cn/dfz/onetable/browse/main.jsp？id=cec77b7a-76ec-4e83-99c8-c92c9d179e22，2021年1月13日。

⑤ 山西地方志办公室编：《民国山西政权组织机构》，山西人民出版社2014年版，第75页。

⑥ 抗日战争期间，山西省府机关流亡至晋西吉县南村坡（阎锡山忌讳谐音为"难存"，改名为"克难"），隰县、大宁、乡宁、永和、吉县是其统治区域，后来逐渐形成阎管区。

室、民政科、财政科、教育科、建设科、兵役科)改为视导员，1943年专署又归入区统委会，设专委制。① 五年内，专署的地位性质变动及所在行政体制频繁变动。

总之，战争情况下难以确计各省专员数量、管理幅度、层级、定位，也就无法做出合理的、统一的规划和准确应对。同属此理，新县制也"由于内政当局对行政区划变更的各种因素考虑不周，制定的相关法规存在严重的缺陷，最终导致这次大规模整理的失败"②。

综上，恰如陈之迈深刻地指出："其实地方行政之未尽如人意，究竟制度之不良负多少成分的责任，人谋之不臧负多少成分的责任，基本条件太差不足以因应新时代的要求又负多少成分的责任，均是有考量余地的问题。不察者斤斤于制度的改革固亦为切中时弊的论点，究难认为是抓住了整个问题的核心"③。由今观之，也许行政院秘书长魏道明的话一语成谶，他说，政府改革"在理论上和事实上都很需要，惟时机未到，勉强做去，恐无结果"④。

五 角色实绩："战斗的机构"

国民政府三番五次地筹划调整改革专员制度说明，省县之间"势不能无行政督察专员之一级"⑤。而究竟战时各省专署起到了哪些积极作用，时人聚讼纷纭，今人则不吝给予了相当的肯定。笔者以为，专员制度在战时的价值不可一概而论，除了有省际差异外，还有职能偏向差异；况且战争环境下，专署开展正常的行政工作不太可能，而流徙游击中的更不遑说，军事职能必然是最显著的。

---

① 山西地方志办公室编：《民国山西政权组织机构》，山西人民出版社2014年版，第75—76页。

② 马振犊主编：《民国行政区划研究：1912—1949》，金城出版社有限公司2019年版，第231页。

③ 陈之迈：《中国政府》，上海人民出版社2015年版，第534页。

④ 陈方正编：《陈克文日记：1937—1952》(上册)，社会科学文献出版社2014年版，1937年12月29日。

⑤ 丁鸣九：《改进行政督察专员制之意见》，《服务》第7卷第1期，1943年。

（一）治理地方的功效有限

当时，社会各界在提出专员制度改革主张时，都先以其利弊作为论据铺垫。如1941年5月，王冠英等40余参议员强化专员制度的提案中，概括专员制度的积极作用是："行之十八省，其辅助省府监督指导暨统筹区内县市行政，整顿吏治，绥靖地方，固已获得相当成效。"[①] 1943年，行政院征询各省改进专员制度意见，问此制有何"利"，做出反馈的15省说法不一，但基本不出下述三个方面。

其一，沟通省县、提高行政效率。点赞此条的有12省：桂、黔、陕、甘、豫、赣、粤、鄂、苏、滇、晋、陇。如桂省说："省区远阔、交通不便，省府对各县行政督导难周，专员就近督察，诸多便利，并可沟通省县意见，对战时急务之处理，亦较为敏捷，边区尤然。"晋省说："专员对政令之转达与督导执行，均有成效。"

其二，澄清吏治、改良县政。点赞此条的有10省：湘、黔、皖、陕、甘、豫、闽、粤、鄂、滇。如湘省说："专员对违法失职之县行政人员，密查检举，报府核办，可收澄清吏治之效。专员巡视各县乡镇，指导工作，察吏贤否，确能促进县地方行政及自治之推行。"甘省说："专员随时出巡，县行政人员俱怀戒心，贪污积习大减，廉洁风尚逐渐设立。"

其三，"剿匪"绥靖、安民保境。点赞此条的有9省：湘、桂、黔、皖、陕、甘、闽、鄂、苏。如鄂省说："过去剿匪时期，协助剿抚工作，收效颇宏。"甘省说："专员兼保安司令，各县指挥统一，联系密切，力量集中，于绥靖地方、安定民生，确收实效。"

当然，这些反馈不一定全为真话，其中不乏敷衍、背书之词、片面之词。陈之迈就曾说："许多负执行责任的人往往见到其本地方的情形而发为改制的主张"[②]。再就他们反馈所用动词及程度副词辨析，有的省的回答用"确能""颇收""尚能""确收""具相当力量"等结果认可性的字词，而有的省的回答多用"可"字，这是一种功能预判性描述，即

---

① 《行政院秘书处抄发内政部国民参政会第二届第一次大会建议改善行政督察专员制度促进省区缩小案》（1941年5月14日），中国第二历史档案馆藏，内政部档案，资料号：一二（6）—9180。

② 陈之迈：《中国政府》，上海人民出版社2015年版，第534页。

非实然状态。如皖省说:"实施专员制以来,对整顿吏治、绥靖地方,颇收辅助之效,部署合并后,事权统一,功能更甚。"粤省说:"(一)遇战地各县与省府隔离时,专员可达到指挥监督、保持省县间之联系。(二)专员对各县重大变故或县际纠纷可就近速彻查处理。(三)专员指导各县兴革庶政,考核工作成绩,可辅省府视导之不及,促进各县工作效能。"① 加以对比,不难发现,前者似在说实际结果之感,而后者有背写专员条例内容之嫌。今天,如果以这些反馈得出结论,那就根本算不得是民国史研究了。

与此相映成趣的是,1944年4月《东南日报》刊发专论《行政督察专员制之检讨》,也从上述相同的三个方面论述"专员职权运用之困难",但却是对上述三方面的一一反证和驳斥,文章说:

第一,"'整顿吏治',不过具文而已"。因为对县市所有人员的"更调与免职省政府既不通知专署,而被更调与免职者、原因何在,专员亦无从明了,各县市长及所属行政人员的奖惩与工作成绩的考核,尤非专员所得过问,甚至对所属各县市长的违法失职行为,多不愿以书面密呈省政府;良以克□采纳的可能性很微。如果不蒙采纳,而风声所忧,反招□县市长的藐视"。如此以致,专员也就"敷衍了事,不甚认真审核;即使召开区行政会议,讨论各县市应兴应革事宜,并确定行政计划方案,其将因拘束力的微弱而毫无收效"。

第二,绥靖地方是"责人太苛",专员根本无法办到。因为"保安团的调防移动,权出于省保安司令,专员不特不知道,且亦无从知道;至若县自卫队、水陆警察及武装组织等各级军官佐,其更调任免,专员亦不知之。而其编制如何、械弹装备如何,县市政府每不呈报专署;而专署之令饬查报,不遵办者固多,遵办者亦复零星不全……平时尚且如此,转入匪乱或战争时期,欲求情报的迅速详确,既甚难得,如果各该县市驻有正规部队,尤为难能。况当各县市自身处于危□震撼之时,专员既无兵力以济其困难,又无械弹以补其急需,以县市政府所需求于专署者,专员不能随其欲,乃欲求各县市以

---

① 《各省主席对行政督察专员公署组织改进意见及内政部奉令核办行政督察专员制度改进的有关文书》(1943年2月),中国第二历史档案馆藏,内政部档案,资料号:一二(6)—8303。

有限的兵力,悉听专员的命令,指挥如意,实属疑问。"

第三,"'增进行政效率',乃不仅其功效未著却又暴露其无甚作用"。因为"事实上各县市所有行政计划、预算决算、单行法规等之审核、行政人员的奖惩及工作成绩的考核,都是直接呈送省政府,转发于各厅处局,分别核签,拖延时间,每历数月。迨饬还各县市政府遵办时,已失计划上时间上的重要性;其他重要案件固亦会呈请核示,不过奉行故事,表示客气而已"。"专员认为违法或失当时,为慎重计,亦复不愿以命令撤销或纠正之,必待请示省政府后,始有所作为"。总之,今日专署与昔日的道尹"同样","既了无实权,更无所事事","未收监督县长之功"且"无裨地方行政之革新策进"①。

上述截然相反的论调,笔者不全以为然,更倾向于认为,不排除有的专署专员确实带来了造福一方的地方建设实绩,但在如此复杂动荡的环境和转型时代,专署对地方治理的作用,不能有过高评价。作为专署运作的亲历者,1940年在河南省第三区专署秘书室担任机要工作的李克己说:专署"在全面抗战时期,一切工作是为军事服务的,对地方经济建设无力顾及,所以对工农业生产并无具体地规划领导,完全处于自由状态。1941年虽由合涧镇西北隅山麓引泉水凿灌渠一条,但因流量甚小,仅供灌地七八百亩,效益不大,可这已是一项唯一的建设工程了……教育职能维持现状,没有什么发展。1938年在合涧镇东南15里大店村设立联立中学一所,主要吸收敌占区的失学青年入学,全校有高、初中和高、初师共20多个班级,学生约800余人。条件不足,设备简陋,只能维持一般的课堂教学工作。"②

(二)局部消解了地方分离主义,完善了国家统一治理体系

新疆、西康等省在1937年后才陆续建立专员制度③。这些地区地处边陲,回汉、藏汉杂处,专员在一定程度上对这些地区的行政、社会建设

---

① 曾天毅:《行政督察专员制之检讨(上)》,《东南日报》1944年4月26日第1版。
② 李克己:《抗日战争时期张侯生主持河南省第三区行政督察专员公署情况略述》,政协河南省浚县委员会、文史资料研究委员会:《浚县文史资料》(第3辑),1989年5月(内部资料),第52—64页。
③ 师连舫:《行政督察制之研究》,《政治建设》第1卷第4、5期合刊,1939年。

起到了积极作用，推进了国家统一治理的完善，消解了分离倾向。

1943年5月，国民政府在新疆划分十个区：迪化、伊犁、喀什、阿克苏、塔城、阿山、和田、焉耆、哈密、莎车，其专员设置与"内地各行政区之督察专员职权本无出入"①。专署基于本地民族地区的特点，因地制宜进行政令推进和地方经济开发建设。如为落实"政府发展农牧事业的要旨"，"把塔区的畜牧事业作进一步的发展，用于巩固抗战后方的经济基础"，塔城专署"转请准建设厅成立了兽医训练班"。训练班从1942年10月18日成立，课程安排符合地方实际，"虽然偏重于兽医，但是其他农业常识等重要科目也是应有尽有，总括来说：兽医科目占60%，其他课程占40%。总计教授时间为638小时，在本局兽医院实习时间为114小时，此外尚有解剖实习等"。由此，"塔（城）区在本区行政督察专员领导下，凡百事业都有了突飞猛进之发展"②。此后，还有记者报道在哈密专员公署的见闻说："所看到的上级干部，没有一个是维吾尔族人的，这与记者年前在南疆各处看到维吾尔族人当专员的行政区里，上上下下完全清一色的现象，成极尖锐的对照。"③虽然清一色汉族人不全符合本地治理的需要，但从另一侧面说明，国民政府十分注重边疆的直接治理。

（三）对战争动员、后勤保障和守土作战有较大功用

相比前两点，专署的军事作用被广泛记载和认可。1938年，楼正华曾定论说："行政督察专员制度是一个战斗的机构，现在神圣抗战的对象，和剿匪时期的对象，虽然不同，然而我们需要一个战斗的部署，需要一个战斗的机构，则还是一样，或者因为全面抗战的发动，这一个部署的机构，是更为需要。"④国民政府也最大限度地发挥了专署的战时作用，

---

① 《本省各行政区署 依行政督察专员公署组织条例改为 行政督察专员公署 行政长名称改为行政督察专员 本省颁行之行署组织条例废止》，《新疆日报》1943年5月26日第3版。

② 《塔城区 兽医训练班举行毕业礼 行政督察专员亲临谆谆训示》，《新疆日报》1943年6月22日第3版。

③ 吕器：《把守西疆大门的尧乐博士（上）》，《苏报》1948年3月10日第3版。

④ 楼正华：《行政督察专员制度之检讨及其在抗战时期之价值》，《闽政与公余旬刊》第29、30、31期，1938年。

从前述不断加增的军事职能也可见。如 1938 年 4 月规定专员担任师管区、团管区两级征募兵体制中的一级掌理本团管区征（募）兵事务[1]；6 月规定沦陷区专员全权指挥党务和军务；1939 年 5 月规定专员指挥国民兵团担任地方警备勤务或战时各种辅助军事工作[2]；1939 年 8 月规定专员统筹游击队的经费[3]；10 月规定专员管辖无管区之国民兵团[4]；1941 年 11 月规定专署与区保安司令合并，实行政军一体化；1942 年 2 月规定征募兵体制改为军管区、师管区两级，专员为师管区征（募）兵官[5]；1944 年 10 月规定沦陷区建立省党部区办事处。对专员在战争时期的作用，1947 年梁禹九曾评价说，专员在"抗战时期，对于政令推行，收效甚宏。例如修建公路飞机场，及征兵征实整理财政等重要工作，得专署之力甚多"[6]。正因为专员的军事作用显著，直到 1948 年 6 月区保安司令部才单独出来。也因此，在专员的一众兼职中，兼保安司令一事不象兼职县长饱受质疑，军事相关兼职也较多。

本作为行政机关的专署，除了战勤外，其军事价值主要为直接上战场，尤其沦陷区专署的日常就是独立作战或配合正规军作战。广西省第四专署在 1944 年 12 月下旬至次年上半年的高峰保卫战中，组织新成立的武鸣抗日义勇大队，先后袭扰日军 30 余次，并击毙日军官伊藤代治，同时处决日伪维持会南区分会长隆步云、东区分会长卢有松等[7]。

值得注意的是，河南省第三专署完全以正式一级政府的规模和状态承

---

[1]《兵役法施行暂行条例修正草案》（军事委员会四月五日办一字第九六九号指令核准），刘晓桑编著：《中国国民兵役史略》，商务印书馆 1940 年版，第 105—106 页。

[2]《令各区行政督察专员公署、各县政府：准军政部电告国民兵团受各区专员兼保安司令之指挥等由令仰遵照》，《江西省政府公报》第 1126 号，1939 年。

[3]《军政部电请查照地方游击部队经费由专署统筹发给案》（1939 年 7—8 月），中国第二历史档案馆藏，内政部档案，资料号：一二（6）—14639。

[4] 军政部：《兹规定凡无管区之省国民兵团隶属省政府及行政督察专员管辖特电查照由》（1939 年 10 月），中国第二历史档案馆藏，内政部档案，资料号：一二（6）—14784。

[5]《准内政部咨为关于第三次全国内政会议军政部提请明定行政督察专员对兵役行政应负督察责任一案转饬遵照由》，《浙江兵役》第 69 至第 78 期合刊，1942 年。

[6] 梁禹九：《行政督察专员制度之检讨及改进办法》，《政治评论》第 1 卷第 6 期，1947 年。

[7] 筱智：《武鸣行政督察专员和保安司令公署》，载武协武鸣县委员会文史学习委编《武鸣文史资料》（第 9 辑），1997 年版，第 16—17 页。

担了对日作战。三专署辖区 10 个县（安阳、汤阴、武安、涉县、临漳、内黄、淇县、汲县、滑县、浚县），除 1 个县府驻县城办公外，其余县城均被日伪军盘踞。第三专署、第三区保安司令部、第 14 游击纵队司令部合署办公，设立了秘书室、机要室、会计室、收发室、第一科、第二科、参谋处、副官处、书记处、军医处、传达处、军械处（附修械所）、无线电台等部门。第三区保安司令部"直接指挥"所属各县的国民党抗敌自卫团自卫总队总队长（县长兼），"各自卫总队部迳向第三区保安司令部汇报工作"。第 14 游击纵队有两个支队驻在林县北部和安阳西部，与八路军防地相接。两个支队原来分别是武涉县、安阳县的地方武装，组编成一个纵队，"武器配备尚好，战斗力较强"。除了前述参谋处、副官处、军械处等作战机构外，1942 年夏，专署又在滑县境内专设"三区专署路东办事处"，由副司令孙敬祖兼任主任，指挥 15 名工作人员及一个中队武装，在滑县东南各村活动办公，并附设无线电台和专员随时取得联系。专署多次参加大部队作战任务。1940 年百团大战后，三专署驻地遭到日军连年发动的"强化治安"扫荡。1942 年农历端午节的前一天，日寇西窜至专署所在的林县，专署及第 14 游击纵队配合国民党军第四十军展开反扫荡斗争，主要负责警戒国军阵地外围关隘、山口等要津，阻止敌人占领制高点。在持续十六七天的鹅舞岭战斗中，第 14 游击纵队一支队派 5 挺机枪，据高屋建瓴的地势，致敌人阴谋破败。战斗结束后，张专员带领全体职员在地方进行安抚工作后，才转移到上庄原驻地开展正常工作①。

专员的英勇抗战表现也得到了时人的称颂。如据《浙民公报》载：山东省第八区专员袁聘之自 1938 年任职后，"积极组训民众、不遗余力，连年转战晋西北各地"，当时的报纸称赞他"屡建功勋"，特记载他的战斗事迹：1940 年春率部赴陕公干路上，"行至豫省宁陵西南之毛台，突与敌人汽车 150 辆遭遇，该敌并有装甲车 20 辆，坦克 7 辆，附炮十余门，袁氏亲自指挥所部，英勇应战，自晨至暮，恶战终日，毙敌极众，卒以众寡不敌，部队牺牲殆尽，虽经数创，犹坚持不退，奋战至夜，弹尽粮绝，

---

① 李克己：《抗日战争时期张侯生主持河南省第三区行政督察专员公署情况略述》，政协河南省浚县委员会、文史资料研究委员会：《浚县文史资料》（第 3 辑），1989 年 5 月（内部资料），第 52—64 页。

乃壮烈殉职"①。内政部、军政部时有对英勇作战专员的褒奖案,如1940年内政部要求褒奖湖北省第五区行政督察专员吴良琛,他在"随枣之役敌骑突入岐山,迫近襄樊时","不避艰险,仅以些小保安部队分配城乡内外防守,处极严重之境地而能沉着应付,使敌莫测虚实,因以镇定人心挽回危局,凡我鄂北民众靡不交口讴颂"②。

中国共产党方面的文献对国民党专员参与战争的记载,也不在少数。略举如下:

1938年11月19日,"国民党河北濮阳专员丁树本部在濮阳以南之中寨,将我黄河支队200余人包围缴械"。

1938年11月28日,"国民党山东第六区专员兼保安司令王金祥部在莘县之贺店围攻我十支队"。

1938年12月4日,"国民党河南第四区专员郭仲魁部,在博爱东北之许河村伏击我独立游击支队第二大队,我损失500余人"③。

1939年7月14日,"国民党山东第六区专员王金祥部在冠县西南之化庄袭击我处先纵队,杀害我地委书记张更元同志"④。

1940年7月6日,"国民党苏北专员汤铁飞策动朱世勤、黄体润等共2万余人,进攻我湖西地区"⑤。

同时,专员的兼职也侧面说明其在战争中的工作。1940年,萧文哲曾统计了11省的专员兼职情况(表8-3),除闽、赣、晋三省专员仅有1—2个兼职外,其余各省专员均有兼职3—6个。而在其所列的18个兼

---

① 《鲁第八区行政督察专员袁聘之英勇殉职》,《浙民公报》1940年5月8日第1版。
② 《内政部核议褒奖湖北省第五区行政督察专员吴良琛案》(1940年1月),中国第二历史档案馆藏,内政部档案,资料号:一二(6)—7514。
③ 《大事记》,山西大学晋冀鲁豫边区史研究组编:《晋冀鲁豫边区史料选编》(第一辑),1980年(内部资料),第518页。
④ 《一二九师和晋冀鲁豫边区抗日战争时期大事记(续)》,山西大学晋冀鲁豫边区史研究组编:《晋冀鲁豫边区史料选编》(第二辑),1980年(内部资料),第442页。
⑤ 《一二九师和晋冀鲁豫边区抗日战争时期大事记(续)》,山西大学晋冀鲁豫边区史研究组编:《晋冀鲁豫边区史料选编》(第二辑),1980年(内部资料),第462页。

职中，除了中央规定的"新生活运动促进会主任委员"、浙江省自设的"区税务处监督"两个以外①，其余 16 个均与军事相关。

正因为专署专员在战场的作用更大，所以前述 1943 年蒋介石征询各省意见时，对第一个问题"各省实施督察专员制度以来利弊若何"未予置评的 6 省（皖省李品仙、川省张群、浙省黄绍竑、鄂省陈诚、晋省赵戴文、青省马步芳），基本为战区省份，这些省大多自行扩大甚至实化了专员公署。通常，越是将专署视为一级正式政府去使用，充分开发其作用的省份，因省专权责冲突反映的问题就越多。如广东省在 11 省所反馈的专员制度的 6 条弊端上，李汉魂占了 4 条：降低行政效率、人员与经费少、易生上下级矛盾、无直辖部队。

表 8-3　　　　　　　　　1940 年 11 省专员兼职情况

职别	湘	鄂	黔	桂	浙	粤	绥	闽	赣	晋	川	法令根据
兼职数量	5	6	5	3	5	3	3	1	1	2	3	
区保安司令	√	√	√		√	√	√	√	√	√	√	行政院：修正区保安司令部组织条例
（师）团管区司令	√	√			√	√					√	军政部：师团管区司令部组织暂行条例
军法官		√	√		√						√	军委会：县长及地方行政长官兼理军法办公
军法总监部督察官						√						军委会：军委会临总字一九七号训令
防空指挥部指挥官		√										军委会：调整全国防空机构办法
防空专员		√										
新生活运动促进会主任委员	√											新运总会：各县新生活运动促进会组织大纲
第九战区伤兵管理处分处长	√											伤兵管理处：第九战区伤兵管理处令
区动员委员会主任委员		√			√							省动员委员会：湖北省各区动员委员会组织规程

① 萧文哲：《行政督察专员制度改革问题》，《东方杂志》第 37 卷第 16 号，1940 年。

续表

职别	湘	鄂	黔	桂	浙	粤	绥	闽	赣	晋	川	法令根据
兼职数量	5	6	5	3	5	3	3	1	1	2	3	
国民抗敌自卫团司令					√				√			省政府：省国民抗敌自卫团组织规程
国民兵义勇常备大队长			√									省政府军管区司令部：贵州省国民兵义勇壮丁常备队编组实施办法
专员驻在地防空处长			√									省防空司令部：贵州各县防空处组织大纲
中国航空建设协会省分会征求队长			√									省航建分会：中国航空建设协会贵州分会函聘
湖南省无线电台区台长	√											省政府：湖南省无线电台组织规程
区税务处监督					√							省政府：浙江省各区税务处组织规程
区民团指挥官				√								省政府：广西民团条例
军训区军训监督				√								绥靖公署：广西中学以上学校军事训练规程
赈济会难民救济区主任						√						省政府：广东省赈济会设置难民救济区办法

资料来源：萧文哲：《行政督察专员制度改革问题》，《东方杂志》第37卷第16号，1940年。（空格处无资料）

综上，战时国民政府反反复复多次设计改革专员制度的草案，而由于顶层设计失败、纠结于二级制、执行不良和战乱环境不宜等天不时、人不和、地不利因素，这些草案概未实施，但专员的军事效用不可忽略。

结语　法弊·人弊·时弊

在中国历史上，地方政制曾多次在"二级制"与"三级制"之间反复，而这具有历史必然性。在当时比较落后的交通通信条件和社会环境下，实行"三级制"会遇到中间隔阻、政令不畅的问题；实行"二级制"则会遇到所谓上级行政"呼应不灵，鞭长莫及"的问题，历代统治者因此经常陷于这种矛盾之中，不得不在有施政需要时对地方政制进行调整。清代实行省—道（虚级）—府（直隶州）—（州）县的"三级半"地方政制，入民国改行省—道—县"三级制"，1923年曹锟政府颁布的《中华民国宪法》又改行"省—县二级制"，这一制度为南京国民政府所延续。然而，由于国民政府时期的交通、通讯条件和社会环境较之清代并没有根本性的改良，所以"二级制"的实行必然会重蹈历史上一级行政所辖二级行政单位数目过多，因而难于治理的困境。正是在这种历史背景下，民国从1925年开始出现管县政府制度，国民政府1932年推出"一制两例"的行政督察专员制度，并在1936年实现了"两例"归一，一直实行至1949年。这种制度变革虽然与国民党的内部权斗、与国共两党的政治斗争有一定关系，但其在中国政治制度演变史上的必然性、合理性是毋庸置疑的。

这种观点最为有力的证据就是：国民政府实行这种制度前后长达17年，而同时的12年（1937—1949年），中国共产党在自己领导的根据地、解放区也同步实行同名制度。更值得注意的是，在1949年以后的人民共和国时期，这种同类制度继续延续并进一步完善，经过专区专署、地区革命委员会和地区行署等三个阶段，直至2002年才基本废止

（至今在个别省区尚有"残留"）。这样算来，行政督察专员制度在中国近当代史上持续实行了 70 余年。对于这一现象背后的丰富历史内涵，治史者不能忽视。

任何一种政治制度都是在一定的社会政治环境中运行的，后者往往能够决定前者的良窳得失，国民政府的行政督察专员制度也是如此。国民政府时期的社会政治环境呈一种矛盾的复杂性：一方面，政治、经济、社会、思想领域不断萌生出各种现代性因素；另一方面，整个中国又处在传统社会持续崩溃而新社会尚未能形成的过程中。在这样一种社会政治环境中，行政督察专员制度的实行对当时的行政运作产生了双重影响。曾有人评价这一制度在甘肃实行的积极效果说："有专员到处督察，则县长之黜陟惩奖，不仅凭虚伪之舆论，并采专员之考核，贤能既得安于其位，不肖者亦不能始终售其欺人之技。"[1] 湖北省武昌的一位县长则称：试行专员制度五年，"因专员兼区保安司令，对于团队管理确已较前进步"[2]。在抗日战争时期，更是"得专署之力甚多"。1945 年后的国共内战时期，时人认为"专员制度，正合需要"，同样在"征兵""察吏安民"，"使政治军事密切配合，省县不致脱节"等方面起了重要作用[3]。事实上，江西[4]、陕西[5]、四川[6]、江苏[7]、湖北[8]、广东[9]等省，都曾扩大专员职权以应对中国共产党的军事进攻，即使辖区已被中国共产党占领地区的国民党专员仍在承担"策划地下工作""搜集所辖各县重要情报""调查本署及所属

---

[1] 不骞：《甘肃是否需要设置行政督察专员》，《海涛》第 2 期，1934 年。

[2] 杨适生：《专员制度之研究》，《行政研究》第 1 卷第 1—3 期，1936 年。

[3] 梁禹九：《行政督察专员制度之检讨及改进办法》，《政治评论》第 1 卷第 6 期，1947 年。

[4] 《江西省各区行政督察事员兼保安司令公署分层负责办事细则》（1946 年 10 月 15 日），《江西省政府公报》第 1453 期，1946 年。

[5] 《陕西省提高专员县长紧急处置职权办法》（1947 年 5—7 月），中国第二历史档案馆藏，内政部档案，资料号：一二（2）—1455。

[6] 《加强大巴山防务。川省府颁紧急办法》，《申报》1948 年 1 月 17 日第 1 版第 1 张。

[7] 中国第二历史档案馆编：《中华民国史档案资料汇编·第五辑·第三编·政治·（二）》，凤凰出版社 1999 年版，第 217—218 页。

[8] 《行政院秘书处抄送修正湖北省剿匪区内专员县长临时应变办法》（1948 年 1 月），中国第二历史档案馆藏，内政部档案，资料号：一二（2）—1456。

[9] 《提高专员权责　准备应变》，《星报》1949 年 9 月 29 日第 4 版。

各县撤守损失情形""督察所属各县工作情形"等诸多督导、辅助工作①。此外，中国共产党在抗日根据地"采取国民党现有的政权组织形式"②建立专员制后，对于构建管县治理体系也起到了重要作用。

另一方面，国民党集团的腐败也往往导致行政督察专员制度不能良性运作。前文已经提及，当时这一制度经常成为蒋介石与地方实力派之间权力争夺的工具。就是在各省，许多地方也都"将专员当作酬庸的工具"③，用以"位置一批中级官吏"④。"专员纵然有点权力，也是建筑在私人关系上的"⑤。这种"位置私人"又往往具有地域排外性质。当时各省专员多为本地籍，据1937年2月军政部统计，在14个省中，专员本地籍比例超过50%的有8个省。此外，当时行政往往为军事所主导，以专员为"酬庸工具"，导致"多数专员，概属军人"。上述军政部的统计显示，在14个省中，其专员毕业于军事、警政类学校超过50%的有10个省⑥。当时有人指出，行政非军人所长，专员兼县长"已感焦头烂额，察吏更非其力所及"，以至专员常"对本身职务感受苦痛"，说"想不到做专员比当师长还难"⑦。还有人指出，酬庸来的专员"既于县政无认识、无经验，自然对于督察工作不知从何做起，有时甚之〔至〕自恃自恣，曲法扰民，反给各县县长以不良的启示"⑧。久而久之，专员由建制之初人们口中的

---

① 《江苏省非控制区行政督察专员公署临时紧急措施办法》（1949年），江苏省档案馆藏：1001—1—315—106。

② 《中共中央关于南方各游击区域工作的指示》（1937年8月1日），中共中央文献研究室、中央档案馆编：《建党以来重要文献选编（一九二一——一九四九）》（第十四册），中央文献出版社2011年版，第415页。

③ 《内政部民政司汪科长视察湘粤闽桂等省报告》（1943年10月8日），中国第二历史档案馆藏，内政部档案，资料号：十二（6）—19625。

④ 《急应废止的行政督察专员制度》，《大同日报》1946年12月15日第1版。

⑤ 傅骍昌：《行政督察专员制度之研究（下）》，《安徽政治》第9卷第4、5期，1946年。

⑥ 杨适生：《专员制度之研究》，《行政研究》1936年第1卷第1—3期；军政部军务司：《为函请将各省行政督察专员兼区保安司令及副司令之姓名等列表过司以资参考由》（1937年2月26日），中国第二历史档案馆藏，内政部档案，资料号：一二（2）—1460。

⑦ 杨适生：《专员制度之研究》，《行政研究》第1卷第1—3期，1936年。

⑧ 汪振国：《内政部民政司汪科长视察湘粤闽桂等省报告》（1943年10月8日），中国第二历史档案馆藏，内政部档案，资料号：十二（6）—19625。

"救命丹"① 日益变为了"赘疣"②、"赘瘤"③。

额外还须提及的是，作为制度设计者、执行者和蒋介石智囊的初代行政学家、知识精英，他们对行政督察专员制度的精细设计体现出行政规范化、制度化的同时，也对该制的结果有无法推卸的责任。西方压力下知识与制度体系转型所带来的中国传统文化与西方现代文化的同化顺应不良，不可避免影响着他们。他们积极引介实践西方行政学理论、仿效美国行政效率运动，推动政府新式行政改革与封建衙门的旧观念、旧模式搅缠在一起。他们无法从传统官僚政治的历史惯性中脱胎新生，带着由前现代向现代过渡的新旧、中西杂糅特征，对治国理政的认知和实践多处于经验状态，纠结于专员制度的虚或实而裹足不前，是其必然表现。曾任行政院政务处长的蒋廷黻鞭辟入里地分析道："几世纪来，中国的知识分子都是耍笔杆子，他们肩不能担手不能提。在学校他们学得是绍兴师爷那一套。他们认为：一旦把公文写好，工作就完了。这种积弊大部分还保留到现在"，"这些老知识分子的通病是想将文字当做事实和政策……他们认为他们的文字本身就很有名堂"。因此"一项新措施在立法时，人们都很认真。一旦立法完成人们就把它淡忘了。政府中公文往来的确很多，但详细计划却很少，至于谈到努力不懈的去实施改革，那就越发的少了"。到最后"我们发现中央政府大部分改革方案均原封未动，变成了具文"④。

所以，抗日战争时期专员制度调整改革的每个草案都是兢兢业业地开始，又无声无息地消失。同时，由于遗传于精耕细作时代的特点和深谙文字之道，这些知识精英多制造"繁华"的制度，甚至"繁华"到令人畏惧办公的地步。如1939年安徽省第十区行政督察专员公署公文办理程序有15个环节（"收文""摘由登记""分配""分送各科""签拟办法"

---

① 马元放：《现行之行政督察制度：对于苏省设置行政督察专员之意见》，《江苏月报》第1卷第2期，1933年。

② 许孝炎：《我如何做行政督察专员》，《服务》第3期，1939年。

③ 陈志谦：《改善行政督察专员制度之商榷（三）》，《大公报》（桂林）1941年7月15日第二版。

④ 蒋廷黻：《蒋廷黻回忆录》，中华书局2014年版，第236、223、234、224页。

"批示""办稿""会签""核稿""判行""缮校""盖印""封发""归卷""归档"等)①。1945年甘肃省专员公署及区保安司令部的公文办理程序有9个环节("收文""拆送""分科""拟办""复核""判行""缮校""印发""归档"等)②。当时"最普遍之行文手续"有16个环节③。可怕的是,当时"宝塔"式④公文程式下每级政府"只有最高级单位始可对外"收发文,致使"16个环节中可包括30个以上的步序,每步序送退各一次,合计经过60次以上的传递,故每公文一件,收文至归档最速亦需数日"。因此"所谓办公,十分之七八是办的'文书工作'"⑤。公文里除了程序、冗长的"等因奉此"等套语外,繁琐的规格与制式用"变态"来形容都不为过。在1942年,内政部要求专署每三个月报告一次新县制的实施情况,每次须填12个分表和1个汇总表共13个表,暂不论总计有160多个空格需要填上文字,仅说每个表还要遵守不同的页面布局和格式。如第一个分表"关于县各机构之调整"要求用纸的页边距左上左下为2公分,右上为3公分,表中三行四列,其中第一行为13公分正方格,第二行、第三行为9公分正方格;第三个分表"关于县各级民意机关之建立及四权行使情形"要求页边距左上为2公分左下1公分,表内三行四列,前两行格为 $10 \times 9\frac{1}{2}$ 公分长方格,第三行格为 $4 \times 9\frac{1}{2}$ 公分长方格;第五个分表"关于地方自治事业之推行(二)"要求页边距左上2公分左下1公分,表内三行五列,第一、二行格为 $8 \times 9\frac{1}{2}$ 公分长方格,第三行格为 $3 \times 9\frac{1}{2}$ 公分长方格;第十二个分表"关于地方自治事业之推行(七)"要求表内三行三列,前两行为 $10 \times 13\frac{1}{2}$ 公分长方格,最后一行为

---

① 厉德寅:《我如何做专员》,《服务》第2卷第2期,1939年。
② 《甘肃省行政督察专员公署及区保安司令公署办事通则及有关文书》(1945年5—7月),中国第二历史档案馆藏,内政部档案,资料号:一二(6)—8315。
③ 徐同邺:《增进战时行政效率问题》,《东方杂志》第36卷第13期,1939年。
④ 蒋廷黻:《蒋廷黻回忆录》,岳麓书社2003年版,第194—195页。
⑤ 徐同邺:《增进战时行政效率问题》,《东方杂志》第36卷第13期,1939年。

$3 \times 13\frac{1}{2}$公分长方格。如此繁琐,难怪内政部即使把每月填报一次改为三个月填报一次,省政府仍"不能如限报部",不得不改由专署办理①。

时人说,这是"以炫人耳目为能事"②,"根本不讲求政制之目的,而但求政制之设计"③,如此必然本末倒置,形式大于内容。内政部官员陈柏心就指出,很多人"往往对于现行地方制度的认识不够,忽略了很多重要的事实,发为种种好高骛远的论调,表面上看起来很好,但实际上却是空疏不着边际"④。不仅行政学专家,还包括不乏是"曾任教育部立案之大学教授二年以上,副教授或讲师三年以上,于地方行政素有研究者"⑤的专员群体,也对专署作为虚级政府的行政性质与地位认识不清。一些"专员误认专员公署为一级地方政府,遂感觉权柄太小"⑥,或者认为专署机构应比照省县,条块对应设立机构,说:"现制县府已增设至七八科",而专署"仅有两三科,如兵役粮政之类……在县府各设专科办理,在专署则仅为主管人员,以言督察,自难胜任"⑦。还有人提出"政务警察一项,在普通各县,俱经规订名额,专署独付阙如"⑧。如此错误认识之下,必然出现"省县及专员公署三者之间的权责,实在不易有清楚的划分"的结果⑨。同理,不少学者将缩省与强化专员制度混为一谈,未认识到"行政督察区,与将来的新省区,性质究有不同",分省与实区

---

① 《为更改"各省实施县各级组织纲要督导考核方案"关于实施报告之汇报程序令仰遵办——训令各行政督察专员公署》,《内政公报》第15卷第7—12期,1942年。
② 陈柏心:《告今之言地方制度改革者:提出几件被人忽略的事实》,《国讯》第194期,1939年。
③ 陈之迈:《研究行政督察专员制度报告》,《行政研究》第1卷第1—3期,1936年。
④ 陈柏心:《告今之言地方制度改革者:提出几件被人忽略的事实》,《国讯》第194期,1939年。
⑤ 中国第二历史档案馆编:《国民党政府政治制度档案史料选编》(下册),安徽教育出版社1994年版,第496页。
⑥ 周匡:《行政督察专员制之比较观》,《地方行政》第19期,1945年。
⑦ 张耀枢:《行政督察专员制度之检讨与改进》,《服务》第10期,1943年。
⑧ 何仲英:《行政督察专员制度的检讨》,《汗血月刊》第9卷第1期,1937年。
⑨ 陈柏心:《论缩小省区》,《世纪评论》第3卷第5期,1948年。

"实际上完全是两件事情"①。还有"许多负执行责任的人往往见到其本地方的情形而发为该制的主张"②,以偏概全、一叶障术提出改革建议。时人评价当时是"闭户造车的治法"③。

显然,造法和执法的知识精英不深究中国的历史与国情,"或为环境所束缚,或为浮议所动摇",甚至如刘湘所说是没有原则、没有主见,"每闻名流倡议,和者盈廷,腹诽口诮,积非成是"④。为此,有专家指出"人谋之不臧"是政制建设的大问题,"在中国,'官'的缺陷反映在整个的'官僚制度'上,其影响实至深且巨"⑤。当代专家也指出:"近代知识人当中,许多人对于厌恶已久的中学业已隔膜,加上总是用西学的有色眼镜来看,而西学又不得要领。这样的知识结构和文化夹心状态,使得他们往往破坏有余,建设不足。"⑥ 当然,本来由知识精英所带动的国家层面从认知理念更新到行政实践改进是一个漫长的过程,这也是民国知识精英对专员制度认知与实践改革探讨白热化,而国民政府专员制度改革顶层设计失败、地方治理危机丛生的重要原因。更何况晚清以降知识与制度转型,使中国人的精神世界与行为规范截然两分,"观念层面的优劣之争并不影响制度层面出现一面倒的局面"⑦。相形之下,如果没有中国共产党行政督察专员制度的比较,我们或可给它不太苛刻的评价,认为这是"时弊",但对照组的存在,让我们感觉娄学熙的话似有几分道理,他说:"政治清明之时,两级三级,均可为治。政治黑暗之时,几级制度,均可致乱。"⑧

最终,我们可以说,民国政府行政督察专员制度就其"法"而言具有历史合理性,就其"行"而言得失参半;而国共比较之下,它在运作

---

① 陈柏心:《行政督察专员制度改进问题》,《建设研究》第8卷第1期,1942年。
② 陈之迈:《中国政府》,上海人民出版社2015年版,第534页。
③ 阮毅成:《抗战中的地方行政机构》,《东方杂志》第35卷第5期,1938年。
④ 《川省主席刘湘条陈改革行政制度意见》,《中央日报》1936年5月6日第2张第2版。
⑤ 张锐:《论官僚制度》,《前线日报》1947年6月1日第3版。
⑥ 桑兵:《晚清民国知识人的知识》,《学术研究》2020年第1期。
⑦ 桑兵:《晚清民国的知识与制度体系转型》,《中山大学学报》(社会科学版)2004年第6期。
⑧ 娄学熙:《行政区域与地方政制之改造》,《国闻周报》第13卷第4期,1936年。

中出现的弊病不是"法弊",而是"人弊"和"时弊"。

  当然,我们今天研究行政督察专员制度不是为求全责备任何一个往者,也不是为站队论证政治正确,谨希望通过20世纪上半叶管县派出政府制度建立与演变的深刻内涵,启慧仍在历史延长线上的我们与来者。

参考与征引文献

一 论著
（一）专著
康问之：《行政督察专员制度》，木铎书局1937年版。

翁有为等：《行政督察专员区公署制研究》，社会科学文献出版社2012年版。

萧文哲：《行政督察专员制度研究》，独立出版社1940年版。

周必璋：《改进行政督察专员制度刍议》，中央政治学校研究部1941年版。

（二）其他
［美］包华德主编：《中华民国史资料丛稿 译稿 民国名人传记辞典》第六、七、八分册（上），沈自敏译，中华书局1986年版。

厂民编著：《当代中国人物志》，当代书店1937年版。

陈柏心：《中国的地方制度及其改革》，商务印书馆1939年版。

陈冰伯：《今日之县政》，同文图书印刷公司1933年版。

陈红民等：《南京国民政府五院制度研究》，浙江人民出版社2016年版。

陈明：《南京国民政府十年（1927—1937）省制构建研究》，中国社会科学出版社2017年版。

陈之迈：《中国政府》，上海人民出版社2015年版。

程方：《中国县政概论》，《民国丛书：第四编》，上海书店1989年版。

程幸超：《中国地方政府》，中华书局香港分局1987年版。

丛书编委会编著：《智囊精英》，四川人民出版社2013年版。

傅林祥、郑宝恒：《中国行政区划通史·中华民国卷》，复旦大学出版社2007年版。

甘乃光：《中国行政新论》，商务印书馆1943年版。

郭雄、夏燕月、李效莲、李俊臣编著：《抗日战争时期国民党正面战场》，四川人民出版社2016年版。

黄道炫：《张力与限界：中央苏区的革命：1933—1934》，社会科学文献出版社2011年版。

黄郛：《欧战之教训与中国之将来》，中华书局1918年版。

黄伦编著：《地方行政论》，正中书局1947年版。

贾秀岩、陆满平：《民国价格史》，中国物价出版社1992年版。

焦建华：《中华民国财政史》（下），湖南人民出版社2013年版。

孔庆泰等：《国民党政府政治制度史》，安徽教育出版社1998年版。

李怀印：《现代中国的形成：1600—1949》，广西师范大学出版社2022年版。

李宜春：《新政学系述论》，社会科学文献出版社2015年版。

刘大禹：《国民政府行政机构改革（1937—1945）》，社会科学文献出版社2020年版。

刘大禹：《国民政府行政院的制度变迁研究（1928—1937）》，社会科学文献出版社2012年版。

刘晓桑编著：《中国国民兵役史略》，商务印书馆1940年版。

马振犊主编：《民国行政区划研究：1912—1949》，金城出版社有限公司2019年版。

钱端升等：《民国政制史》（上、下），上海人民出版社2011年版。

戎向东编著：《蒋介石评说古今人物》，中国画报出版社2018年版。

申晓云、李静之：《李宗仁的一生》，河南人民出版社1992年版。

师永刚、刘琼雄：《1934—1936红军》，生活·读书·新知三联书店2012年版。

施养成：《中国省行政制度》，上海人民出版社2015年版。

孙彩霞：《新旧政学系》，华夏文化出版社1997年版。

孙力、郑德平编著：《第二次世界大战简史》，华南理工大学出版社2020年版。

王成、谢新清：《中国地方政府发展史》，山东大学出版社2011年版。

王明达：《云南风骨周钟岳》，云南人民出版社2017年版。

王奇生：《党员、党权与党争：1924—1949年中国国民党的组织形态》，上海书店出版社2003年版。

王亚南：《中国官僚政治研究》，中国社会科学出版社1981年版。

萧文哲：《行政效率研究》，商务印书馆1942年版。

谢征武：《影响中国近代历史的涟水人》，涟钢振兴福利彩色印务有限公司2005年版。

许康、雷玉琼：《中国近代行政学史料钩沉与钩玄》，社会科学文献出版社2021年版。

徐矛：《中华民国政治制度史》，上海人民出版社1992年版。

杨鸿年、欧阳鑫：《中国政制史》，安徽教育出版社1989年版。

杨沛龙：《中国早期行政学史：民国时期行政学研究》，社会科学文献出版社2014年版。

杨荫溥：《民国财政史》，中国财政经济出版社1985年版。

杨跃进：《蒋介石的终身幕僚张群》，团结出版社2011年版。

［美］易劳逸：《毁灭的种子：战争与革命中的国民党中国（1937—1949）》，王建朗等译，江苏人民出版社2009年版。

张公权：《中国通货膨胀史（1937—1949）》，文史资料出版社1986年版。

张皓：《派系斗争与国民党政府运转关系研究》，商务印书馆2018年版。

张金鉴：《行政学典范》，中国行政学会1979年版。

张宪文主编：《中华民国史纲》，河南人民出版社1985年版。

张学纶、宋其正编纂：《现行保甲警卫法令大全》，华中书局1935年版。

郑明斌：《蒋介石的四大秘书》，华文出版社2018年版。

郑彦棻：《省政五论》，中央青年印刷所1944年版。

左玉河：《民国政坛上的八大奇人》，九州出版社2008年版。

左玉河：《至尊幕府：蒋介石和他的高级幕僚》，团结出版社2009年版。

二 论文

（一）民国专论

霭：《行政专员的机能和成效》，《汗血周刊》第3卷第16期，1934年。

不骞：《甘肃是否需要设置行政督察专员》，《海泽》第2期，1934年。

曹雄:《中国地方行政督察制度的研究》,《政治评论》第 45 期, 1933 年。

敞:《行政督察专员制度的检视》,《中国新论》第 2 卷第 5 期, 1936 年。

陈柏心:《行政督察专员制度改进问题》,《建设研究》第 8 卷第 1 期, 1942 年。

陈宝麟:《论行政督察专员存废及其职权》,《胜流》第 2 卷第 5 期, 1945 年。

陈嘉林:《论现行行政督察专员制度之利弊》,《率性月刊》第 1 卷第 1 期, 1944 年。

陈立:《行政督察专员制之检讨(未完)》,《现代读物》第 3 卷第 8 期, 1936 年。

陈之迈:《研究行政督察专员制度报告》,《行政研究》第 1 卷第 1—3 期, 1936 年。

陈志谦:《改善行政督察专员制度之商榷(一)》,《大公报》(桂林版) 1941 年 7 月 11 日第 2 版。《改善行政督察专员制度之商榷(二)》,《大公报》(桂林版) 1941 年 7 月 14 日第 2 版。《改善行政督察专员制度之商榷(三)》,《大公报》(桂林版) 1941 年 7 月 15 日第 2 版。

陈主懋:《宪政时期行政督察专员制度之存废问题》,《政治建设》第 2 卷第 4 期, 1940 年。

储家昌:《行政督察专员制的存废问题》,《政治评论》第 148 期, 1935 年。

寸心:《行政督察专员建议之感言》,《政声》第 1 卷第 10 期, 1938 年。

戴蕃瑨:《行政督察专员存废之讨论》,《中央日报》1947 年 2 月 7 日第 11 版。

丁鸣九:《改进行政督察专员制之意见》,《服务》第 7 卷第 1 期, 1943 年。

傅骅昌:《行政督察专员制度之研究(上)》,《安徽政治》第 9 卷第 1 期, 1946 年;《行政督察专员制度之研究(下)》,《安徽政治》第 9 卷第 4、5 期, 1946 年。

高铦:《地方行政改革中之行政督察专员制度》,《东方杂志》第 33 卷第 19 期, 1936 年。

关辅陞:《行政督察专员制度在战时的作用》, 国立东北大学毕业论文, 1938 年, 载辽宁省图书馆编《辽宁省图书馆藏民国时期东北大学毕业论文全集 20》, 中华书局 2015 年版。

何鲁：《对于行政专员之希望》，《文建周刊》第 2 期，1935 年。

何仲英：《行政督察专员制度的检讨》，《汗血月刊》第 9 卷第 1 期，1937 年。

贺觉非：《对西康政行督察专员人选之管窥》，《戍声周报》第 1—30 期，1937 年。

贺文鼎：《论行政督察专员制》，《西京日报》1946 年 9 月 22 日第 2 版。

黄伦：《行政督察专员制度的改善问题》，《满地红》第 1 卷第 8 期，1939 年。

嵇惟怀：《行政督察专员制度与县之关系》，《浙江民政月刊》第 5 卷第 3 期，1935 年。

《急应废止的行政督察专员制度》，《大同日报》1946 年 12 月 15 日第 1 版。

江禄煜：《行政督察专员制的检讨》，《之江期刊》第 5 期，1936 年。

江苏论坛：《行政督察专员制度问题》，《江苏月报》第 1 卷第 2 期，1933 年。

江天策：《行政督察专员制度之研究》，国立武汉大学法学院政治系毕业论文，1940 年。

江天民：《行政督察专员制度改革问题》，《中山日报》1943 年 3 月 16 日第 2 版。

蒋锄云：《行政督察专员之中心工作》，《江苏评论》第 1 卷第 1 期，1934 年。

洁忱：《论地方制度与行政督察专员》，《大公报》（天津版）1932 年 11 月 15 日第 8 版第 2 张。《论地方制度与行政督察专员（续）》，《大公报》（天津版）1932 年 11 月 17 日第 8 版第 2 张。

兢生：《与行政督察专员某学兄论徵工书》，《广东经济建设月刊》第 2 期，1937 年。

康问之：《行政督察专员制度研究（未完）》，《上海党声》第 3 卷第 19 期，1937 年。《行政督察专员制度研究（续）》，《上海党声》第 3 卷第 20 期，1937 年。

克和：《行政督察专员制度之史的演进》，《汗血月刊》第 9 卷第 1 期，1937 年。

黎明艳：《如果我是行政督察专员》，《时事导报》1943 年 8 月 1 日第 4 版。

李殿钧：《行政督察专员制度之研究》，国立东北大学毕业论文，1937 年，载辽宁省图书馆编《辽宁省图书馆藏民国时期东北大学毕业论文全集 13》，中华书局 2015 年版。

李懋：《行政督察专员权责之运用》，《训练月刊》第 3 卷第 1 期，1941 年。

李廷樑：《行政督察专员制度的改善问题》，《政问周刊》第 43 期，1937 年。

厉德寅：《我如何做专员》，《服务》第 2 卷第 2 期，1939 年。

梁禹九：《行政督察专员制度之检讨及改进办法》，《政治评论》第 1 卷第 6 期，1947 年。

刘纯煅：《行政督察专员制度之研究》，东北大学毕业论文，1939 年，载辽宁省图书馆编《辽宁省图书馆藏民国时期东北大学毕业论文全集 24》，中华书局 2015 年版。

刘福林：《现行行政督察专员制度泛论》，国立东北大学毕业论文，1938 年，载辽宁省图书馆编《辽宁省图书馆藏民国时期东北大学毕业论文全集 21》，中华书局 2015 年版。

刘千俊：《行政督察经验谈》，《服务》第 2 卷第 5 期，1940 年。

刘时范：《行政督察经验录》，《服务》第 2 卷第 5 期，1940 年。

楼正华：《行政督察专员制度之检讨及其在抗战时期之价值》，《闽政与公馀旬刊》第 29、30、31 期，1938 年。

罗时实：《做过行政督察专员以后》，《政治评论》第 120 期，1934 年。《做过行政督察专员以后（续）》，《政治评论》第 122 期，1934 年。

罗志渊：《行政督察专员制度改造问题商榷》，《服务》第 6 卷第 2 期，1942 年。

马元放：《现行之行政督察制度：对于苏省设置行政督察专员之意见》，《江苏月报》第 1 卷第 2 期，1933 年。

孟锳：《对行政专员一点贡献》，《四路军月刊》第 2 期，1936 年。

梦蕉：《行政督察专员兼领县长制度之商榷》，《新闻报》1936 年 5 月 11 日第 4 版。

潘守正：《本省战时专员制度之透视》，《闽政月刊》第 4 卷第 1 期，1939 年。

鹏九：《论行政督察专员制之得失》，《不忘》第 1 卷第 9 期，1933 年。

忍庐：《粤设行政督察专员及其制度之史的研究（未完）》，《常谈月刊》第 1 卷第 7 期，1936 年。

沈鹏：《四川省现行专员制度之检讨》，《现代读物》第 8 期，1939 年。

沈慰霞：《行政督察区制度下的地方教育行政问题》，《安徽教育》第 1 卷第 2 期，1933 年。
师连舫：《行政督察制之研究》，《政治建设》第 1 卷第 4、5 期合刊，1939 年。
施奎龄：《我如何做专员》，《服务》第 3 卷第 4 期，1940 年。
宋明炘：《现行行政督察制度之商榷》，《政治评论》第 34 期，1933 年。
宋明炘：《现行行政督察制度之商榷（续）》，《县政周刊》第 80 期，1933 年。
苏良弼：《行政督察专员制之检讨》，《西南风》第 1 期，1943 年。
王德溥：《我如何做专员》，《服务》创刊号，1939 年。
王洁卿：《行政督察专员制度之研究》，《汗血月刊》第 9 卷第 1 期，1937 年。
王永谨：《对琼崖设置行政督察专员之商榷》，《琼崖留沪同学会会刊》创刊号，1937 年。
维中：《评剿匪区内之行政专员制度》，《政治评论》第 68 期，1933 年。
温晋城：《我怎样做行政督察工作》，《服务》第 2 卷第 5 期，1940 年。
吴谧赓：《论省区之调整与行政督察专员制之存废》，《边政导报》第 11—12 期，1948 年。
《行政督察员制度，流弊甚多似将无形废除》，《益世报》（天津版）1933 年 3 月 10 日第 1 张。
向乃祺：《行政督察制度之反省及其展望》，《贵州县训》第 3 期，1936 年。
萧文哲：《改善行政督察专员制度之建议》，《训练月刊》第 1 卷第 6 期，1940 年。
萧文哲：《行政督察专员制度改革问题》，《东方杂志》第 37 卷第 16 期，1940 年。
徐寒石：《中国地方政治制度之研究——从地方政制说到行政督察专员》，《青年评论》第 18 期，1932 年。《中国地方政治制度之研究——从地方政制说到行政督察专员（续）》，《青年评论》第 19 期，1933 年。
徐获权：《专员制度的改善与存废问题》，《时论分析》第 22 期，1940 年。
许维汉：《改进陕北行政督察专员制刍议》，《西北研究》第 3 卷第 8 期，1941 年。
许维汉：《行政督察专员制度之检讨》，《北战场》第 2 卷第 2 期，1941 年。
许孝炎：《我如何做行政督察专员》，《服务》第 3 期，1939 年。

杨适生：《专员制度之研究》，《行政研究》创刊号，1936 年。

于鹤年：《河北省行政督察专员之设置及其区域之划分》，《禹贡》第 7 卷第 5 期，1937 年。

曾天毅：《行政督察专员制之检讨（上）》，《东南日报》1944 年 4 月 26 日第 1 版。

张富康：《行政督察专员制之兴起》，《前途》第 5 卷第 4 期，1937 年。

张梦熊：《行政督察专员制之存废问题》，《地方行政》第 19 期，1945 年。

张铁僧：《论行政督察专员制之得失》，《新蜀报》1935 年 5 月 8 日第 3 版。

张耀枢：《行政督察专员制度之检讨与改进》，《服务》第 10 期，1943 年。

赵和介：《行政督察专员制度述评》，国立武汉大学毕业论文，1944 年。

赵如珩：《江苏地方行政制度之商榷：行政督察专员之职权》，《江苏月报》第 1 卷第 2 期，1933 年。

郑彦棻：《论行政督察专员制度》，《大公报》（重庆版）1943 年 11 月 1 日第 3 版。《论行政督察专员制度（续）》，《大公报》（重庆版）1943 年 11 月 2 日第 3 版。《论行政督察专员制度（续）》，《大公报》（重庆版）1943 年 11 月 4 日第 3 版。

郑亦同：《做了行政督察专员以后的感想》，《江苏月报》第 4 卷第 4 期，1935 年。

郑自明：《行政督察专员制在战时的作用》，《国闻周报》第 14 卷第 46 期，1937 年。

钟竟成：《我对于行政督察专员制度的意见》，《行政研究》第 2 卷第 6 期，1937 年。

周宏涛：《吾国行政督察专员制度之研究》，国立武汉大学政治系毕业论文，1939 年。

周焕：《论行政督察专员制度之调整》，《血路》第 39 期，1938 年。

周匡：《行政督察专员制之比较观》，《地方行政》第 19 期，1945 年。

朱程：《行政督察专员制度的检讨》，《政衡》第 2 卷第 5 期，1935 年。

竹君：《改行政督察专员为绥靖督办的建议》，《江苏旬刊》第 5 期，1940 年。

（二）当代专论

陈明：《南京国民政府行政督察专员制度的创设》，《史学月刊》2017 年第 11 期。

陈小京：《民国时期行政督察专员公署体制初探》，《政治学研究资料》1988 年第 3 期。

崔跃峰：《南京国民政府行政督察专员区公署制与县制的关系》，《史学月刊》2011 年第 7 期。

李刚：《南京政府专区公署人员编制的行政法考察》，《前沿》2010 年第 4 期。

李少泳：《民国福建省行政督察专员制度初探》，《福建史志》1987 年第 6 期。

刘莉莉：《江西行政督察专员制度考察》，硕士学位论文，江西师范大学，2001 年。

柳岳武：《民国时期专员区公署制的设置与缩小省区关系的讨论》，《石河子大学学报》（哲学社会科学版）2012 年第 4 期。

陆建洪：《论南京国民党政府行政督察专员制度之性质》，《华东师范大学学报》（哲学社会科学版）1988 年第 4 期。

陆建洪：《试论南京国民政府专员制度的演变及其特点》，《史学月刊》1988 年第 4 期。

莫起升：《国民政府（1927—1949）专区公署的辖区设置与经费保障》，《山东社会科学》2010 年第 7 期。

莫起升：《国民政府行政督察专员任职资格与选任程序的法制考察》，《商丘师范学院学报》2010 年第 8 期。

莫起升：《行政法视野下的专区公署（1927—1949）》，《兰州学刊》2010 年第 5 期。

沈怀玉：《行政督察专员制度之创设、演变与功能》，台北《"中央研究院"近代史研究所集刊》1993 年第 22 期上。

谭肇毅：《新桂系的行政督察制度》，《广西师范大学学报》（哲学社会科学版）2009 年第 1 期。

王建国：《刘湘时期（1935—1938）川省行政督察专员制度探析》，《乐山师范学院学报》2008 年第 9 期。

翁有为：《民国时期的行政督察专员制度及其知识背景》，《史学月刊》2006 年第 6 期。

翁有为：《南京国民政府行政督察专员制度探析》，《史学月刊》1997 年第 6 期。

翁有为：《南京政府行政督察专员群体构成之考察——以河南为中心》，《史学月刊》2009 年第 12 期。

翁有为：《南京政府行政督察专员制度的法制考察》，《史学月刊》2004 年第 12 期。

翁有为：《南京政府行政督察专员制废止时间考》，《历史研究》2003 年第 1 期。

谢晓鹏：《国民政府行政督察专员制的演变及特点》，《首都师范大学学报》（社会科学版）2009 年第 2 期。

闫厚国、叶艳辉：《浅析四川省政府的行政督察专员制度》，《大视野》2008 年第 12 期。

杨斌：《南京国民政府时期行政督察专员制度的创设》，《民国档案》2009 年第 1 期。

杨玉林：《兵力与粮食：四川省第三行政督察区人民在抗战中的主要贡献》，《四川档案》2005 年第 5 期。

张红芳：《国民政府行政督察专员制度：以四川省为个案的考察》，硕士学位论文，四川师范大学，2005 年。

张红芳：《从草创到成熟：一个行政督察专员不同时期出巡日记的制度体现》，《乐山师范学院学报》2013 年第 6 期。

张红芳：《对南京国民政府行政督察专员制法律地位与历史价值的思考》，《社科纵横》（新理论版）2013 年第 2 期。

张红芳：《略论南京国民政府行政督察专员制》，《成都教育学院学报》2004 年第 12 期。

张红芳：《试论对行政督察专员的控诉与惩戒》，《兰台世界》2014 年第 11 期。

张红芳：《再论南京国民政府行政督察专员公署职权与机构设置》，《黑河学刊》2013 年第 10 期。

张红芳：《中国公务员群体近代化建设探索——对南京国民政府行政督察专员存记候用人员的考察》，《黑河学刊》2014 年第 7 期。

张红芳、曹成建：《对战后四川行政督察专员年度考绩的考察》，《兰台世界》2014 年第 31 期。

张红芳、陈浩:《简析南京国民政府行政督察专员制度存续的原因》,《宜宾学院学报》2005 年第 1 期。

张小稳:《明清时期道的分类及其功能演变——现代行政督察专员区公署制渊源的视角》,《云南社会科学》2010 年第 3 期。

张晓辉、陈欣:《论南京国民政府时期行政督察专员制度的渊源》,《大连海事大学学报》(社会科学版) 2011 年第 2 期。

赵文远:《20 世纪三四十年代国共行政督察专员制度之比较》,《河北大学学报》(哲学社会科学版) 2012 年第 4 期。

赵小平:《国民党行政督察专员制度简述》,《档案史料与研究》1990 年第 3 期。

钟日兴:《1932—1936 年的行政督察专员制度研究——以湖北省为例》,硕士学位论文,华中师范大学,2004 年。

周联合:《论行政督察区制度的不合法与不合理问题》,《学术研究》2006 年第 8 期。

(三) 其他

卜宪群:《政制、政事与政治:也谈刘贺的立废》,《江西师范大学学报》(哲学社会科学版) 2017 年第 2 期。

陈柏心:《告今之言地方制度改革者:提出几件被人忽略的事实》,《国讯》第 194 期,1939 年。

陈柏心:《论缩小省区》,《世纪评论》第 3 卷第 5 期,1948 年。

陈明:《广东行政委员制的创设与裁撤》,《学术研究》2020 年第 9 期。

陈廷湘:《论抗战时期国民党的政制建设》,《抗日战争研究》1992 年第 3 期。

陈贻琛:《五次"围剿"中的"七分政治三分军事"见闻》,载中国人民政治协商会议江西省委员会文史资料研究委员会编《江西文史资料选辑》(总第 14 辑),1984 年。

段金生、郭飞平:《民族国家构筑的同质异向:南京国民政府与云南地方实力派关系的考察》,《云南行政学院学报》2012 年第 1 期。

傅荣校:《南京国民政府前期 (1928—1937 年) 行政机制与行政能力研究》,博士学位论文,浙江大学,2004 年。

傅荣校：《三十年代国民政府行政效率运动与行政效率研究会》，《浙江档案》2005年第1期。

何键：《调整省以下行政机构管见》，《中央周刊》第1卷第23期，1939年。

黄道炫：《第五次"围剿"中的"三分军事、七分政治"》，《江西师范大学学报》（哲学社会科学版）2010年第5期。

黄道炫：《关山初度：七十年来的中共革命史研究》，《中共党史研究》2020年第1期。

江禄煜：《我国地方行政制度改革刍议》，《东方杂志》第34卷第14期，1937年。

金以林：《蒋介石与政学系》，《近代史研究》2014年第6期。

李凤琴：《黄郛的国家建设观初探》，《聊城大学学报》（社会科学版）2003年第6期。

李凤琴：《黄郛研究》，博士学位论文，南开大学，2004年。

李君山：《1935年"华北自治运动"与中国派系之争——由〈蒋中正总统档案〉探讨战前中日关系之复杂性》，《台大历史学报》2004年第34期。

李宜春：《国民党新政学系述论》，《贵州社会科学》2007年第7期。

林纪东：《调整地方行政机构之商榷：评何芸樵先生"调整省以下行政机构管见"》，《民意》（汉口版）第64期，1939年。

林纪东：《戡乱建国的大道——三分军事七分政治（上）》，《智慧》第37期，1947年。

刘文楠：《新文化史视野下的民国政治——海外民国史近著评》，《史林》2012年第5期。

娄学熙：《行政区域与地方政制之改造》，《国闻周报》第13卷第4期，1936年。

吕学海：《我国行政研究之过去与将来》，《行政评论》第1卷第3期，1941年。

罗敏：《民国史研究七十年：成就与新趋势》，《南京大学学报》（哲学·人文科学·社会科学）2019年第4期。

茅海建：《不同的声音——读〈中间地带的革命〉》，《近代史研究》第1

期，1995年。

阮毅成：《抗战中的地方行政机构》，《东方杂志》第35卷第5期，1938年。

桑兵：《国共抗战的战略异同与政治纠葛》，《社会科学战线》2021年第1期。

桑兵：《晚清民国知识人的知识》，《学术研究》2020年第1期。

桑兵：《晚清民国的知识与制度体系转型》，《中山大学学报》（社会科学版）2004年第6期。

孙宏云：《行政效率研究会与抗战前的行政效率运动》，《史学月刊》2005年第2期。

田镐：《关于省之问题》，《东方杂志》第40卷第2期，1944年。

汪朝光：《抗战与建国——国民党临时全国代表大会研究》，《抗日战争研究》2015年第3期。

王奇生：《民国时期县长的群体构成与人事嬗递——以1927年至1949年长江流域省份为中心》，《历史研究》1999年第2期。

吴贤辉：《地方实力派与南京国民党政权的覆灭》，《华侨大学学报》（哲学社会科学版）1995年第1期。

萧文哲：《战区各省政府设置行署之检讨》，《东方杂志》第38卷第17期，1941年。

肖自立：《南京政府前期地方实力派的政治生存——以何键为中心》，《历史研究》2014年第3期。

徐进：《华北事变前后地方实力派政治行为再考察》，《中共党史研究》2022年第2期。

徐同邺：《增进战时行政效率问题》，《东方杂志》第36卷第13期，1939年。

杨念群：《为什么要重提"政治史"研究》，《历史研究》2004年第4期。

张富康：《省行政制度改革之趋势》，《汗血月刊》第9卷第1期，1937年。

张锐：《新政的透视和展望》，《行政研究》第1卷第1—3期，1936年。

张生：《日本侵华模式初探——以"华北事变"为中心》，《民国档案》2002年第2期。

郑金鹏：《1923年中华民国宪法制定中的省制之争》，《人民论坛·学术前沿》2018年第22期。

三　资料

（一）档案

江苏省档案馆相关档案。

中国第二历史档案馆内政部、财政部、军政部全宗相关档案。

重庆市档案馆相关档案。

（二）政报、报刊

《大公报》

《福建省政府公报》

《贵州省政府公报》

《国闻周报》

《河北省政府公报》

《河南省政府公报》

《湖北省政府公报》

《江苏月报》

《江西省政府公报》

《闽政导报》

《内政公报》

《陕西省政府公报》

《申报》

《四川省政府公报》

《新疆日报》

《行政院公报》

《益世报》

《浙江省政府公报》

《中央日报》

（三）文献汇编

安徽省政府秘书处编辑：《安徽省战时单行法规汇编》，安徽省印刷局1939年版。

广东省地方史志编纂委员会：《广东省志·大事记》，广东人民出版社2005

年版。

江西省政府秘书处法制室编印：《中央战时法规汇编》（下），1939年。

晋绥边区财政经济史编写组、山西省档案馆：《晋绥边区财政经济史资料选编（总论编）》，山西人民出版社1986年版。

《民国山东通志》编辑委员会编：《民国山东通志》（第1册），山东文献杂志社2002年版。

秦孝仪主编：《革命文献》（第71辑），台北：中国国民党中央委员会党史委员会1977年版。

山东省档案馆、山东社会科学院历史研究所：《山东革命历史档案资料选编》（第四辑），山东人民出版社1982年版。

山西大学晋冀鲁豫边区史研究组编：《晋冀鲁豫边区史料选编》（第一辑），内部资料，1980年。

山西大学晋冀鲁豫边区史研究组编：《晋冀鲁豫边区史料选编》（第二辑），内部资料，1980年。

张其昀主编：《先总统蒋公全集》（第1册），中国文化大学1984年版。

中共江西省委党史研究室等编：《中央苏区第一次反"围剿"史料选编 纪念中央苏区第一次反"围剿"胜利80周年》（内部资料），2010年。

中共中央文献研究室、中央档案馆编：《建党以来重要文献选编（一九二一——一九四九）》（第十四册），中央文献出版社2011年版。

中国第二历史档案馆编：《国民党政府政治制度档案史料选编》（上、下册），安徽教育出版社1994年版。

中国第二历史档案馆编：《中国国民党中央执行委员会常务委员会会议记录》（第35册），广西师范大学出版社2000年版。

中国第二历史档案馆编：《中华民国史档案资料汇编》第四辑（一），凤凰出版社1991年版。

中国第二历史档案馆编：《中华民国史档案资料汇编》第五辑第一编政治（一），凤凰出版社1994年版。

中国第二历史档案馆编：《中华民国史档案资料汇编》第五辑第二编政治（一）（二）（三），凤凰出版社1998年版。

中国第二历史档案馆编：《中华民国史档案资料汇编》第五辑第三编政治

(一)(二),凤凰出版社 1999 年版。

中国第二历史档案馆编:《中华民国史档案资料汇编》第五辑第三编财政经济(一)(三),凤凰出版社 2000 年版。

中国国民党中央执行委员会训练委员会编印:《抗战以来中央各种会议宣言及重要决议案汇编》,1943 年 11 月。

中央训练团编印:《中华民国法规辑要》(第一册),1941 年 12 月。

周琇环编著:《蒋中正总统档案事略稿本 36 民国二十五年三月至五月(上)》,台北市长达印刷有限公司 2008 年版。

朱汇森主编:《中华民国史事纪要(初稿)中华民国二十五年(一九三六)一至六月份》,台北俊人印刷事业有限公司 1987 年版。

朱汇森主编:《中华民国史事纪要(初稿)中华民国二十六年(一九三七)一至六月份》,台北"国防部"印制厂 1985 年版。

(四)日记、回忆录、文史资料及其他

曹余濂编著:《民国江苏权力机关史略》(江苏文史资料第 67 辑),东南大学印刷中心 1994 年版。

陈布雷:《陈布雷回忆录》,东方出版社 2009 年版。

陈方正编:《陈克文日记:1937—1952》(上、下册),社会科学文献出版社 2014 年版。

陈雁犟:《记四川推行行政督察专员制》,载《四川文史资料选辑》(第 27 辑),1982 年。

广西省政府十年建设编纂委员会编印:《桂政纪实(民国二十一年至三十年)》,1946 年。

何廉:《何廉回忆录》,朱佑慈、杨大宁、胡隆昶、王文钧、俞振基等译,中国文史出版社 1988 年版。

黄埔出版社编:《抗战建国纲领释义》,新新印刷社 1940 年版。

黄绍竑:《黄绍竑回忆录》,东方出版社 2010 年版。

《江西省人物志》编纂委员会:《江西省人物志》,方志出版社 2007 年版。

《蒋介石日记》,美国斯坦福大学胡佛研究所档案馆藏。

蒋廷黻:《蒋廷黻回忆录》,中华书局 2014 年版。

抗战文献刊行社编:《国民参政会第一次大会纪要》,抗战文献刊行社 1938

年版。

雷啸岑：《忧患余生之自述》，台北传记文学出版社1982年版。

刘国铭主编，黄晋明、陈予欢、王叔凯副主编：《中国国民党百年人物全书》（上、下），团结出版社2005年版。

刘寿林等编：《民国职官年表》，中华书局2006年版。

马勇编：《章太炎书信集》，河北人民出版社2003年版。

南京市档案馆编：《民国珍档民国名人户籍》，南京出版社2013年版。

山西地方志办公室编：《民国山西政权组织机构》，山西人民出版社2014年版。

王又庸：《关于"新政学系"》，载中国人民政治协商会议全国委员会文史资料研究委员会编《文史资料选辑》（第4辑），中华书局1960年版。

翁文灏著，李学通、刘萍、翁心钧整理：《翁文灏日记》2版（上、下），中华书局2014年版。

筱智：《武鸣行政督察专员和保安司令公署》，载武协武鸣县委员会文史学习委编《武鸣文史资料》（第9辑），1997年。

政协河南省浚县委员会、文史资料研究委员会：《浚县文史资料》（第3辑），内部资料，1989年。

重庆市政协文史资料研究委员会、中共重庆市委党校编：《国民参政会纪实》（上卷），重庆出版社1985年版。

后　　记

　　2004年暑假前，我辞掉干了近十年的高中历史教师工作，回家备考。两年后以34岁"高龄"考进首都师范大学，开始攻读近现代史博士，师从一直深耕近现代政治史和中西文化比较研究的魏光奇先生。蒙恩师教诲和指引，我的博士论文选题就定为1949—1966年的专区专署制度，自此开启了我对近现代管县派出政府制度的持续关注与研究。

　　2009年毕业后，我进入北京师范大学历史学院历史课程与教学论教研室工作，一边从事历史教育的教学与研究，一边将专区专署制度的研究时限前展后延至行政督察专员公署制度和地区行署制度。2013年，我申报的"近现代管县派出政府制度研究（1932—2002年）"通过国家社科基金一般项目立项，结项后先出版了《地区行署制度研究（1978—2002）》（社会科学文献出版社2020年版）。

　　由于有关近现代管县派出政府制度的内容十分复杂，长时段的框架性研究使很多问题无法说清，我深感意犹未尽，尤其民国部分，于是继续下大力气搜集、整理行政督察专员制度的更多资料。2020年，我又申报并立项了国家社科基金项目"国家治理体系视野下的中国共产党行政督察专员公署制研究（1937—1949）"，期望将共产党在根据地推行的行政督察专员制度作详实、系统的研究，并对该制进行国共对比。

　　突如其来的三年疫情，耽搁了项目中外出查档的全部计划。但也使我得以在历史课程与教学论的科研与教学工作之余，分析完成了手里积攒的小部分资料，有了这本书。

　　这部书或许能够对学术界的相关研究有所增益，但也由于自身学识和理论素养较低，存在的许多缺憾也是不言而喻的。

付梓之际，恰逢新一年的开始，不由心生感慨，借此聊表感恩之情。首先，感恩魏导领我入门，带给我"痛并快乐"的历史研究"伴侣"；其次，感恩北师大给了我优越的研究环境；最后，感恩五十余载遇到的一切，造就了我也无风雨也无晴的前半生；最后的最后，寄望自己继续不疾不徐的人生。

侯桂红

2024 年 1 月 11 日

2